U0749143

天津外国语大学"求索"文库

社会网络中的话语互动

Discursive Interaction in the Social Network

田海龙◎著

天津出版传媒集团

天津人民出版社

图书在版编目(CIP)数据

社会网络中的话语互动 / 田海龙著. --天津：天
津人民出版社，2021.10
（天津外国语大学"求索"文库）
ISBN 978-7-201-17747-2

Ⅰ.①社… Ⅱ.①田… Ⅲ.①社会语言学 Ⅳ.
①H0－05

中国版本图书馆 CIP 数据核字(2021)第 218041 号

社会网络中的话语互动
SHEHUI WANGLUOZHONG DE HUAYU HUDONG

出　　版	天津人民出版社
出 版 人	刘　庆
地　　址	天津市和平区西康路 35 号康岳大厦
邮政编码	300051
邮购电话	(022)23332469
电子信箱	reader@tjrmcbs.com

责任编辑	李　荣
封面设计	刘　帅

印　　刷	天津新华印务有限公司
开　　本	710 毫米×1000 毫米 1/16
印　　张	22.25
插　　页	1
字　　数	297 千字
版次印次	2021 年 10 月第 1 版　2021 年 10 月第 1 次印刷
定　　价	68.00 元

版权所有　侵权必究
图书如出现印装质量问题，请致电联系调换 (022－23332469)

天津外国语大学"求索"文库

天津外国语大学"求索"文库编委会

主　任：陈法春

副主任：余　江

编　委：刘宏伟　李　薇

序言一

　　田海龙教授是国内批评话语研究的一位领军学者，20 多年来一直在该领域辛勤耕耘，成果丰硕。他曾先后数年在英国东安格利亚大学和兰卡斯特大学访学研修，深得 Fairclough，Wodak 和 Chilton 等英国批评话语分析学者的真传，特别重视以具体的社会问题为导向，与时俱进地从社会实践和社会认知的角度对话语进行批评性分析研究。他最近的力作《社会网络中的话语互动》一书即将由天津人民出版社付梓，请我作序，我欣然同意。

　　当今的时代，是一个全新的话语时代。媒体技术高度发达，使人们的社会生活更加凸显网络化特征。与此同时，新媒体技术在得到广泛应用的同时，也催生出各种各样新的交流方式，人们不再像以往那样面对面的直接交流，而是热衷于借助一定的媒介，通过一定的技术，以间接的方式传播信息。在这样的背景下，话语作为语言运用的方式不仅成为各种社会主体表达意愿的重要手段，而且也成为社会主体相互作用和影响的重要方式。人们按照新的技术所要求的那种模式组织句子，选择词汇，编排信息，进而用一种前所未有的方式表达着思想，再现着世界，建构着自身。因此，我们看到，新的话语不断涌现，它们以不断翻新的方式在不同的社会领域之间传播，并在特定的社会领域形成杂糅的新话语，创造出崭新的话语意义。

　　这种新的交流方式更加突显了话语的两个特征，一个是联系性，一个是建构性。就前者而言，一个显而易见的现象是，已经存在的话语一旦被置于新的结构关系之中，便以互文的方式创造出新的话语；而新的结构关系也把已存在的话语和新产生的话语集结在一起，形成新的话语秩序，继续制约新的话语实践；这一过程被伯恩斯坦称作"再语境化"。就后者而言，更为人们熟知的现象是，当下的交流方式很多时候并不以传递信息为唯一或者主要目的，社会活动的主体在传递信息的同时更加在意如何建构自己和他人的身份，以及自己与他人之间的关系。话语交流的联系性体现出话语交流不仅仅涉及语言问题，而且涉及社会主体之间的结构关系问题。换言之，话语交流可以体现出一定的话语秩序，而要维持或改变这种话语秩序，交流的主体就要使用对方的话语方式，并且造成话语杂糅。话语交流的构建性则体现出后现代主义的一个典型特征，即社会身份和社会关系不是存在于语言之外，而是存在于语言运用之中。社会主体的任何语言运用方式都是一种再现事实和建构身份的话语策略。

　　所有这些表明，社会是一个网络，社会网络中的人、机构、团体，彼此之间的互动是社会生活的常态。然而，正是这种常态隐含着太多的不为人知的内容。人们如何通过使用语言实现相互影响？如何通过话语的相互借鉴实施对彼此的影响？人们的自身利益和价值取向如何影响其语言使用，进而在彼此的相互影响过程中发挥作用？这一系列的问题实际上都在一定程度上指向"话语互动"，而《社会网络中的话语互动》一书适时地对这些问题进行了深入透彻的分析研究。

　　在这本著作中，作者将话语互动置于社会网络之中进行分析研究，从纵向、横向、历时三个维度上考察话语互动的方方面面，而且在每个维度上都从话语互动的两个相对的指向上进行分析。这种全方位的审视深入系统地揭示出话语互动的特征和运作机制，阐明了话语互动是一个动态变化的过程，其运作机制充满了语言层面和社会层面各种因素的相互作用和影响。在话语互动过程中，社会主体通过具有特点的语言使用与其他社会主体产生联系，形成新话语，而社会主体的社会认知对于新话语的形成起到中介调节作用。该书是作者多年缜密研究的结果，其中不乏理论创新和方法创新；他开拓了一条包括分析框架在内的话语互动研究新路径，并按照此路径对多个话语互动的案例进行了分析，包括高校招生简章中的话语互动问题，《百姓问政》节目中的话语互动问题，推销药品的电视节目中的话语互动问题，学雷锋活动历史变迁中的话语互动问题，以及赤脚医生形象再建构中的话语互动问题。这些翔实的案例分析是对话语互动模式的有力验证和展示。

话语互动研究发展了批评话语分析将话语作为研究对象的研究范式，而作者在书中提出的包括"三维—双向"的分析模型和"双层—五步"的分析框架为话语互动研究提供了可操作的方法论支撑。田海龙教授在该书的结论中道出了支撑他对话语互动研究的三个信念：1)"事物的矛盾法则，即对立统一的法则，是唯物辩证法的最根本的法则"（毛泽东语）；2)世界上事物或现象之间以及事物内部各要素之间存在着普遍的联系；3)以"相互作用"为体现形式的"互动"是客观世界普遍联系的表现，是事物间或事物内部各因素间关系和过程的基本内容。我深以为然，也正是这些信念多年来一直在支持着我关于语篇和话语的互文性和对话性的研究。

我相信这本书的出版会对批评话语研究带来一股令人耳目一新的清风，有力地促进该领域的进一步发展。

是为序。

辛斌

南京师范大学外国语学院教授、博士生导师

中国英汉语比较研究会话语研究专业委员会会长

2021 年 10 月 25 日于南京

序言二

田海龙教授这些年身兼话语研究和社会语言学在国内两个学会的领导，不仅自己的学术研究注重融合这两个领域的新成果，而且培养了这两个领域的许多青年学者。他的研究一直是领先的，具有开拓性和引领性，同时他还不断地将自己的学术研究带给国际学术同行，为国际学术界了解国内的学术研究作出了贡献。最近他的力作《社会网络中的话语互动》即将出版，向他表示祝贺。

20世纪70年代末，英国东安格利亚大学一些青年学者在福勒（R. Fowler）教授的带领下，以《语言与控制》一书的出版为标志开启批评话语分析的先河，对第二次世界大战之后英国社会的方方面面进行了深刻的揭露与批判。四十多年过去了，这些学者老的老了，退的退了，走的走了，可谓"知交半零落"。而他们开启的以语言学分析方法为工具的人文社会科学研究路径，却在世界上许多角落留下了回响。

作为一种以社会关切为己任的话语分析方法，批评话语分析以社会语境和文化语境为经纬对语言的性质与意义进行诠释。它把语言当作社会文化现象来考察，将语言视为一种社会符号，探究语言是什么，语言为什么如此，话语的意义何在，话语如何产生这种意义等问题。同时，它关注当代社会生活中正在发生的重大变化，这些变化如何在话语中实现，并考量话语与意识形态、权势、身份、社会结构等诸多因素的关系。批评话语分析关于语言与社会的研究，内核是话语的再情景化，而话语再情景化究其本质是一个人类学的问题，因为语言、社会/语境、人类活动彼此息息相关。遵循从话语批评到文化批评的路径是批评话语分析的基本理念，这一研究范式聚焦话语承载的差异与不平等，同时对话语作为体现差异与不平等的载体与场所的复杂性作出阐释。

在批评话语分析看来，话语活动不是孤立封闭的，它有一个广阔而深厚的社会、文化关联域，离开它们，语言活动步履维艰，话语研究的人文意味将逐步殆尽。因此，批评话语分析视话语为活生生的社会存在与人类经验，而非一组组无生命、无人性的表示语法逻辑的符号。话语分析可在多个维度上开展，如文体、修辞、叙事、体裁的分析，词汇、句法、语义、语用的分析，以及时下异军突起的认知话语分析等。不同的分析视角影射了批评话语研究自 20 世纪 70 年代末兴起以来呈现于不同时期的不同研究倾向。起初，以福勒（Fowler）为代表的批评语言学沿袭了文体学与语言学分析的传统，以韩礼德（Halliday）的系统功能语言学为理论框架，着重微观的语言分析与描写；20 世纪 90 年代，以费尔克劳（Fairclough）为代表的批评话语分析着眼于构建一种批判性的社会科学，虽然仍以系统功能语言学为理论基础，但由于受到法兰克福学派麾下阿多诺（Ardono）、霍克海默尔（Horkheimer）、哈贝马斯（Habermas）以及后结构主义哲学家福柯（Foucault）等社会学、文化研究和意识形态批评理论的影响，其话语研究注重多视角与跨学科性；与此同时，以范代克（van Dijk）和沃达克（Wodak）等学者为代表的批评话语分析者将一直缺席的认知科学纳入批评话语分析的理论体系中，提出认知话语分析模式，旨在推动对语言、认知与社会关系的研究。

今天，我们很高兴的看到，在这些林林总总的批评话语分析学派中，出现了中国学者的学术思想，这其中便有闪烁在《社会网络中的话语互动》一书中的学术观点。田海龙教授在 2009 年出版的专著《语篇研究：范畴、视角、方法》中提出了在中国语境中进行批评话语分析的路径，使这一源自西方学术界的话语研究范式经过"再情景化"成为分析中国社会生活中话语作用的一个研究路径。近些年来，田海龙教授不断提出话语研究的新思想和新观点，其中关于"话语互动"研究的思想在 2017 年首次明确提出以来受到学界的普遍关注。摆在我们面前的学术专著《社会网络中的话语互动》，将"话语互动"这一概念更加系统化，不仅阐明它与其他概念（如"言语互动""符号互动"）异同，而且通过翔实的案例阐释了话语互动的特征和运作机制。更难能可贵的是，田海龙教授还在书中提出了包括分析模型和分析框架在内的研究话语互动的新路径，将话语互动的理论思考凝聚在可以在案例研究中灵活运用的分析方法，不仅体现出理论的开拓，也体现出方法的创新。

我相信，这本承载着原创学术思想的著作必将有力推动批评话语研究的深入发展。

是为序。

丁建新
中山大学语言研究所主任，教授，博士生导师
中国英汉语比较研究会话语研究专业委员会副会长
2021 年 10 月 22 日于广州

目　录

第一章　引言

这是一部探索话语互动的著作。所谓"话语互动"，简而概之，就是话语与话语之间相互作用、相互施加影响的过程。由于话语是社会主体的言说行为，而且这些社会主体又处于各种社会语境之中，代表着不同的利益，因此各种"话语"之间的相互作用实际上是社会网络中不同社会主体利用"话语"这一符号资源实施的相互影响。这表明，任何关于"话语互动"的讨论都需要讨论其发生的"社会语境"，讨论社会主体之间的权力关系以及他们的价值取向，包括这种权力关系和价值取向对社会主体之间相互作用用的影响。在这个意义上，话语互动不同于互动社会语言学关注的发生在特定情境中的"言语互动"（Gumperz 1982/2009）行为，也不同于社会学中强调意义理解对于社会群体互动之重要的"符号互动"（Blumer 1969）概念，甚至和戈夫曼主要关注的"社会互动"（Burns 1992）在与语言使用的关联程度上也有所区别。因此，对话语互动进行深入研究也必定需要一个新的、既可做出理论阐释又可提供分析方法的视角和路径。

不言而喻，理解"话语互动"这个概念需要先理解"互动"，而"互动"这个概念又与"交际"的概念密切相关。实际上，当"交际"不仅被视为是传递信息而是被视为引发交际双方的行为相互影响时，"交际"行为则成为"互动"行为。如果说在微观层面"互动"被理解为是一种体现在口语表达上的"言语互动"行为，在宏观层面"互动"被理解为是一种阐释"社会互动"的"符号互动"理论，那么在中观层面，"互动"则完全可以被理解为是"话语互动"，它一方面表明社会主体之间的相互作用和影响以语言使用为载体，另一方面也表明在话语互动的过程中各种与语言使用相关的社会因素都参与其中。"话语互动"的概念预设出参与"社会互动"的社会主体已不再是简单地通过"语言"实施相互影响，而必须借助"话语"提供的各种符号资源实现相互作用。在这个意义上，"话语互动"成为本书的研究课题也就确定了本书的研究目的，即不仅要观察社会主体使用哪些语言形式以及如何使用这些语言形式彼此互动，更要分析社会主体为什么使用这些语言形式彼此互动以及如何产生互动的后果。这不仅需要提供阐释话语互动机制的理论，还要提供分析话语互动过程的具体步骤。

关于"话语互动"与相关术语之间的渊源关系，以及这些术语在不同学科（如社会学、语用学、跨文化交际学、社会语言学）中的定义与演变，我们分别在本书的第二章和第九章详细梳理。在本书的开篇，我们需要先观察一个事件，它发生在本书即将完成的 2019 年，且广为人知。这个事件之所以可以和本书的主题联系起来，一方面因为它是一种以言语为载体、具有传递信息作用的"交际"活动，但更主要的是因为这个事件涉及复杂的社会因素，也导致严重的后果，而这一切都超越了"言语互动"和"符号互动"所能解释的范畴，需要一个新的"话语互动"的概念加以探究。

1.1　一个事件引发的思考

这个事件的来龙去脉大致是这样的。

2019 年 2 月 8 日，正月初五，人们还沉浸在欢乐祥和的春节假期里。小有名气的某位影视演员也不例外。他在几天前的除夕春节联欢晚会上参演了小品《你信吗？》，扮演一个打假的警察。此时，这位年轻演员还沉浸在舞台上那热烈而亢奋的演出氛围里，没有从春节联欢晚会节目中的虚拟世界回到现实，而网友却曝光了他过去某个时候网络直播的视频。视频中，一位网友感慨这位演员既忙着接片演戏又读书拿博士学位，还是北京大学的博士后，崇拜地询问如何在知网上拜读他的博士论文。然而，这位知名演员却一脸茫然，脱口而出"知网是什么东西？"众网友顿时惊呆：读书拿学位哪个不知"知网"！你不知知网为何物，写博士学位论文从哪下载论文参考啊！尽管他后来在新浪微博留言称"只是开玩笑"，但他的"知网是什么东西"这句话却引爆了人们的好奇心。一时间，这位演员迅速成为人们关注的焦点，网友们也很快发现在知网上查不到他的博士论文，能查到他署名的一篇论文也和别人先前撰写的论文有很高的重复率。

由此引发的一系列事件接踵而来。就在当天，2019 年 2 月 8 日，四川大学学术诚信与科学探索网将此事件列入"学术不端案例"公示栏。2 月 11 日，北京电影学院成立调查组并按照相关程序启动调查。2 月 11 日晚，北京大学光华管理学院发表声明，称将根据这位演员的博士学位授予单位的调查结论对其博士后资格做出相应处理。2 月 14 日，涉事的演员通过个人微博发表致歉信。2 月 15 日，教育部回应该演员涉嫌学术不端事件，称教育部对此高度重视，第一时间要求有关方面迅速进行核查。2 月 16 日下午，北京大学发布关于招录这位演员为博士后的调查说明，确认他存在学术不端行为，同意他的退站申请，责成光华管理学院作出深刻检查。2019 年 2 月 19 日，北京电影学院发布关于该演员涉嫌学术不端等问题的调查进展情况说明，宣布撤销其博士学位，同时取消其导师的博士生指导教师资格 1-1。

短短 12 天的时间，这位影视明星在过去几年间从影视界向学术界跨越所积累的业绩就土崩瓦解，终究以跌落在学术界的外缘而告失败。这一事件在诸多方面一再刺激人们的兴趣点，但是，从话语互动的角度严肃观之，可以引发以下几方面的思考。

首先，这个被称为"某演员涉嫌学术不端"的事件由一系列相互关联的小事件构成。提及该事件，任何人都不会只提及他回答网友问题时所说的那句"知网是什么东西？"，相反，还会提及在那之后发生的一系列相关事件，甚至北京电影学院宣布撤销其博士学位之后学术界对学术不端行为的反应也会被提及。这样，向内看该事件，它便是一个由彼此之间存在因果关系的多个小事件构成的大事件。换言之，这位演员自己的道歉，以及行政部门和机构后续采取的行动，包括启动调查程序和给予他相应的处理决定，都是其不知知网为何物这一网络直播事件引发的后续事件。这些小事件彼此不是孤立存在的，而是有内在联系的，它们形成一连串相互关联的事件，其总和而不是其中任何一个单独的小事件构成了"某演员涉嫌学术不端"事件。在这个意义上，这个学术不端事件可以说是一个具有"系统"性质的事件。

其次，如果向外看这个事件发生的社会环境，也会发现这个事件不是孤立产生的。很明显的一个问题是：为什么这位演员在网络直播中的一句"知网是什么东西"会引发一系列如此引人关注的事件呢？回答这个问题，我们会发现，这位演员在影视圈小

1-1 关于该演员涉嫌学术不端事件的相关报道可见百度百科：https://baike.baidu.com/item/翟天临学术门/23283897。最近访问：2019 年 4 月 16 日 18:48。

有名气，拥有大量粉丝，而且还是影视圈里少有的能够获得博士学位的演员。设想一下，如果他不是一个公众人物，他在网络直播时说的这句话也许不会引起如此众多网友的关注，以致最终导致这样一个涉嫌学术不端事件的发生。除此之外，还有一个原因，就是他获得博士学位而不知知网为何物实在是有悖常理：成千上万攻读学位的研究生写论文和发论文，哪个离得开知网？因此，人们很自然地质疑其博士学位论文的真实性。网友本来在知网上就搜不到他的博士论文，现在通过直播来请教，结果你说不知道知网是什么东西，网上一片哗然也是再正常不过了。况且，网友搜索到的一篇他署名的论文还漏洞百出，不仅不符合规范，而且还涉嫌抄袭。

影视圈的明星和学术圈的博士，本可互不相干，但是，当二者集中在一个人身上，以上两个可能的原因便彼此关联在一起：一个频繁出现在荧屏的影视明星获得了只有长期坐冷板凳埋头苦读才能获得的博士学位，这种反差把影视和学术两个领域联系起来，成为公众关注的焦点。可以说，不同领域中的不同做事方式没有完美地融合在一起，在很大程度上引发了人们的好奇和兴趣。实际上，如此"成功"跨界的案例本身就是一个博人眼球的事件，再加上学术不端行为的曝光，"该演员涉嫌学术不端"事件成为一个引人关注的事件实属不足为奇。

可见，该事件不仅由一系列彼此相关联的小事件构成，而且，就该事件发生的外部社会环境而言，它成为一个引人关注的事件也与影视界和学术界的一些社会因素相关，甚至与影视和学术之间的跨界因素相关。这样，该事件不论是向内看还是向外看都不是孤立存在的，而是具有相关事件彼此关联和互动的特征。如果说以上两个方面的观察显示出这一事件的"社会网络"性质[1-2]，那么，构成这一事件的各个小事件的关联，以及这一事件与其产

[1-2] 本书关于"社会网络"概念的界定基于社会学和社会语言学中的相关论述，可参见本书2.3的论述。

生的外部环境之间的关联，都以文本符号的方式存在于各种话语之中，则是需要观察的第三个方面。

例如，这位演员的道歉、行政部门的调查，以及学校机构的处理决定，都是以文本符号的方式进行；最明显的，他的学术不端也是存在于他的论文之中。在这个意义上，这一事件向内和向外的关联和互动都离不开话语，它存在于话语之中，通过话语来实施，也通过话语来形成。

关于该事件在话语中的存在，我们可以看到该事件中一系列相关事件之间的关联与互动都可以在话语中寻到痕迹。例如，在他就此事的致歉信中，他开篇就讲到，近期网络上的舆论声讨和批判是由他的论文引发的（见图1.1）。而他在致歉信中向北京大学光华管理学院提出申请，退出北京大学博士后流动站，也是因为之前他曾在网上晒出他被北京大学光华管理学院录用为博士后的通知书（见图1.2）。在这封致歉信中我们可以看到，一方面，他的致歉行为源自网络上对他论文的质疑，二者在因果关系方面形成关联；另一方面，他的致歉行为也与这些质疑形成互动，如他退出北京大学博士后流动站也是对这些质疑的回应。可见，该事件在一定程度上是由不同文本之间的联系形成的话语互动所构成，也是以不同语体[1-3]之间的联系形成的话语互动所构成。这种话语互动一方面通过语言使用得以体现，另一方面这些语言使用的方式又因社会因素而产生，并在一定程度上受社会因素制约和规范。就此事件而言，我们很容易看到，如果没有社会因素（如网友的质疑、相关机构的介入调查），或许这封道歉信就不会出现。

[1-3] 语体在这里指行事的不同方式在语言中的体现。如道歉的语体和通知的语体所实施的行为是不同的。这个概念在后面（如3.2、4.2）会进一步阐述。

致歉信

近期网络上因我论文情况而引发的讨论，让我懊悔不已、深度自责。

在这几天的舆论声讨和批判中，我深刻反思了自己的思想与言行。虚荣心和侥幸心让我迷失了自己。是我的不当行为、让学校声誉被连累、让学术风气被影响、让公众的信任被辜负。我深感自责和内疚。

作为一名青年演员，我一直希望有足够的文化素养和理论基础来支撑自己的表演，这也是我向往学术的初衷。正是出于对学习的重视，我决定攻读研究生。研究生就读期间，我参加了一系列影视作品的拍摄，并有幸取得了一点成绩。从那时起，我内心开始飘飘然，开始吹嘘自己，这种不良心态还被我带入到论文写作过程中，这促使我内心始终心存侥幸，忘记了初衷。我本应牢记，诚信是一切的准则。在此，我也要向被我影响到的相关论文作者真诚道歉。

北京电影学院是我最为感恩的母校。我愿意积极配合学院的一切调查，毫无推卸地承担我的责任并接受学院做出的一切决定。

北京大学是我最为向往的殿堂。我充满歉意地向光华管理学院提出，我正式申请退出北京大学博士后科研流动站的相关工作。

如果没有大家这次的严厉批评与斥责，我曾经误以为自己已经到达了某一个阶段的彼岸，现在才发现、其实我是误入了歧途。距离目标还很远很远。我真诚地恳求大家原谅我这个曾经被虚荣心作祟的年轻人。

最后，我再以万分之诚意，向学校、向爱护我的师长、以及社会大众郑重道歉。还有一直支持我的粉丝们，对不起让你们失望了。请大家相信，我必将以此为鉴、用最严谨的态度与行动，踏踏实实、认认真真对待每一件事，勤勤恳恳、本本分分做好自己。

（署名）

2019 年 2 月 14 日

图 1.1　某演员在网上公开的致歉信

（出处：https://baijiahao.baidu.com/s?id=1625428170603490655&wfr=spider&for=pc。最近访问：2019 年 4 月 22 日，15:04。）

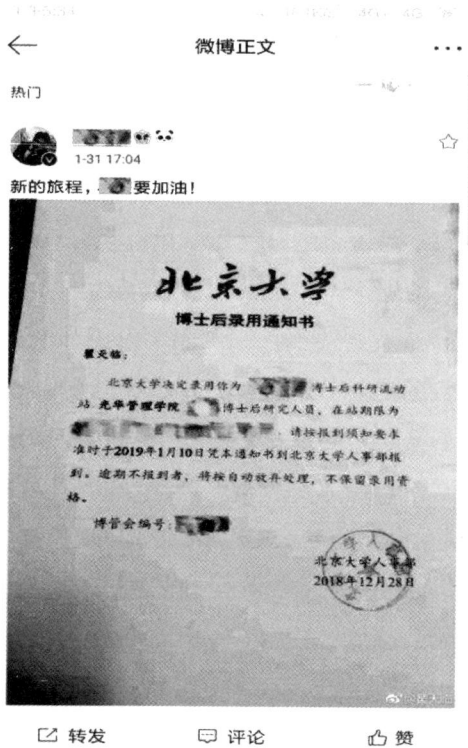

图 1.2 某演员在微博晒出的北京大学博士后录用通知书

（出处：https://baijiahao.baidu.com/s?id=1624184867636894876&wfr=spider&for=pc。最近访问：2019 年 4 月 22 日，15:49.）

关于该事件通过话语来实施，一个典型的例子是他的致歉是通过话语来实施的。这一点显而易见，因为他是主动发布的致歉声明来实施致歉行为。语用学的研究就表明，"言说"与"行为"是融为一体的，你中有我，我中有你，可直接称作"言语行为"（Austin 2002/1962；Searle 1979）。然而，这个道歉的"言语行为"并非因为他主动发布而形成，相反，即使不是主动通过话语实施某种行为，其行为的实施也离不开话语。例如，他在和网友直播中所言"知网是什么东西"并不是要主动挑动网友们脆弱的神经，更不是要引发网友们强大的好奇心。但不可否认的是，他的这句无意之辞却成为网友心目中"论文造假"的代名词。作为单一小事件，实施"致歉"和"造假"行为都需要借助话语。不仅如此，构成该事件的各个小事件，"致歉""造假"，以及后续的"调查说明""宣布撤销"，这一系列小事件彼此之间的关联与互动，都是通过话语来实施的。我们看到，在每一个具体事件的话语实施过程中，都要提及前面发生的某一个事件，形成文本与文本之间的"互文"关系（Kriteva 1980，1986），这不仅造成彼此之间在"主题"上的话语互动，而且还通过将以前的某种表述移入后续的表述之中这种"再情景化"形式（van Leeuwen 2008）形成话语互动。可以说，正是"该演员涉嫌学术不端"这一主题通过元话语的再情景化方式（见本书 4.2 中的相关论述）在话语层面将这些事件联系在一起，彼此相互指涉，相互作用，促进实现这一事件的发展，完成这一事件的实施。

关于该事件在话语中形成，一个明显的事实即是话语对该事件起到了推波助澜的作用。这并不是说没有话语，没有"文本"或"语体"这些话语的体现形式，"致歉""造假""调查说明""宣布撤销"的行为就不会发生。相反，强调话语助推了该事件的形成，恰恰是因为话语不仅是社会活动的载体和体现形式，更重要的，话语对社会活动起到构建的作用。例如，这位演员想要致歉，他就要选择"致歉"的语体，遵循"表示内疚"→"反思原因"→"表示道歉"→"表达决心"这种致歉信的结构，来建构他的致歉诚意。换言之，他的致歉诚意是要通过"话语"构建出来。正因为此，他的致歉诚意在很大程度上取决于他使用的语言。语言使用恰当，致歉具有诚意；否则，致歉就会成为一种托词。就这封致歉信而言，网上大量的负面评论已经明显地表明这封致歉信并没有起到灭火的作用，而是引发了助推这一事件进一步扩大的后果。

在话语助推该事件的形成方面，还有一个问题需要注意，就是话语事件中的各种话语主体身份。诸如北京大学和北京电影学院这些话语主体都具有机构的性质，较其他话语主体，如该演员和网友这些个体话语主体，他们的话语更具有权威，也更有影响力。在不同的话语互动过程中，这些话语显然更具规范作用，在引导事件的走向方面也获得更大的能量。设想一下，如果没有这些话语，只有网友的质疑话语，该事件或许根本就不会发生，至少不会成为现在这样公众关注的焦点。因此，有理由相信，机构话语以及彼此之间的互动在该事件的形成过程中起到重要作用。

可见，具有权威性的机构话语与个体话语对该事件的形成起到不同的作用。这表明，该事件不论是向内的关联、还是向外的延展，抑或是这种向内关联和向外延展体现在话语之中，并通过话语来实施以及在话语中形成，所有这些都具有一定的等级性。不仅如此，所有这些实际发生的事件和话语呈现的事件，都是彼此相互关联、相互影响、相互作用，形成一个复杂的整体。话语互动的等级性是需要观察的第四个方面。

就实际发生的事件而言，它由诸如"知网是什么东西"、道歉、处分等彼此关联的小事件构成，这种关联体现在"致歉信"等文本之中。就这个事件产生的外部环境而言，民众对明星演员的崇拜，社会对学术不端行为的憎恶，网友对感知落差的应激反应，都在不同程度上成为与该事件相关的社会因素。这种关联也体现在相关机构处理该事件的"处理决定"文本上面。这些不同社会主体的不同话语，如该演员的致歉话语、北京电影学院的情况说明话语，一方面与实际发生的事件相关联，另一方面与其他话语相关联。从这个事件中我们看到，这种话语与话语之间的关联不是简单的文本之间的相互引用，而是社会主体之间的相互作用，是社会主体通过使用一定的语言形式彼此相互影响的一种社会活动过程。从话语研究的视角来看，这实际上提出了一个话语与话语在网状和立体的社会生活中如何相互作用的问题。

至此，我们从四个方面讨论了"某演员涉嫌学术不端"事件。我们认识到，这个事件从内部看是由许多相关联的小事件构成的一个系统性事件，从外部看它与其发生的社会环境的各种因素有着千丝万缕的联系，所有这些内部和外部的联系都在以文本和语体为体现形式的话语之中留有痕迹，而该事件涉及的各个社会主体（个体和机构）彼此之间通过使用特定文本和语体实现的相互影响和作用（话语互动）具有等级性特征。

尽管"某演员涉嫌学术不端"事件可能在万花筒般的社会生活中只是一个点缀，但是作为本书研究内容的一个引子，它已经使我们对"话语互动"的概念有了初步认识。正如温格（Wenger 1998：7）观察普通事件时总结的那样，讲述一个熟悉的现象可以使人重新审视它，并且扩展和深入对它的认识。就这个涉嫌学术不端事件而言，重新讲述这个事件也为我们更为清晰地认识"话语互动"概念提供了契机。

实际上，这个实实在在发生在社会生活中的事件不仅是一个社会事件，一个学术事件，一个网络事件，而且也是一个"话语"事件，一个像收回学位证书那样可以切身感到的实实在在存在的话语事件[1-4]。这一事件不仅由一系列的相关小事件构成，而且涉及不同的领域，如学术领域、影视领域、媒体领域，以及不同的等级关系，如学校与当事人之间的等级关系、主管部门与教育机构之间的等级关系。所有这些各种各样的事件关联形成一个社会网络，不仅"纵向"地存在于不同等级的社会关系之中，而且"横向"地存在于不同的社会领域之间，甚至历时地存在于它们的来龙去脉之中。如此"纵横交错"地存在于社会网络之中的各种事

[1-4]"话语事件"的概念与"言语事件"的概念不同，后者是社会语言学中交际民族志研究中的一个概念（可见 Hymes 1986/2009），指诸如教室里上课和拍卖行里交易这样情景中的交际活动。关于"言语事件"在 9.1 中将有所论述。

件，不仅影响并在一定程度上决定着相关事件的因果关系，同时也体现在话语（文本和语体）的彼此联系上面，而这种话语之间的关联也实实在在地通过语言使用得以实现，形成本书关注的"话语互动"。当我们谈及社会事件时，我们不会忽略构成这一社会事件的相关社会因素，甚至我们会说它们相对地构成一个社会网络，同时我们也不会忽略它是一个话语事件，存在于话语之中，并通过话语来实施和形成。当我们把视线聚焦在话语事件的时候，我们也不可能将这一话语事件视为不与其他话语事件发生联系的一个孤立的话语事件。在这个意义上，我们也可以说这个话语事件是"社会实践网络"（Fairclough 2003）中的一个节点。现在已经有许多文献致力于将社会事件（social event）作为话语事件（甚至直接当作话语）来研究，如批评话语分析就公开宣称其研究对象就是社会事件，是"以语言形式体现的真实的社会互动"（Fairclough and Wodak 1997/2012）。但是，在这部更为侧重话语互动的著作中，我们的研究课题与此稍有不同。我们的关注不仅仅是体现为话语或话语实践的社会事件，而是将研究重点向外扩展至一个话语（话语事件）与另一个话语（话语事件）之间的相互联系和影响上面。在下面的小节中，我们将讨论两个研究话语互动的路径，一方面看到这两个路径提供了有益的研究借鉴，另一方面也发现需要进一步开拓进展的空间。

1.2 两个研究路径

以上这个事件引发的思考实际上涉及一个哲学命题：世界上的所有事物都是彼此联系的，它们彼此相互作用促成事物的不断发展变化；同时，它也涉及一个语言学命题：任何一个语言表达都不是凭空产生的，不仅与客观世界相联系，而且也与其他的语言表达相联系。就前者而言，马克思主义的唯物辩证法就曾明确表明，世界上所有事物之间的联系是普遍存在的，这是一切事物、现象和过程所共有的客观和普遍的特性。就后者而言，"互文性"理论也凸显出社会生活中社会主体之间彼此相互关联和依存的特征，如巴赫金（Bakhtin 1986：91）就指出，"每一话语都是对其它话语的反驳、肯定或补充，都依赖其他话语。"克里斯蒂娃（Kristeva 1980：36）也强调任何文本都是"对其他文本的变更和置换，在本质上是一种互文"。然而，如果将现实生活中事物之间的联系与话语中文本之间的联系再联系在一起，就会引发对另一个问题的思考，即社会网络中的话语如何互动？换言之，社会事件之间有联系、语言表达之间有联系、这两种联系之间也有联系，所有这些联系又是以怎样一种方式联系的？这是一个复杂的跨学科研究课题；欣喜的是，一些学者的研究已经对此有所涉及。

例如，从事批评话语研究的学者费尔克劳就曾关注此问题。虽然他没有特别使用"话语互动"这一术语，但是，他运用称之为"辩证—关系"的研究路径（Fairclough 2009）对话语变化与全球化之间关系的研究，在某种意义上即是在探究社会实体之间的互动关系如何体现在关于这些实体的各种话语之间的互动关系上面。他（Fairclough 2006）认为，全球化是一个实际发生在国际层级、国家层级、地区层级、甚至城市和乡村层级上经济、政治、文化各个方面的变化，其中的任何一个变化都不是孤立存在的，而是与其他变化相互联系、相互影响的，彼此形成一个体系，使得全球化成为处于"层级网络"中的各个实体之间关系的变化。他进一步指出，全球化不仅是政治、经济、文化的全球化，也是语言运用的全球化，其中一种话语和（或）语体对另一种话语和（或）语体产生影响，并使其发生变化。简言之，全球化在一定程度上被认为是社会变化，是各种社会要素之间关系的变化，这种关系的变化也包括处于一个社会领域里的社会实体所固有的话语和(或)语体与处于另一个社会领域里的实体所固有的话语和(或)语体之间关系的变化（Fairclough 2006：10）。

费尔克劳以"新公共管理"这一西方管理模式的全球化来说明这个观点。他（Fairclough 2006：33）分析指出，"新公共管理"模式的全球化实际上是某些私人领域管理模式在公共领域组织中的应用，这其中涉及两个领域，即私人领域和公共领域：一方面"新公共管理"模式的全球化将公共领域的实体组织（如政府部门）当作市场上运作的私有公司来对待，另一方面，这种管理模式的全球化也将公众当作消费者来对待。在这个意义上，"新公共管理"这一西方管理模式的全球化在本质上涉及到处于不同社会领域中社会实体之间关系的变化，即政府部门和私营企业之间关系的变化。这种变化的一个结果是政府部门在某些方面变得更像私营企业。在这种社会关系网络的变化过程中，政府部门做事的方式与市场运作的方式之间的关系也会出现一些新的变化，体现在语言运用方面，政府部门的文件中可能会出现一些新的市场话语，如将公民再现为接受服务的"消费者"，还可能出现一些新的市场语体，如为政府部门的活动进行宣传以树立品牌的广告语体，甚至可以出现新的市场文体，如将政府部门的"领导"称为"老板"或"上司"[1-5]。这些变化，实际上是与政府部门原有的旧话语、旧语体和旧文体之间关系的变化。所有这些体现出社会网络中不同主体之间关系的变化与不同话语之间相互关系变化之间的复杂联系，其结果将是促进产生一些新的关系和新的话语。正如费尔克劳（Fairclough 2006：33）所说，"随着社会领域、机构、组织、话语秩序、话语、语体和文体之间的关系发生根本性变化，

1-5 费尔克劳将"大话语"（抽象意义上的话语，英文大写字母 D，如"Discourse"）具体化为三个作用，即再现事实、参与活动、构建身份，分别用"话语"（小话语，具体意义上的话语，英文小写字母 d，如"discourse"）、语体（genre）、文体（style）三个术语表达（参加 Fairclough 2003）。

新机构、新组织、新实践、新话语等也将应运而生。"

除了"辩证—关系"路径，另一个涉及社会网络中"话语互动"问题的研究路径是沃达克的"话语—历史"路径（Wodak 2001）。沃达克倾向于将"话语"定义为"同时且相继出现、彼此相关的一组语言活动"（ibid：66）。她认为，这些语言活动体现为主题相关的符号，具体以文本的形式出现，同时，由于这些文本出现在某个活动的社会领域里或跨越多个社会领域使用，它们也是语体，属于不同的符号类别（ibid：66）。很明显，沃达克对"话语"的定义突出了话语表达宏观主题这一特征，同时，也正是话语谈论的主题使得话语可以在不同的活动领域里以文本和语体的形式出现，同时又通过相同的主题将这些活动领域以及文本和语体的形式联系起来，进而建立起话语与话语的联系。基于这样一种认识，沃达克运用"话语—历史"路径提供的框架分析"奥地利优先"请愿书中的种族歧视问题时，不仅分析奥地利自由党的"奥地利优先"话语与内务部长的"国家安全"话语之间的联系，还分析这个请愿书文本与内政部长所做的安全报告文本之间的联系，这种话语与话语之间的"互语"关系以及文本与文本之间的"互文"关系不仅通过一些共同主题（如外国人犯罪、增强执法权力、非法移民、驱逐犯罪的外国人等）建立起来，而且这些通过主题建立起来的互语关系和互文关系还因为语体的不同（如奥地利优先请愿书是请愿语体、安全报告是部长报告语体）与不同的"活动领域"联系起来，而这些不同的活动领域（请愿书属于政治执行和行政活动领域、安全报告属于公众意见形成的活动领域）则通过这种互语关系和互文关系联系起来，构成一个包含这些活动领域的"政治活动领域"（见 Wodak 2012：243-246）。

"活动领域"在沃达克的研究中是一个重要的概念，指社会现实中构成话语实践框架的那个领域（Reisigl and Wodak 2009：90）。由于"活动领域"的划分基于话语实践的功能，在"奥地利优先"

这个案例研究中，"政治活动"被划分为 8 个活动领域，分别是：立法过程、公共意见形成、党内意见形成、意见的党际形成、国家关系组织、政治宣传、政治执行和行政、政治控制（ibid：91）。这些"活动领域"彼此联系，构成政治活动领域，在一定程度上可以说是一个特定层级上的"社会网络"，而关于一个具体主题的"话语"可以在一个"活动领域"发起并进入到另一个"活动领域"，这在一定程度上也可以被认为是"话语互动"。在沃达克对"奥地利优先"这个请愿书的"互文"和"互语"分析中，我们就看到源起于"政治执行和行政"活动领域的"奥地利优先话语"与源起于"公众意见形成"活动领域的"国家安全话语"，彼此扩展到对方的"活动领域"之中并与这些"活动领域"的话语建立起联系，或彼此形成重叠。

可见，不论是费尔克劳基于"辩证—关系"路径对全球化话语的经典解读，还是沃达克基于"话语—历史"路径对"奥地利优先"话语的深刻分析，都在一定程度上涉及社会网络中的"话语互动"问题。然而，这两个研究路径在理论上做出独到阐释的同时，在方法论方面都没有能够进一步提供可操作的深入分析话语互动的方法，因而也没有能够进一步有效地阐释不同话语在社会网络中如何实现互动。

就费尔克劳的理论阐释而言，虽然他认识到社会变革对话语变化的影响以及话语变化可能对社会变革的引领，但是在操作层面，他提供的几个分析框架却都将分析的焦点落在单一话语实践上面，而不是注重分析话语与话语的相互作用。例如，他早期提出的"三维分析"框架（如 Fairclough 1989：25；1992：73）包括对"文本""话语实践"和"社会实践"的分析，虽然涉及话语与社会变革之间的辩证关系，但是并没有触及任何有助于探索社会变革与话语变化这两种变化之间辩证关系的方法论问题。在后来提出的"五步分析框架"（见 Fairclough 2001；Chouliaraki and

Fairclough 1999：60）中，尽管提到在第 2 步的分析中要首先分析"实践网络"，但是分析的重点仍然是单一社会实践中符号与其他成分之间的关系。这在一定程度上是因为费尔克劳将哈维（Harvey 1996）关于社会实践的六个成分（社会关系、权力、物质关系、信仰/价值观/欲望、机构/仪规和话语）浓缩成四个，即物质活动（特别是非符号的）、社会关系和社会过程，心智现象、以及话语，包括书面和口头的语言以及图象等非言语交际的符号（见 Chouliarake & Fairclough，1999：61）。因此，话语被认为是"社会实践的一个成分"，与其他三个成分存在辩证的关系（ibid.）。基于这种认识，费尔克劳的批评话语研究始终关注"话语"这一成分与"社会关系和社会过程"这一成分的关系以及与"心智现象"的关系。"社会关系和社会过程"包括话语生产者所处的社会地位、对信息的支配程度以及发布信息的权力等；心智现象包括话语生产者的利益、愿望和期望等。话语分别与这两个成分之间的关系是单一社会实践内部的关系。虽然在理论层面费尔克劳将社会实践之间的关系称为社会实践的网络系统，并且认识到除了研究社会实践内部各"成分"之间的关系之外，还应该在社会实践的相互关系中研究社会实践，研究社会实践的外部关系及其对社会实践内部构成的影响，但是，在实践层面，费尔克劳的分析框架只提供了分析单一社会实践内部各成分（包括话语）之间关系的方法，并没有在分析社会实践网络系统中不同社会实践之间的相互作用方面提供实质的、可操作的分析方法。

就沃达克的研究而言，她和她的团队关于"奥地利优先"话语的分析已经非常明确地将该话语与其他话语之间的联系凸显出来，但是在方法论方面，她的"话语—历史"研究路径除了观察不同话语、不同文本、不同语体在共同"主题"上具有联系之外，没有再提供其他可供分析的维度。而且，虽然该研究路径提倡批评话语分析需要挖掘历史语境，但是，这也只是停留在理论主张上面，在实际的案例研究中，除了涉及一些历史事件和历史因素之外，并没有提供分析这些历史因素与话语之间相互影响的具体方法（Blommaert 2005）。

理论主张固然重要，但是研究方法对于将理论主张应用到具体案例上来说也是必不可少的；而且，通过这种应用，研究方法可以更具体地诠释理论主张的合理性和适用性。鉴于此，我们将试图弥补以上两个研究路径的不足，提出一个以操作见长的话语互动研究路径，并借此体现我们对话语互动的理论主张。在下面一节以及本书的其他章节中，我们会看到这对于研究和认识话语在社会主体编织的社会网络中如何相互作用是至关重要的。

1.3 第三个研究路径

如 1.2 中的讨论所示，在批评话语研究领域里，不同话语之间的联系与互动虽然被认为是不同社会主体之间在社会活动中相互影响和制约的一个主要形式，但是还没有得到应有的深入研究。对于这样一片"还未开垦的处女地"（田海龙 2017），需要借助一些概念性工具开拓出一个新的研究路径，以便能够获得一种新的研究视角，并将话语研究的对象从话语本身的语言使用与社会因素之间的辩证关系扩展至话语与话语之间的相互作用上面。这种研究路径需要在已经取得的关于话语的认识和研究基础上向外延伸，在理论上探究话语互动的特征，以及话语互动作为社会发展内在动力的机制。同时，这个研究路径还需要在实践上辅以可提供研究维度的分析模型以及具有可操作性的分析框架，借助解释力强的相关工具性概念，为研究社会生活中普遍存在的话语互动提供可观察的层面和维度。

本书将在这方面进行探索和尝试，在坚持批评话语研究传统的基础上，开拓一条话语互动研究的新路径，提出话语互动的分析模型和分析框架。这个以分析模型和分析框架为主要内容的新研究路径坚持话语即社会实践的观点，坚持批评话语研究注重通过对实际使用的语言进行语言学分析来探究语言使用与社会因素（包括权力关系和意识形态）之间辩证关系的传统，特别是坚持批评话语研究注重话语对社会的建构、再现和参与作用的研究。同时，这个新的研究路径也具有一些与其他两个批评话语研究路径不同的特点，既与费尔克劳的"辩证—关系"路径有所不同，也与沃达克的"话语—历史"路径存在差异。费尔克劳的"辩证—关系"路径注重研究一个话语内部语言使用和社会因素（包括权力关系和意识形态）之间的辩证关系，而这个新研究路径则注重研究一个话语与另一个话语之间的彼此互动。沃达克的"话语—历史"路径注重研究话语与话语之间通过主题连接的互文和互语关系，而这个新的研究路径则通过观察诸如元话语的再情景化等话语互动的方式来研究话语与话语的互动以及这种互动对社会发展的促进作用。

　　具体来讲，这个新的研究路径从语言使用和社会因素两个层面观察话语互动的内在机制。在语言使用层面，"文本""语体"等话语的体现形式成为具体的观察对象，其从一个话语被移入另一个话语的现象成为观察的重点。造成这种"再情景化"现象的社会主体，以及社会主体做事的方式，将成为话语互动研究在语言使用层面分析的重点。在社会因素层面，各个话语所体现的不同社会主体之间的权力关系以及各自具有的意识形态和利益倾向成为观察的焦点。话语互动会造成一定的后果，如一个话语对另一个话语产生"殖民"性的影响，或产生一个新话语，其语言使用呈现"杂糅"的特征，而这些后果产生的机制和内在动因则是话语互动研究在社会因素层面分析的重点。如此，在语言使用和社会因素两个层面上分析话语互动的内在机制，并非表明这个分析体现出"平面"的特征。相反，它是"立体交互"的，在每一个层面上"再情景化"都成为观察的透视镜。例如，在语言使用层面我们透过"文本""语体"的再情景化观察话语互动，在社会因素层面我们透过"元话语"的再情景化观察话语互动。为深入探析这样一种"立体交错"的话语互动，我们会在第五章提出一个具体的分析方法，包括涉及语言使用和社会因素两个层面的五个分析步骤，称为"双层—五步"分析框架。

话语与话语之间的相互作用发生在复杂的社会实践相互作用的结构性社会网络之中。它不仅呈现出具有较大权威的话语与具有较弱权威的话语或无权威的话语之间的相互作用，而且呈现出来自不同领域中相对平等的话语之间的相互作用，还呈现出"过去"话语与"现在"话语之间的相互作用。因此，话语互动研究需要一个分析模型，以便能够从纵向、横向和历时三个维度来探究话语互动的运作。在纵向话语互动分析维度，"自上而下"和"自下而上"两个指向的话语互动成为分析的重点。在横向话语互动分析维度，不同领域里的话语（包括语体）之间的相互作用成为分析的重点。在历时话语互动分析维度，"现在"话语对"过去"话语的作用、以及"过去"话语对"现在"话语的作用，都成为分析的重点。这样的话语互动分析模式我们称之为"三维—双向"分析模型，在第五章会详细阐述。

"三维—双向"分析模型为深入研究话语互动提供了一个整体思路，而"双层—五步"分析框架则更具体地展示出，在任何一种话语互动维度的任何一个指向上分析话语互动都需要采用一个具体研究方法。而且，要做好这个"五步"分析，我们需要借助具有解释力的工具性概念，如"元话语""再情景化""互文""互语""语体链""指向秩序"等。这些概念是批评话语研究领域许多学者应用于案例研究中的概念，它们将作为分析工具用于分析语言使用和社会因素两个层面上以及纵向、横向和历时三个维度上的话语互动。当然，我们不是简单地照搬这些概念来充实话语互动的分析框架，而是通过将几个不同的概念合在一起形成一种新的解释力，一方面对话语互动内在机制形成新的认识，另一方面对话语互动的研究提供具体的分析方法。对此，我们将在 4.2 详细阐释。

如此，我们初步勾勒出一个新的话语互动研究路径。相对于费尔克劳的"辩证—关系"路径和沃达克的"话语—历史"路径，这是第三个研究路径，具体体现在它的"双层—五步"分析框架和"三维—双向"分析模型上面，同时体现在所应用的工具性概念上面。我们希望这个新的研究路径能够帮助我们对话语互动的特征形成更为清晰的认识，同时也为探究话语互动的运作机制提供一个更为具体的、可操作的分析步骤。

1.4　本书结构

为了达到这样一个研究目标，第二章重点讨论话语与话语互动的概念。我们将从语言的概念入手，厘清"话语"和"语言"这两个概念的联系和区别，进而讨论话语中的权力关系、话语中的意识形态等与话语密切相关的问题，借此凸显本书对话语的认识，即话语是社会实践，体现为语言使用和与语言使用相关的社会因素之间的辩证关系。在此基础上，第二章还要引出我们对"话语互动"这个概念的初步认识。通过讨论互动社会语言学关于"言语互动"的论述，以及社会学关于"符号互动"的论述，我们将认识这两个概念的具体含义，并讨论它们与"话语互动"概念的区别。这些讨论将使我们认识到，话语互动概念的提出不是空穴来风，相反，话语互动概念既与现有的一些概念（如言语互动、符号互动）相关联，又与其有所区别，并在一定程度上对已有概念有所发展。第二章的另一个内容是关于"社会网络"概念的界定。这里,我们参考社会学中关于社会网络的认识,特别是参考社会语言学关于语言变体与社会网络关系的认识,提出本书的研究课题,即社会网络中的话语互动。

在第三章我们重点讨论话语互动的特征与运作机制。通过讨论批评话语研究发展壮大的过程,认识话语互动所具有的动态变化特征,以及话语互动对于特定学术话语的发展和形成所具有的促进作用。我们将借助福柯有关"话语形成"的论述,分析批评话语分析从边缘走向话语研究领域学术中心的过程,观察在这个过程中不同话语之间相互作用的特征,一方面认识话语互动是批评话语分析发展壮大的内在动力,另一方面认识话语互动在这一过程中体现出的具有等级和动态变化的特征。第三章还要讨论话语互动在语言使用层面和社会因素层面上运作的机制问题。我们将以中医话语与西医话语之间的互动为例,观察话语互动在语言使用层面的相互渗透以及权力关系和意识形态在社会层面对语言使用的影响,借此认识话语互动的运作机制。

第四章将讨论话语互动研究所依据的理论原则和分析方法。通过讨论批评话语分析发展到批评话语研究阶段所取得的最新研究成果,通过讨论批评话语分析在其批评话语研究新阶段产生的新思想及其研究方法方面的创新方式,确定本书研究话语互动的一些基本原则。同时,通过详细讨论批评话语研究中的一些工具性概念,如"元话语""再情景化""互文""互语""语体链""指向秩序"等,挖掘这些概念应用到话语互动研究中的途径和方法。这一章的讨论将话语互动研究置于批评话语研究的背景之中,为更为专业地分析话语互动过程奠定学理和方法论基础。

第五章提出一个研究话语互动的新路径,包括"三维—双向"分析模型和"双层—五步"分析框架。就分析模型而言,"三维—双向"分析模型提供一个研究话语互动的宏观图景,为从纵向、横向、历时三个维度揭示权力关系和意识形态在话语互动中的作用，以及为研究话语互动所导致的、发生在语言使用层面和社会因素层面的后果提供分析模型。同时，在每一个维度，这个分析模型所体现的话语互动分析都是"双向"的，例如在纵向维度，不仅分析"自上而下"的话语互动，而且分析"自下而上"的话语互动。就分析框架而言，"双层—五步"分析框架为具体的案例研究提供微观上可操作的方法步骤。

　　在接下来的第六、七、八三章，我们将分别对话语与话语在纵向、横向、以及历时三个维度上的联系与互动进行研究，每个维度的话语互动我们选择两三个不同社会领域的案例进行分析，探究话语互动内在的运作机制。对这些话语互动案例的分析将采用"双层—五步"的分析方法，并分别运用"元话语""再情景化""互文""互语""语体链""指向秩序"等工具性概念。通过这些案例分析，我们会更清晰地认识话语互动的运作机制，更切身地体会到话语互动不仅导致话语间语言使用层面的关系变化，而且这种变化会催生出新的话语；同时，也更为明确地认识话语互动中产生的新话语与社会因素层面的变化密切相关。

　　如果说第六、七、八章的研究视角来自话语互动局外人对话语互动过程的客观审视，那么，第九章的视角则来自话语互动内部；这时，研究者成为话语互动的参与者，并以此身份考虑话语互动为自身利益服务的问题。在这种情况下，话语互动的交际属性便浮出水面。第九章将从信息传递这一"交际"的传统意义出发，讨论互动社会语言学中"互动"概念对"交际"概念的引申和发展，并进一步讨论"话语互动"概念对互动社会语言学中"互动"概念的超越以及对"交际"概念的回归。这一章还将基于本书关于话语互动的认识讨论涉及学术交流和跨文化交流的两个案例，阐释话语互动所具有的交际属性。

　　最后，在第十章，我们将特别指出，本书对话语互动的研究在很大程度上受到唯物辩证法的指引。世界是普遍联系的，运动是绝对的，静止是相对的，这些观点奠定了本书话语互动研究的基础，也与本书对话语互动的研究发现相一致。本书的研究表明，话语互动是社会生活中的一个普遍现象，体现着处于社会网络中的社会主体通过一定的语言形式实施相互影响和作用是一个复杂且动态变化的过程；但是，话语互动也不是杂乱无章的，它是可以分析的，而且通过本书提供的方法进行分析，还可以较清晰地发现一些话语互动的特征和运作机制。本书在结论部分回访研究的元点，读者会更加明了本书的主要观点，这些观点被总结为十点重新阐述，之后对三个可能引起歧义的问题略作说明。

第二章 话语与话语互动

　　本书的首要任务是探索社会网络中话语与话语之间互动的内在运作机制。这意味着需要首先清晰地定义"话语"这个概念。然而，这并非易事。在社会科学的许多领域都可以找到关于"话语"的定义，对所有这些阐释进行梳理不仅不为本书篇幅所允许，而且这种努力也很难得到一个与本书的研究重点相适配的定义。因此，2.1对话语概念的界定将另辟蹊径，以"语言"的概念作为参照来界定"话语"的概念。这样做的目的是基于本研究的唯物辩证法基础，即任何事物都与其他事物相联系，"话语"的概念也不例外；这样做的结果可以强调"话语"不仅涉及语言使用，而且是一个集语言使用和社会因素为一体的概念，是社会实践。之后，2.1 继续讨论权力关系和意识形态这两个与话语互动密切相关的"社会因素"，特别强调话语与权力关系、话语与意识形态不可分离的特征。2.2 将对话语互动的概念加以界定，讨论它与社会语言学中"言语互动"的不同，也讨论它与社会学中"符号互动"的区别，进而说明话语互动在本书中作为研究课题的含义，以及作为研究课题的必要性。接下来在 2.3 中，我们讨论社会网络的概念，通过讨论社会语言学及社会学关于社会网络的论述，阐释话语互动赖以发生的社会网络所具有的一些特征，为进一步深入讨论社会网络中的话语互动奠定基础。

2.1 作为社会实践的话语

本书关注社会网络中的话语互动，在一定程度上也是因为"话语"在当下已经成为一个口头禅式的词汇。较之"语言"，"话语"这个词汇更为普遍地在人们的交流过程中使用，也成为人文社会科学研究领域里的一个"热词"（田海龙 2017）。直觉地看，这是因为"话语"这个词的发音确实有朗朗上口的特点。发"话[huà]"这个音可以轻轻地送气，不用摩擦，不用爆破，不用卷舌，也不用像三声的音调那样转弯；"语[yǔ]"这个音紧随其后，只要口型由大而小、气流由强而弱，便可不费任何力气就顺势发出。而且，"话语"这个词与其他任何词搭配起来也不会在发音方面有任何阻力，不论作为"后缀"在"媒体话语""政治话语""学术话语"这类复合词中，还是作为"前缀"在"话语权""话语体系"这类词汇组合中，都可以脱口而出。若从学术角度看，"话语"一词的广泛使用则是因为当今社会产生出许多新问题，而对这些新问题的新思考则需要一个新的、与"语言"不同的术语来阐释（田海龙 2017）。在这一小节，我们将通过讨论"话语"和"语言"这两个概念的异同与联系来认识"话语"几乎取代"语言"在社会生活中广为使用和流行这个事实背后的哲学动因。

从"语言"到"话语"

在以现代主义哲学为理论基础的现代语言学研究中，语言被定义为一个抽象的符号系统（Saussure 1916/1983），而与这个抽象系统无关的所有关于语言具体使用的问题，当然也包括与语言使用者相关的问题，都无法进入索绪尔的现代语言学研究视野，只能都被扔进"垃圾箱"（Hodge & Kress 1988）。现代语言学关于"语言"的这一认识，虽然被认为是一种学术性的科学阐释，但与普通民众对"语言"的常识性认识并无本质区别。例如，在学术圈外的普通民众当中，"语言"普遍被认为是交际的工具，是思维的工具[2-1]。这里，"工具"的隐喻实际上暗示出语言是一个独立于语言使用者而存在的"客体"。我们可以拿起一个工具，也可以放下一个工具，工具和使用工具的人在本质上是分离的。可见，20 世纪现代语言学对"语言"的"科学"认识与普通民众对"语言"的常识性理解如出一辙，都将"语言"与语言使用者分离开来。如同普通民众审视某个工具时要与其分离开一样，现代主义语言学家也在审视"语言"这个客体时采取一种与其保持距离的"客观"立场。例如，他们会"客观"地研究语言的声音、形态、组成成分、意义，甚至研究语言的运用，并在貌似客观全面研究"语言"客体的基础上构建起现代语言学的各个分支，如语音学、形态学、句法学、语义学、语用学。在所有这些"核心"的现代

2-1　这种关于语言的普遍认识体现在《现代汉语词典》（第 7 版）中关于"语言"的定义：人类所特有的用来表达意思、交流思想的工具……"（中国社会科学院语言研究所词典编辑室 2016：1601）。

语言学分支中，语言学家关注的首要问题是"语言是什么"。他们致力于描述语言这个客体及其特征，包括它的本质特征和区别性特征。在基于现代主义哲学的语言学研究中，语言使用者是不被考虑的，因为他们不属于"语言"这个客体，既与交际或思维的"工具"相分离，又与语言这一"抽象系统"格格不入。可见，语言不论被普通民众当作交流工具，还是被语言学家视为抽象系统，在现代主义哲学看来都是一个与使用者相分离的客体。从这样一种哲学观念出发，对语言的研究采用一种科学实证的方法，得出一个"非黑即白"的科学定论，是再自然不过的事情了。这就如同索绪尔对语言系统所做的二元对立区分那样（见 Hodge & Kress 1988：17），成为后人前行必须跨越的横栏。

可以认为，如此将"语言"作为客体研究并占据 20 世纪语言学主流地位的现代语言学，其哲学基础源自现代主义哲学的研究传统。这种传统受笛卡尔"现代哲学"以及"科学"与"理性"思想的影响，在 17 世纪以后的三百年间成为时代的主流。依据现代主义的哲学传统，人们试图用自然科学的标准衡量一切事物，普遍认为一切有意义的问题都可以通过科学手段得到实验检验，获得确定答案。基于这样一种研究传统，以索绪尔为代表的现代主义语言学家在对"语言"进行科学描述时，所要解决的问题是"语言是什么？"，并试图说明语言所具有的特征是一个普遍性特征，适用于所有语言。这种语言学研究将语言作为一个客体来认识，虽然可以提供关于语言的"一个简单、清晰和全面的图景"（Hodge & Kress 1988：15），但是，将语言与语言使用者割裂开来也带来许多弊端，并为基于后现代主义哲学的批评话语研究所诟病。

与现代主义哲学关注"这是什么"不同，后现代主义哲学将关注的重点转向"如何表达这是什么"（参见高玉 2009：65）。在这个转变过程中，"话语"的概念应运而生，形成与"语言"截然不同的一个概念。

　　首先，"话语"的概念不是"语言"概念所体现的"抽象系统"，相反，它涉及具体的"语言使用"。而且，更进一步，由于涉及语言使用，"话语"的概念与"语言"的概念形成一个本质的区别，即它集语言使用和语言使用者为一体。继而由于涉及语言使用者，与语言使用者相关的各种因素，包括语言使用者彼此之间的平等与不平等关系及其各自的价值取向，都囊括在"话语"的概念之中。一言以蔽之，"话语"既包括语言在社会生活中各种场合的运用，又包括与语言运用相关的各种社会因素，包括诸如语言使用者的社会地位及其所依托的社会机构和代表的社会利益这样的社会因素；而且，语言使用和与语言使用各种因素的关系不是仅仅相关联，而是体现出一种辩证的关系，社会因素为使用的语言形式所体现，同时也通过这些语言形式体现自身的价值及其在语言使用中的作用。其次，由于语言使用和社会因素二者密不可分，所以与语言使用相关的所有社会因素都存在于语言使用之中，而且，处于辩证关系中的语言使用和社会因素也共同存在于"话语"之中。从后现代主义哲学的视角看来，话语虽然由符号（包括语言符号）组成，但话语不再被认为仅仅是一组符号；相反，符号被看作实践，可以系统地形成符号所言说的客体（Foucault 1972：47），正如克瑞斯（Kress 2001）解读的那样，"社会就在符号之中"。在这个意义上，如果说一个人彬彬有礼，那是因为他的言谈充满了表达礼貌的词汇和句式。同样，某人被认为强势，也是因为他使用强势的语言。这样的一种话语观也为话语分析提供了依据：如果要判断语言使用者是否礼貌，是否具有权威，唯有分析他的语言使用情况才可做到。

　　因此，可以认为，话语首先是语言使用，同时，它还包括与语言使用相关的社会因素，如语言使用者的身份地位，他所依托的社会机构，他所赞赏的价值取向，他使用语言进行交际的目的，等等（参见田海龙 2009：V）。语言使用与社会因素辩证地形成一体，社会因素存在于语言使用之中，语言使用也体现和建构出一定的社会因素。我们用图 2.1 的椭圆表示体现这一辩证关系的话语概念。椭圆中的两个方框分别表示话语概念包含的"语言使用"和与语言使用相关的多种"社会因素"，二者之间的双向剪头表示它们之间存在着相互作用的辩证关系。这种辩证关系一方面表明语言使用的各种方式以及使用的各种语言形式体现出与之相关的社会因素，如语言使用者的社会地位，彼此之间的关系，等等；另一方面，也表明语言使用在一定程度上建构出与语言使用及语言使用者相关的一些社会因素，如选择使用某个地方方言可以建构与该地域相关的语言使用者身份。就"语言使用"与"社会因素"二者之间相互作用的辩证关系而言，话语代表着二者之间的辩证关系和相互作用的过程，因而也被认为是"社会实践"，如图 2.1 所示。

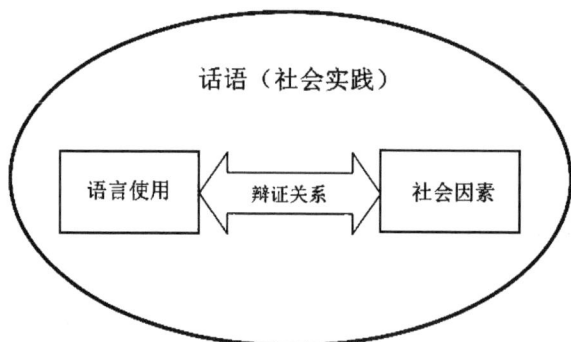

图 2.1 "话语"概念的含义（出处：田海龙 2020：130）

话语不仅体现语言使用和社会因素之间的辩证关系，而且这种辩证关系被进一步认为是社会实践，这在更深层次上将"话语"与"语言"这两个概念区分开来。"社会实践"一般指某个领域里规律性发生的社会活动，如教育领域的教学和管理，都属于社会实践的范畴（Fairclough 2003：23）。社会实践介于抽象的社会结构和具体的社会活动之间，可以促成某种结构性的潜能以某种事件的形式发生，也可以不促成某种结构性潜能以某种事件的形式发生（同上）。社会实践之所以有这样的作用，是因为语言使用与其他非语言使用的社会因素之间的相互作用。在批评话语研究看来，社会实践正是通过语言使用与社会因素相互作用才完成其与社会结构和社会活动之间的媒介作用。例如，在教育领域，教师有规律的教学活动属于一种社会实践，它包含教师的语言使用（如知识传授、答疑时使用的语言，以及课本中的语言，等等），也包括教师与学生的社会关系（如教师处于教学的主导地位）、教师的价值取向、认知程度、以及教学所需要的物质材料（如教室、黑板、教具等）。语言使用与各社会因素之间的相互作用，如教师使用的语言可能体现师生之间不对等的社会关系，或者课本中对某些知识的描述可能体现某种意识形态和价值取向，构成了教师教学的社会实践。教师的教学作为社会实践不是孤立进行的，而是在社会结构中进行，如它受到某种称之为管理的社会实践的制约。就此而言，教学实践可以促使某种结构性潜能（如规定的上课时间、教学进度）转变成具体的教学活动（如具体的课堂活动）。在这个意义上，社会实践在社会结构和社会活动之间起到调节的作用；但是，就社会实践的内部运作而言，语言使用和与语言使用相关的社会因素之间辩证地相互作用则构成了社会实践的全部内容。因此可以认为，"话语"的概念与"语言"的概念不同，不仅在于"话语"体现为具体的语言运用，也不仅是因为"话语"还包括了与语言使用相关的社会因素，而且，更重要的，"话语"体现为语言使用与社会因素之间的辩证关系。以这种辩证关系为体现形式和运作模式的社会实践，将某种抽象的社会结构变成某个具体的社会活动。可以说，正是社会实践的这种社会作用将"话语"的概念与"语言"的概念彻底区分开来。

将话语理解为社会实践，预设了本书所关注的"话语互动"这一主题。向内看，话语是一个语言使用和与语言使用相关的社会因素之间相互作用的"社会实践"；而向外看，这个"社会实践"又是社会结构和社会活动之间的调节活动，具有能动作用。沿着这一研究传统，本书在将话语定义为社会实践的基础上，向外延伸，探究话语与话语之间的相互作用，即一个社会实践与另一个社会实践的相互作用。如此探究社会网络中的话语互动，构成贯穿本书各个章节的研究内容。为了理解的方便，下面我们需要首先讨论话语与权力关系以及与意识形态的联系，强调权力关系和意识形态是社会因素的重要组成部分，强调它们与话语不可分离的特征。

话语中的权力关系

以上对"话语"的认识引出两个概念："语言使用"和"社会因素"。"语言使用"与索绪尔"抽象的符号系统"形成对照，在口语中经常以"言语（utterance 或 speech）"的形式出现，在书面语中经常以"文本（text）"的形式出现。与"语言使用"相关的"社会因素"多种多样，动态变化，这其中与我们理解的"话语"概念最为相关的是"权力关系"和"意识形态"。

所谓"权力关系（power relations）"，简言之就是一种不对等关系。在个体与个体、个体与机构、抑或机构与机构的言语交往过程中，不对等的交往关系比比皆是。这种不对等的关系，以及这种不对等的关系造成的后果，在批评话语研究领域称为"权力关系"，或简称为"权力"（Wodak 2001）。社会生活中不对等的权力关系，是社会网络中普遍存在的一种等级关系，小到家长对小孩、老师对学生，大到警察对罪犯、医生对病人、上级对下级。然而，需要指出的是，权力关系之所以成为本书的关注，不是因为权力关系本身体现出社会中普遍存在的社会主体之间的等级关系，而是因为权力关系与语言使用之间存在着密不可分的联系：社会主体之间的权力关系一方面为语言使用所体现，另一方面也可以通过语言使用来实施和建构。换言之，作为与语言使用相关的社会因素，权力关系通过语言使用来体现，同时也通过语言使用来构建。在这个意义上，权力关系镶嵌在话语之中。

这方面一个简明的例子就是师生之间言语交流中体现的权力关系。学生和老师通过语言进行交流，一般用"您"称呼老师，而老师则用"你"指称学生。"您"和"你"的使用体现出老师和学生的"权力关系"。在汉语的文化语境中，透过"您"和"你"的使用我们可以知道谁是老师，谁是学生；在特殊的情况下，如果老师和学生改变"您"和"你"的一般使用规则，则可建构出不同的"权力关系"，如学生使用"你"称呼老师，如果不是不礼貌，至少也表明他有意要和老师保持平等的关系。在师生言语交流的这个例子中，使用"你"或"您"属于"语言使用"的范畴，而师生之间存在的差别，或曰权力关系，则存在于他们使用的语言之中。在这个意义上，如前所述，语言使用和与语言使用相关的权力关系合为一体构成"话语"的概念。

在关于话语的论述中，我们认为话语的概念体现出语言使用和与语言使用相关的社会因素二者之间不可分离的密切关系。基于此，话语的概念就预设出可以透过语言使用来观察与语言使用相关的社会因素，如在上面这个例子中，透过师生分别使用"你""您"这样不同的称呼语判断他们之间的"权力关系"。同样，话语的概念还预设出通过选择某种语言使用的方式来实现与其相关的某种社会目的，如构建某种关系。在上面的师生交流例子中，学生如果打破常规使用"你"称呼老师，或者老师打破常规使用"您"称呼学生，那么很可能学生与老师的关系非常熟络，或者老师是在创造一种幽默的情景。这两种预设在理论上是可行的，因为"权力关系"存在于"语言使用"之中，而后者又体现着前者，二者密不可分，共同构成"话语"。

　　需要指出的是，权力关系可以通过语言使用进行建构这一特征预设出权力关系的不稳定性和动态变化的特征。处于权力关系主导地位的一方需要借助语言使用来维持其主导地位；处于权力关系劣势的一方，如果要改变现状，上升到主导地位，就需要利用语言表达的一定方式，或语言表达的一些术语，甚至是语言表达的一些规范。在这方面，医生和病患之间的交往中体现的不对等关系（权力关系）就是一个案例。医生对病患的支配关系在一定程度上是由医生的专业知识决定的，这些知识又体现在医生在交谈中使用的一些专业术语上面。可以说，正是这些专业术语构建出医生对于病患的权威和支配关系。从另一个方面讲，病患如果要挑战医生的权威，或者说，要改变现有的医生对病患的支配关系，就要具有一定的医学知识，就要掌握一定的专业术语。当病患可以用相同的专业术语和医生交谈时，他所处的被支配的地位就会有所改变。如果病患要挑战医生的主导地位，要改变医生对病患的支配，抑或要参与到治疗的决策之中，就需要掌握一定的医学专业知识，学会一些专业的语言表达方式和专业的医学术语，并使其语言表达符合医学领域的表达规范。同理，医生要维持自己在医疗活动中对患者的权威，就要在语言使用方面体现出与患者的不同。可见，权力关系的维持与改变都依赖于一定的语言使用方式。在这个意义上，费尔克劳（Fairclough 1989）提出"话语中的权力"这一术语，意指处于权力关系主导地位的一方对另一方通过语言运用进行控制和限制。从另一个角度看，"话语中的权力"这一术语也表明权力关系借助一定形式的语言使用与话语紧密地联系在一起。

　　关于"权力关系"（包括"权力"）的论述还有许多。例如，费尔克劳在提出"话语中的权力"这一术语的同时，还提出"话语背后的权力"概念（ibid.），指强加在处于一定权力关系之中的双方身上那些隐藏的、体现为所有社会秩序的权力作用。例如，医患双方通过语言使用实现的权力关系同时受到医患所处的医疗机构各种规约的限定。在这个意义上，"话语背后的权力"就体现出权力关系具有机构的特征。另一个关于"权力关系"的认识是布迪厄（Bourdieu 1991）的"象征性权力"。在处于权力关系劣势地位的一方看来，"象征性权力"是一种隐形的权力，因为其不被认为具有公开的武力，所以被认可，被认为具有合法性。布迪厄提出"象征性权力"的概念表明，处于权力关系劣势的一方不是被动地接受强加于其身的权力作用，而是通过对这种权力的认同，使其"合法化"，进而使权力关系得以维系。

除此之外，还有一些学者提出"话语权"的概念。例如，沈国麟等（2019：68）认为"话语权"即是"对人类精神世界的支配权，对人、事、物的定义权和评判权"。如此定义"话语权"，不可避免地预设出"争夺话语权"的命题，如他们认为（同上），"争夺和掌握话语权""就是争夺和掌握人类精神世界的支配权，从而掌握对一切人、事、物的定义权、解释权和评判权"。在此基础上，沈国麟等（2019）进一步提出争夺话语权的方式，指出"话语权的争夺包括议题的争夺、传播平台的争夺和受众认同度的争夺。"就平台的争夺而言，沈国麟等（2019）分析了中国全球电视网（CGTN）和今日俄罗斯（RT）入驻推特的时间（分别是 2013 年 1 月和 2009 年 8 月），以及这两个媒体分别拥有的粉丝数（截止到 2018 年 6 月 1 日前者是 868 万，后者是 270 万），认为这两家媒体对推特这样的社交媒体平台所拥有的"话语权"远不及美国有线电视新闻网（CNN）。

以上这些关于权力、权力关系、以及话语权的论述，都在某种程度上指明了权力关系具有机构性和动态性的特征。同时也表明，权力关系存在于、并深深地镶嵌于话语之中。社会生活主体之间权力关系的体现、维持、建构以及改变都需要通过语言使用来完成。权力关系并非是固定不变的，相反，权力关系是动态变化的。这也是我们讨论话语中的权力关系（以及后续将权力关系作为考察话语互动的一个因素）的意义所在。

话语中的意识形态

除了"权力关系"的概念，"意识形态"作为讨论"话语"必须涉及的一种社会因素，也与话语存在密切的关系。下面，我们首先界定与本书主题相关的"意识形态"含义，然后讨论"意识形态"所具有的媒介和规范作用，最后指出这些作用的实施都离不开语言运用，意识形态体现和镶嵌在话语之中。

认识"话语中的意识形态"，首先需要认识到"意识形态"是有意识的、主观的关于世界的看法。意识形态的这一含义凸显出意识形态是一种主观意识，是一种信仰和思想，既体现出社会活动主体对世界的主观认识（Woolard 1998：5），也体现出特定社会群体对于社会的信念和认知，是一种心理框架（van Dijk 1998：9）。以此为出发点，讨论话语中的意识形态就要认识到，不论是社会因素对语言使用的制约作用还是语言使用对社会因素的建构作用，都需要通过参与社会活动的主体对社会因素和语言使用的主观认识来实现的。例如，在医生和病人的交流过程中，医生对病人的主导性权力关系是否制约双方交流中的语言使用方式，取决于双方对这种关系的主观认识程度。如果病人不认可医生在诊治过程中的主导作用，他就会使用一些具有挑战性质的表达方式，与认可这种主导作用的语言表达完全不同。医患之间的冲突（特别是言语冲突）在很大程度上即是由于病人质疑医生在诊治过程中的主导和权威作用而发生的。相反，如果医生在诊治过程中言谈过于不自信，使用些含混不清的语词，语调中透露出犹豫不决，也会降低其在病人心目中的权威。可见，在以话语为体现形式的社会实践中，语言使用与社会因素之间的辩证关系和相互作用是通过意识形态来实现的，换言之，这种相互作用取决于社会主体对这种社会关系的主观认识（接受）程度。

其次，关于"话语中的意识形态"，还需要认识到，作为意识形态，社会主体对社会因素的主观认识、看法或观点不是中立的，而是与社会主体的经历和利益相关联，是这些经历和利益的反映，也是对这些经历和利益的回应。这表明，不同社会主体因其所依托的社会机构和具有的社会立场不同，对同一种事物的主观认识不一定完全一样，甚至可能完全相反。例如，在医生和病人的交流过程中，病人因不认可医生的主导作用而使用非常规的交流语言，一个可能的原因是因为病人在以前的诊治过程中有过不愉快的经历，对某个具体的医生产生了抵触。因此，这个病人对这个医生的评价和认识就不一定与另一个病人对同一个医生的评价和认识相同。以意识形态为体现形式的关于世界的看法就不一定与实际情况相符，或者说，就有可能不是中立的，或者说是因人而异的。

认识到意识形态所体现的社会主体对世界主观认识并非中立，或者可能与事实相悖，可以进一步引申出许多关于意识形态的深刻认识。例如，维索尔伦认为，意识形态虽然是关于社会现实的认识，但是意识形态所体现的主观认识不是关于地球如何形成的认识，甚至不是类似对地球如何形成这种认识如何变化的认识，而是关于社会历史、社会政治、社会文化中社会事实的认识。他甚至认为，意识形态所体现的主观认识是关于公共领域里权力关系的认识（Verschueren 2012：9）。伍拉德（Woolard 1998）也认识到，强调意识形态源自并植根于特定的社会地位，也凸显出意识形态不会成为对某个问题的一种独立阐释；这表明意识形态必定要服务于获取权力和维持权力的斗争。在这个意义上，意识形态的含义与权力关系联系在一起，体现出其维持或改变现有权力关系的作用。因此，与其说意识形态是社会个体的主观认识，不如说意识形态是某个社会集团的集体主观认识，是依托一定机构、具有一定社会立场的主观认识。

以上对"意识形态"概念的认识是社会语言学、语用学以及批评话语研究领域关于"意识形态"的基本理解。毋庸置疑，意识形态的概念不仅对这几个与语言运用相关的研究领域有重要意义，对揭示社会网络中话语互动的机制也具有深刻的启示。在这方面，许多学者已经做出值得借鉴的研究。例如，在社会语言学领域，张青（Zhang 2018）指出，一种语言变体之所以能够流行，其中的一个重要原因便是一定的社会群体对这种变体的认可和推崇。她认为，这种认可和推崇作为一种"意识形态"，在这个变体的社会流行过程中起到了"媒介"作用。在话语研究领域，语言使用与社会因素之间的相互作用也是通过语言使用者的"意识形态"这个媒介来完成。下面，借用批评话语分析中"社会—认知"的方法对此进行阐释。

范代克（van Dijk 2012）的"社会—认知"研究方法借助心理学的"心智模型"概念，提出"语境模型"的分析框架。所谓"心智模型"指一个人的社会行为受其对外界的认识程度的影响。例如，一个人如果误入正在上课的教室，会主动退出，并表示出歉意，这是因为在他的知识体系中有关于教室里上课的一些认识，而正是这些"认识"促使他做出退出教室的动作。范代克将"心智模型"的概念用于解释人与人之间的言语交流，认为一个人之所以用这句话而不是那句话回应交谈对方的问话，是因为他在对与这次具体交流相关的信息进行实时筛选和判断，根据那些他认为有关的信息来选择和决定使用与对方交流的言辞。例如，在论文答辩会上，答辩老师说："你这样说是不对的"，学生可以回答说："怎么会呢？"，也可以回答说："哦，我一定改正。"至于到底怎样回答，并不是由确定的师生之间的等级关系决定，而是学生因其对这种等级关系的认识而定。如果他认识到这位答辩老师平时就很强势，一贯咄咄逼人，他可能会毫不犹豫地承认错误并表示改正（"哦，我一定改正。"）。如果他觉得这位答辩老师一贯温和，对学生比较宽容，他便会和老师展开进一步的讨论（"怎么会呢？"）。可见，应用"语境模型"的概念分析以上这个学生和教师的言语互动，会发现并不是一个事实直接导致另一个事实，或者一个原因直接导致一个结果；相反，这种事实与事实、原因与结果之间的关系是间接的，是由语言使用者对语言使用"语境"中的相关因素主观认识以及对其相关性做出实时判断的结果。这种"主观认识和判断"在范代克的"社会—认知"研究路径中称作"语境模型"，这也是对意识形态媒介作用的一种解释。在本书提出的"双层—五步"话语互动分析框架中，意识形态的媒介作用将以社会主体的社会认知形式体现出来，并应用在第六、七、八章关于话语互动的具体案例分析之中，借此解释话语互动之所以能够实现的内在动因。

　　在社会因素与语言使用之间辩证关系和相互作用方面，"意识形态"起到媒介作用的同时，还具有规范社会行为的作用。正如维索尔伦（Verschueren 2012：19）指出的那样，由话语体现、建构和支撑的意识形态意义可以服务于那些将相关领域里的态度、事务和活动进行架构、生效、解释和合法化的目的。在第六章讨论话语与话语的纵向作用时，会重点讨论意识形态的规范作用是如何通过语言使用得以实现。这里需要强调的是，意识形态规范社会行为的作用需要借助一定的话语策略、语言手段和修辞方法来实施。这表明意识形态与权力关系一样，都需要以语言运用为体现形式。就"意识形态"的概念而言，不论是对世界的主观看法，还是观点和信仰，都需要语言来表达，这是显而易见的。而且，我们会看到，话语策略在以话语为体现形式的社会实践中往往是不为人们明显察觉的，这也是意识形态规范作用的一个特征。

最后，我们需要强调意识形态通过语言使用而存在。对此，我们应该重复沃罗西诺夫的经典论断，"意识形态的领域与符号的领域是重叠的。他们彼此一样。有符号存在就一定有意识形态。一切意识形态都具有符号学价值"（Volosinov 1973：10）。这或许也是维索尔伦（Verschueren 2012：17）认为语言使用或话语是意识形态最明显的体现形式的原因所在。意识形态以语言运用的形式体现，镶嵌于话语之中，这不仅是一个理论命题，而且也是一个具有操作意义的命题：只有通过对语言运用的分析才可能理解意识形态意义和功能。这一点也将体现在本书讨论的每一个案例研究之中。

2.2 话语互动的界定

通过 2.1 的讨论我们认识到，"话语"不仅指语言使用，还指与语言使用相关的权力关系和意识形态这些社会因素。语言使用与社会因素之间体现为一种相互作用的辩证关系，构成社会实践。在如此理解"话语"概念的基础上讨论话语与话语之间的相互影响与互动，就要讨论不同话语之间在语言使用层面和社会因素层面的相互作用，还要讨论不同话语通过这两个层面之间的作用实现的互动后果。在这个意义上，本书讨论的话语互动有其特殊的含义，与已有的"言语互动""符号互动"等概念有所不同。2.2首先讨论它们的区别和联系，进而认识话语互动的含义。

言语互动与符号互动

本书提出"话语互动"的研究课题，基于两个研究传统，一个来自关于"话语"的研究，另一个来自关于"互动"的研究。2.1通过讨论话语的概念引出话语互动的概念，是基于话语的研究传统。下面从讨论互动的概念入手，进一步认识话语互动的含义和研究范畴，则是基于互动研究传统。

谈到"互动"，具有语言学研究背景的读者自然会想到互动社会语言学关注的"言语互动（verbal interaction）"，联想到海姆斯（Hymes 1986/2009）描写"言语事件"时所采用的著名的"SPEAKING"框架，以及甘柏兹（Gumperz 1982/2009）阐释互动意义如何产生时所采用的著名的"语境化提示"理论。确实如此。在互动社会语言学的研究中，"互动"既体现出海姆斯和甘柏兹关注特定言语事件（场合）中社会个体彼此之间的言语交际，又体现出互动社会语言学强调言语互动（交际）中双方表达的意义是动态变化的，需要根据对方在特定情景中的言语表达、以及与言语表达同时出现的"语境化提示"（如面部表情、音高、手势、等等）来判断对方的交际意图，并据此决定自己的应对言语。可见，一方面互动社会语言学更多的将"互动"视为一种言语交际，这与"话语互动"所关注的社会网络中依托特定机构、具有一定意识形态倾向的社会主体之间通过语言使用实施相互影响和作用的"互动"有着质的不同；另一方面，互动社会语言学关于"言语互动"的认识对于认识交际过程中的能动性无疑又是重要的，在这方面"话语互动"与"言语互动"在对"互动"本质的认识方面相向而行。互动社会语言学将"互动"作为特定情景中社会个体之间的"言语互动"进行研究，对跨文化交际研究具有重要的意义，我们在第九章讨论话语互动的交际属性时会对其详细讨论，而现在我们将"互动"的讨论集中在社会学领域的"符号互动"上面。

关于"符号互动"的学说，由美国社会学家赫伯特·布鲁默（Herbert Blumer，1900—1987）在其老师乔治·赫伯特·米德（George Herbert Mead，1863—1931）关于自我、心灵和社会的论述基础上于 20 世纪 30 年代提出，称作"符号互动论"，或"象征互动论"（symbolic interactionism）。这里的"互动"主要指人类群体生活中活动与活动、行为与行为、动作与动作之间的相互作用。符号互动论认为，社会生活中人与人是相互联系的，这种联系是以"互动"的形式体现的。对于这种"互动"的认识，符号互动论的贡献在于它认为一个活动作用于另一个活动的方式不是直接的，一个活动回应前一个活动也不是直接的。相反，符号互动论认为人类群体生活中活动与活动之间的"互动"是间接的，两个活动之间有一个媒介过程。布鲁默（Blumer 1969：8）以两个拳击手的互动来说明这个问题：当一个拳击手挥拳击向另一个拳击手的时候，后一个拳击手下意识地抬臂阻挡，这个动作就不属于符号互动。只有当他经过思考判断出对手的动作不是一个假动作之后采取应对动作时，这时才发生符号互动。因此，符号互动是一个经过人这一社会主体能动地解释和判断之后对前一个活动采取相应活动的过程。这种对"互动"的阐释，体现出人的能动性和互动的社会性。所谓人的能动性，布鲁默认为其源头是米德提出的"自我"概念，即拥有自我，这意味着人不仅可以与别的客体互动，也可以将自己作为互动的客体并与自己互动；而互动的社会性则体现为互动是一个交际的形式，人可以谈论自己并可回应自己，通过这种"自我互动"人可以不断地认识自身对于自己的意义，并利用这种认识来引导自己的行动和确立自己与周边环境的关系（Blumer 1969：12-15）。

可见，社会生活中人与人之间以活动、行为、动作之间互动为体现形式的符号互动，实际上预设出人在互动过程中的能动性，而人的能动性导致了行动与行动之间相互作用的间接性特征。这种间接性与符号有密切关系，体现出"符号互动"中"符号"的内涵。所谓"符号"，可以是语言、文字、记号，也可以是个体的动作和姿势。这里，符号的一个重要特征是符号具有意义。语言文字具有意义自不待言，而动作具有意义对于将动作和行为作为互动研究对象的符号互动论来说更是具有意义。拳击手的一个动作，可以是进攻性的击打，也可以是虚晃一拳，这就是这个动作所具有的"意义"。相对于语言符号所代表的意义而言，动作的意义更是符号互动论的关注重点。在这方面，符号互动论的贡献在于动作的意义被认为不是事先确定的，也不是具有意义的动作自动散发出来的，更不是通过人所具有的心智成分聚集而成；相反，动作的意义是作为社会个体的人在互动过程中通过对相关动作的解释和判断生成的（Blumer 1969：4）。就拳击手动作所具有的意义而言，抬手出击的意义并不总是意味着实质的出击；抬手出击这个动作是实拳还是虚拳，只有身处现场与这个拳击手互动的另一个拳击手才能辨别，他解释判断这个动作的意义、并据此采取下一个动作的过程构成了符号互动的过程。这里，人对动作所具有的意义进行解释和判断成为符号互动的一个关键议题，其源头同样可以追溯到米德对心灵的阐释。

　　以上讨论的符号互动论的两个观点，即互动是一个间接的过程以及动作的意义通过人的解释和判断生成，体现出符号互动论的两个前提：1）人作用于其他事物（不论是物质世界中的物体，还是人类社会的其他类别，抑或是学校这样的机构、诚实这样的思想、命令这样的动作）的基础是这些事物具有意义；2）这些事物具有的意义产生自人与人之间的社会互动。这里，第一个前提解释了互动是一个间接过程的原因，因为正是这些动作具有意义才使得互动是一个间接的过程成为可能；第二个前提解释了动作具有的意义通过人的解释和判断生成。除了这两个前提，根据布鲁默（Blumer 1969：2-6）的阐释，符号互动论对人类行为和动作之间相互作用的分析还依据另一个前提，即第三个前提：3）这些意义通过一个解释的过程被处理和修订，这个过程亦是人处理他所遇事物的过程。我们的讨论已经表明，前两个前提所代表的符号互动论的观点与本书关于"话语互动"的讨论相向而行并具有启示意义。第三个前提亦是如此。

符号互动论的第三个前提明白无误地表明，人解释和判断某一动作对其具有哪种意义的过程是一个具有形成作用的过程。这一方面表明在这个解释过程中，人并不是仅仅对动作已具有的意义进行唤醒和应用，而是要将动作已具有的意义与自身联系起来，要与自己互动；另一方面也表明，与自己互动就不可避免地要对动作所具有的意义进行不同形式的处理，如依据自己所处的情景对动作所具有的意义进行相应的选择、悬置、重组、转型。这样的一个解释和判断过程在符号互动论看来，不是各种心理因素相互作用的结果，也不是已有意义自动生成的结果。相反，对互动过程中的动作所具有的意义进行处理，是指导和形成下一个动作的基础和前提。

以上讨论表明，布鲁默的符号互动论对话语互动研究提供了有益借鉴；符号互动论的三个前提，布鲁默对互动的间接性、互动结果因人而异的不确定性的阐释，以及关于人对互动意义的主观判断可以指导和形成后续动作的阐释，都与本书讨论的话语互动在某种程度上有所联系。同时，符号互动论也为话语互动研究进一步深入认识"互动"这一人类社会普遍存在的现象提供了广阔空间。这体现在两个方面。首先，符号互动论的研究重点是活动与活动之间的互动，并没有涉及话语互动研究所关注的语言运用。尽管符号互动论引入意义的概念，但是，它关于意义的论述，包括关于符号的论述，都在试图说明互动所具有的间接性特征，而这种间接性的本质则是米德关于自我（Self）的经典阐述。在这个意义上，符号互动论更是一种哲学的理论视角，或者如布鲁默（Blumer 1969：21）所言，是一种经验社会科学的研究视角和路径。符号互动论的一些观点也被用来阐释特定情景中的言语互动，如关注互动角色的选取以及对互动情景的敏感（van Dijk 2009b：91），但是，这些应用尽管拉近了符号互动论与话语互动研究的距离，也仍然与话语互动研究有所不同。这一点 9.1 将详细讨论。

其次，符号互动论在研究方法方面也为话语互动研究留有充足的发展空间。毋庸置疑，符号互动论在布鲁默看来是一个接地气的研究人类群体生活和人类活动的科学方法（Blumer 1969：21），而且，他关于方法论的见解也很适用于话语互动研究。例如，他（Blumer 1969：24）认为，经验社会科学的研究方法不应该等同于先进的量化研究步骤，不应该通过复杂的数理统计和数学计算建立起变量之间的联系，而应该是包括程序步骤和前提在内的整个研究活动，如：1）拥有并运用一个事先描绘的经验世界的图景框架，2）了解关于这个经验世界有哪些疑问并将这些疑问转化为研究问题，3）确定收集的数据以及收集这些数据的方法，4）确定这些数据之间的关系，5）解释研究发现，6）使用相关概念。然而，观察一些应用符号互动论方法的案例研究（如冯玉波、冷明祥 2014；王海波、李金云 2019），仍然可以发现其研究方法有待进一步具体化。例如，话语互动研究可以通过发展可操作的分析框架，发展符号互动论的分析方法。这个分析框架不仅要在分析步骤上体现话语互动研究的理论原则，而且在分析的专业性和有效性方面引入工具性概念。

社会互动与话语互动

布鲁默关于符号互动的研究属于社会心理学的研究传统，与此相联系的还有欧文·戈夫曼（Erving Goffman）关于社会互动的研究。社会互动，根据伯恩斯（Burns 1992）的观点，是戈夫曼社会学研究主要关注的问题。社会互动在戈夫曼的研究中涵盖人与人之间的各种互动，不仅包括公共场合人与人之间行为的互动，而且包括社交场合人们之间行为的互动。戈夫曼认为，这些具体行为之间的互动不仅体现出社会个体所具有的特征，而且体现了社会和社会秩序所具有的特征。因此，正如伯恩斯（Burns 1992：23）指出的那样，戈夫曼试图通过观察这些具体的个人之间的行为互动来认识社会机构和社会结构的特性和运作。在这一点上，戈夫曼关于社会互动的研究尽管在范代克（van Dijk 2009b：92）看来与社会心理学关于符号互动的研究（如 Blumer 1969）有所联系，我们还是认为二者存在本质不同；不仅如此，戈夫曼关于社会互动的研究也与实验心理学关于"非言语交际"社会互动研究不同（Burns 1992：23）。然而，戈夫曼透过个体行为互动观察社会结构的研究视角对话语互动研究很有启发。本书关于话语互动的探究，即是通过观察具体的、体现在语言层面的话语互动来认识话语互动所产生和带来的社会影响。

所谓"话语互动"，其在本书中最基本的含义就是话语与话语之间相互作用、相互影响的关系和过程。话语互动研究的理论前提在于，语言使用与社会因素（权力关系和意识形态）之间的辩证关系不仅镶嵌于话语之中，而且存在于话语与话语之间，甚至是多个话语之间，存在于它们彼此互动和影响的过程之中。在这个意义上，"话语互动"的概念明白无误地表明话语与话语彼此之间的相互作用和影响；然而，当"话语"被专业地定义为"语言使用和与语言使用相关的社会因素之间的辩证关系"（田海龙2009：V；亦见2.1的论述）时，"话语互动"的概念预设出话语互动过程中存在各种各样的语言使用者，他们身份地位不同，进行言语交际的目的各异，所依托的社会机构和所推崇的价值取向也多种多样。正是"这些话语活动的参与者使得话语富有活力"（Krippendorff 2020：12），同时也正因为如此，"话语互动"构成"实践网络"（Fairclough 2003），它不像"言语互动"的概念那样仅指人们通过言语进行交际，也不像"符号互动"的概念那样只是观察人类群体的生活和行为，而是一个复杂、动态、体现在多个维度上的社会主体之间通过语言使用相互作用和影响的社会互动过程。

话语互动不仅是社会互动的过程，而且会产生社会互动的后果。这种后果，一方面体现在对社会关系的影响和重塑上面，一方面体现在新话语的产生上面。就前者而言，社会关系通过人际交往来塑造已是一个常识。在人际交往和互动过程中，哪怕是存续时间很短的一句话都可以产生和形成某种持久的关系（Agha 2007：3），何况话语互动发生在结构性的社会网络之中，其能够带来的社会关系的变化更是不言而喻。这一点在第六、七、八三章讨论的案例研究中将会得到充分的展示。就后者而言，话语互动可以产生新话语也是一个不争的事实。在社会网络中一个话语与另一个话语相互作用，一个话语中特定的语言运用形式会被再情景化到另一话语之中，形成一种新的、具有杂糅特征的语言运用形式，并以此形成一种新的话语表达形式。这一点我们下面将通过剖析中医话语与西医话语互动产生中西医结合新话语的过程进一步充分阐释。

"话语互动"是可以重塑社会关系和产生新话语的社会互动过程，它虽然与"言语互动""符号互动"有所不同，但也不是一个首次出现的概念。例如，沃瑟姆和瑞伊斯（Wortham and Reyes 2015）曾经从跨言语事件的角度讨论过话语互动问题。他/她们将会话中所谈论的事件称为"被言说事件（narrated event）"，而将会话本身称作"言说事件（narrating event）"。在此基础上，他/她们将这个包含说者和听者谈论"被言说事件"的"言说事件"认作"话语互动（discursive interaction）"。沃瑟姆和瑞伊斯认识到，人类许多活动的过程都不是体现在一个单一的事件上，而是具有跨事件的特征，因此，他/她们认为只对单一事件进行话语分析，不考虑事件与事件之间的联系，会使话语分析注意不到言语事件能够引发的重要的变化和影响（Wortham and Reyes 2015：17）。沃瑟姆和瑞伊斯强调话语分析应该注重对言语事件之间相互作用进行分析，这一点值得提倡，而且，在具体的案例研究中他/她们使用了许多工具性概念，如也在本书的研究中使用的"互语性""再情景化"（见 4.2），并借此试图认识话语互动过程中的社会互动。然而，他/她们所认识的"话语互动"本质上还是建立在互动社会语言学"言语事件"概念上的"言语互动"，在一定程度上体现着说者和听者之间的信息交流。尽管这个言语事件是一个社会活动，也可以带来一定的后果，但从他/她们的案例研究中可以看到，其对跨言语事件的话语分析还是停留在对"会话"的分析上面，而会话分析则体现着互动社会语言学分析"言语互动"的主要特征（祝婉瑾 2013：177）。在这方面，沃瑟姆和瑞伊斯使用的"话语互动"概念与本书中所探究的"话语互动"有着明显的区别。另一个明显的区别在于，沃瑟姆和瑞伊斯提出的"话语互动"所涉及的社会互动集中在学校的课程学习、人的社会化过程、以及身份认同等方面，并没有像本书的"话语互动"概念涉及社会网络中的政治、经济、文化等方面。

基于此，我们会清晰地看到，本书提出的"话语互动"概念是一个有着特定含义的概念，所探究的话语互动现象也是一个社会生活中普遍存在的现象。这个概念建立在我们从社会实践角度对话语的独特理解上面。与一个"话语"内部存在语言使用与社会因素之间的辩证关系类似，"话语互动"也体现出不同话语之间"语言使用"与"社会因素"之间的互动关系。换言之，话语互动体现在"语言使用"和"社会因素"两个层面。就前者而言，一个特定话语（如中医话语）中使用的语言与另一个话语（如西医话语）中使用的语言彼此相互联系形成"话语互动"；就后者而言，不同话语中与语言使用相关的社会因素之间彼此相互作用形成"话语互动"，如中医话语中社会主体的意识形态（如他们关于中医的认识）与西医话语中社会主体的意识形态（他们关于西医的认识）相互影响形成"话语互动"，或者处于较高社会层级的话语

（如处于国际层级的西医话语）与处于较低层级的话语（如处于国家层级的中医话语）相互作用形成"话语互动"。

　　我们以"中医话语"和"西医话语"为例进一步说明发生在语言使用和社会因素两个层面上的话语互动。"中医话语"在语言使用层面有一套自己的术语和表达方式，如用"发冷""发热"描述病症，也有一套自己的操作方式，如通过望、闻、问、切四诊收集病患的信息；在社会因素层面也有一套自己的理念，如中医师相信人的身体是一种阴阳平衡，认为中医在辨证诊治方面较西医具有优势。"西医话语"在语言使用层面也有一套属于自己的表达方式，如用技术手段获得的具体数字描述病症，也有一套自己的操作方式，如通过仪器设备的检查收集病患的信息；在社会因素层面也有一套自己的理念，如西医师相信人的身体需要科学的阐释，认为西医在手术治疗等方面较中医具有不可替代的作用。当"中医话语"与"西医话语"之间相互结合、彼此影响，这两种话语之间的"话语互动"就会体现在语言使用层面和社会因素层面。在语言使用层面，"中医话语"就会借用"西医话语"的一些"科学"的表述；在社会因素方面，"中医话语"也会融入一些西医的理念。同样，"西医话语"也会接受一些"中医话语"的表述和理念。

　　通过体现在语言使用和社会因素两个层面上的"话语互动"，话语与话语之间实现相互影响，其结果或是导致"话语杂糅"，即一个话语中存在着另一个话语中的语言表达，或是导致"话语殖民"，即一个话语对另一个话语的压倒性影响。这样的结果一方面为语言使用层面的话语互动所引发，另一方面也可以由社会层面的话语互动所唤起。在这个意义上，话语互动不可能是一个简单的、一对一的因果关系，而是一个复杂的动态变化过程。

　　"话语互动"不仅发生在语言使用和社会因素两个层面上，还发生在横向、纵向、以及历时三个维度上。在社会实践的网络中，社会主体处于不同等级的活动领域时，各自的话语彼此之间的关系是一种等级关系，这时发生在语言使用层面和社会因素层面的话语互动是一种"纵向话语互动"。当社会主体处于相对平等的活动领域时，各自的话语处于一个横向的维度，这时发生在语言使用层面和社会因素层面的话语互动则是一种"横向话语互动"。当过去某个历史阶段的话语与现在的某个话语彼此之间发生互动时，就会出现"历时话语互动"的情况。话语互动的三个维度表明话语互动不是一个平面的、显而易见的话语与话语的联系，而是一个发生在社会实践网络中的复杂交错的社会互动过程。而且，这种复杂的话语互动过程还有一个特点，即任何一个维度上的话语互动都不是单一指向的，而是体现为双向互动。例如，在纵向话语互动中，由于相互作用的话语处于不同的社会层级，所以既有较高层级的话语对较低层级的话语实施影响的"自上而下"的话语互动，也有较低层级的话语对较高层级的话语进行抵制的"自下而上"的话语互动。在横向话语互动中，既有商业活动领域的话语渗透到教育领域里的话语之中这样的话语互动，也有教育领域的话语渗透到商业领域话语中这样的话语互动。在历时话语互动中，既有"过去"话语对"现在"话语实施影响的话语互动，也有"现在"话语对"过去"话语实施影响的话语互动。这些发生在三个不同维度、两个不同指向上的话语互动，本书称为"三维—双向"话语互动模型，其互动结果不仅仅导致语言使用方面的变化，而且引发社会因素方面的变化。对此，我们将在后面几章进行详细讨论。

到目前为止，我们对话语互动的讨论已经初步显现出话语互动的运作特征。话语互动发生在错综复杂的结构性社会网络之中，不仅有纵向维度的话语互动，还有横向维度的话语互动以及历时维度的话语互动。在每一个维度上，不同话语都以相对的两个指向彼此互动。在这样一幅图景中，如果聚焦发生在某个维度上的一个特定指向的话语互动,我们就要具体研究这个话语互动的两个层面,即语言使用层面和社会因素层面。为此,我们提出一个"双层—五步"的话语互动分析框架。第五章将详细阐释这个分析框架以及前面提到的"三维—双向"话语互动分析模型。在此之前,第三章讨论话语互动的特征和机制,第四章讨论话语互动研究的理论基础,并引入一些为话语互动研究所必需的工具性概念。

2.3 话语互动与社会网络

通过对"话语互动"概念的界定,我们认识到它与社会语言学关注的"言语互动"以及与社会学关注的"符号互动""社会互动"既有传承上的联系,又有含义上的不同。其中一个不同即是本书讨论的话语互动不仅体现在语言使用和社会因素两个层面,而且体现在纵向、横向和历时三个维度上面。这实际上预设出话语互动是发生在错综复杂的社会网络之中。然而,社会网络并非仅仅体现为纵横交错这样一个显而易见的图景,它还有特定的可供观察的特征。在 2.3 我们讨论社会语言学以及社会学关于社会网络的论述,来认识社会网络与话语互动相关的一些特征。

作为社会因素的社会网络

2.1 讨论话语中的权力关系以及话语中的意识形态时,我们将权力关系和意识形态两个概念从众多与语言使用相关的社会因素中凸显出来,认为权力关系和意识形态是与语言使用密切相关的两个社会因素。这样的认识是基于批评话语研究的传统。然而,与语言使用相关的社会因素并非仅限于此。讨论话语互动赖以发生的社会网络,我们还需要借鉴其他人文社会学科在认识与语言使用相关的社会因素方面的学说。

　　例如，在社会语言学研究领域，由于语言与社会之间的关系成为其研究的重点，与语言使用相关的社会因素也成为一个重要的考察内容。在社会语言学的研究中，所观察的具体使用的语言是语言变项及其变体，与其相关的社会因素称作"社会变项"，包括语言使用者的性别、年龄、社会阶层、社会地位、身份（包括地域身份、职业身份）、社会关系网络，等等，它们都在社会语言学不同的研究阶段和学派中被当作与语言使用相关的社会因素考察（田海龙、赵芃 2021）。在拉波夫的变异社会语言学研究中，"社会"指"社会阶层"，如下层、劳工阶层、下中层、和上中层。这四个阶层的划分是拉波夫对纽约市下东区的一个随机样本按照职业、受教育程度和家庭收入三项同等加权的方法计算而成，目的是调查这个样本中受试的不同发音与其所处阶层的关系。在拉波夫的变异社会语言学研究中，"社会阶层"这个术语并不是指任何一类具体的阶级，而是仅仅指社会正常运作所产生的机构与机构之间或人与人之间的系统性区别，而这些具有区别性的形式被普遍认为属于地位和声望上的不同等级（Labov 1997）。社会语言学对与语言使用相关的"社会因素"的关注是基于社会语言学家致力于探索这些"社会因素"与语言使用的关系，因此，拉波夫对纽约三个不同等级的百货商场中人员发（r-l）这一语言变体（如在 forth floor 的发音中）的情况进行调查，发现三个商场职员全部或部分使用（r-l）这一语言变体的频率从高到低的顺序与这三个商场的社会地位从高到低的顺序完全一致，证明语言变体的使用与语言使用者的社会阶层等级存在关联关系。

　　与拉波夫对社会阶层这一与语言使用相关的社会因素的关注不同，另一位变异社会语言学家米尔罗伊（Milroy）将"社会网络"列入其观察"社会变项"的视野。在米尔罗伊看来，"社会网络"即是人们按照自己的意愿形成的社会关系结构。米尔罗伊和米尔罗伊（Milroy and Milroy 1980/1997）用"网络密度"这个术语表示一个社会网络中人与人之间联系的紧密程度。例如，在一个社会网络中，所有人与这个网络的中心人物都有直接的联系而彼此之间也有直接的联系，这个网络的密度则高，与中心人物有直接联系的所有人彼此之间只通过中心人物联系，则网络密度低。米尔罗伊通过考察音位变体与社会网络成员的地区、性别、年龄的关系，发现个人的语言运用与其在社会网络中的地位等级相关，即社会网络密度越高，变体的比重越大，而且不同地区、不同性别、不同年龄的说话人会运用不同的音位变体来实现各自与网络之间的适应程度。

　　社会网络作为与语言使用相关的社会因素，并不仅仅是一种人与人之间的某种固定和静态的关系或联系，相反，社会网络的概念在一定程度上体现出社会实践的特征，表明人们通过共同参与的实践活动生活在一个网络之中。在这方面，埃克特（Eckert 2012）将"实践共同体（community of practice）"的概念引入到社会语言学的研究之中，对本书探究社会网络中的话语互动很有启发。所谓"实践共同体"，在拉维和温格（Lave and Wenger 1991，Wenger 1998）关于学习的研究中，表明学生并不是被动地接受客观的知识，而是在参与的过程中学习知识。在这个参与的过程中，他们彼此相关，通过相互商讨、相互负责的活动达到相互融合。埃克特（Eckert 2018：31-65）借助这个概念，在对底特律市郊贝尔顿中学学生的语言变体研究中，不仅考查学生父母的社会经济阶层和受教育程度，也不局限在学生的性别和身份（如称作"jock"的"学校活动迷"或称作"burnout"的"校外活动分子"）这些静态的社会范畴上面，而是侧重考察这些分属不同群体的中学生从事的日常活动以及参与活动时谈论的各种话题，即考察他们的"实践共同体"。埃克特的研究发现，学生们在共同参与活动时发展和共享做事的方式、谈话的方式、信念和价值观，构成了彼此的认同，使彼此联结在一起，形成"实践共同体"。人们在活动中谈论话题出现的语言变体从实践共同体的取向、对世界的看法和各种信念中获得它的实际意义。在这个意义上,这些"社会变项"在社会语言学的研究中成为语言使用者使用某种表达方式(语言变体)的前提,或者成为这些表达方式(语言变体)所呈现的对象,最终使得语言使用和社会因素(如社会网络、实践共同体)成为一个整体。

作为与语言使用相关的社会因素,特别是就本书关注的话语互动而言,"社会网络"这一概念将话语概念中与语言使用相关的社会因素扩展到一个更大的范围。如果说在作为社会实践的话语中(如图2.1所示),社会因素(如权力关系、意识形态以及性别、身份)与语言使用存在辩证关系,那么,在话语与话语的相互作用和影响过程中,社会网络便体现出不同话语的社会主体之间的联系,而这种联系则构成了话语互动赖以发生的社会背景,即社会网络。在这个意义上,我们需要借鉴埃克特(Eckert 2012)赋予"社会网络"以社会实践的特征,同时也需要借鉴社会学关于社会网络的研究,认识其所具有的强度对社会主体行为的影响,以及它与话语互动、或至少与语言使用的关联度。

话语互动赖以发生的社会网络

以上讨论了社会语言学对于社会网络的认识。作为社会因素,社会网络对语言变体有一定的影响,同时社会网络也不是社会主体之间某种静态和一成不变的联系,而是社会主体通过实践活动形成的网络。与社会语言学关于社会网络的认识一样,社会学中关于社会网络的认识也对话语互动研究具有启发意义。

在社会学的研究中,社会网络被认为是一个非常普遍、显而易见的社会现象。例如,社会网络这一概念起到隐喻的作用,形象地将各种社会因素比喻为一张大网,处于这张大网中各个节点的社会因素彼此相互连接。尤其是在当下的社会生活中,每一个人、每一件事，似乎都通过互联网联系在一起，以至于现在人们将社会网络这个术语与"脸书"连在一起的程度有过之而无不及（Rainie and Wellman 2012），似乎不需要任何特别的说明就可以明白无误地理解什么是社会网络。然而，作为一个学术术语，"社会网络"不仅能起到隐喻的作用，还需要具有分析的功能，因此需要界定它的一些特征并据此发挥这个概念的阐释作用（Mitchell 1969：2）。

在社会学看来，"社会网络"的概念强调"关系"，指一群特定人之间的所有正式与非正式的社会关系，包括人与人之间直接的社会关系以及通过物质环境和文化共享而结成的间接的社会关系；在这个意义上，"社会网络"可以从形态的角度分析网络成员之间联系的排列规则，如观察彼此的位置、密度、可及性以及范围，也可以从互动的角度分析这些联系的本质，如观察交流内容是否相关、交流方式是否直接、以及交流的时长、频率和深入程度（Mitchell 1969：12）。除此之外，"社会网络"也被一些学者赋予社会资本的特征，被认为是一种社会资源，如通过观察一个人的社会网络规模的大小衡量其拥有社会资源的数量。在这方面，社会网络的强度也构成观察社会网络特征的维度。根据郭云南等（2015）的研究，社会网络所体现的关系强度分为强关系和弱关系：强关系是在性别、年龄、教育水平、职业身份、收入水平等社会经济特征相似的个体间发展起来的，而弱关系是在社会经济特征不同的个体间发展起来的。郭云南等（2015）认为强关系具有同质性，所获得的信息往往具有较大的重复性，因而对个人的帮助不大；弱关系具有异质性，所获得的信息可以跨越不同的阶层，资源的可利用性也更高，可以起到不同社会群体间"关系桥"的作用。在此基础上他们（郭云南等 2015）进一步指出，社会网络的强度取决于行动者或网络成员的异质性：异质性越大，社会网络在获取信息方面的作用会越强。

社会学关于社会网络的研究内容繁杂，篇幅所限不能一一论及。总体而言，社会学中关于社会网络的认识，如社会网络所体现的依据社会资本、通过网络成员互动形成的结构关系不是一个封闭的网络系统，而是一个具有层级区别、领域差别以及历时联系的开放的网络系统，对于研究社会网络中的话语互动具有理论启发；同时，社会网络可以通过规模和强度进行观察和分析的观点亦具有启发意义。然而，如果注重研究社会主体之间借助话语资源而不是社会资源进行跨领域、跨时空、跨层级的社会互动，我们就需要将社会学中关于社会网络的研究与语言使用联系起来。在这方面，社会语言学关于语言变异与社会网络之间关系的研究，在一定程度上将语言使用与社会学中的社会网络概念结合起来。但这仍然不能满足本书探究社会网络中话语互动的需要。

首先，社会语言学关注的社会网络是由社会个体编织的社会关系，具体来讲，是一个人认识彼此不相识的多人这种低密度网络结构，一个人认识彼此相识的多人这种高密度网络结构，以及这两种网络结构合在一起的多层区网络结构（祝畹瑾 2013：95）。这些网络结构比较简单，即使是多层区的网络结构也并非错综复杂。但是，本书研究的话语互动，是依托于机构的社会主体之间的社会互动，其所赖以发生的社会网络体现着这些机构之间的联系，而这种联系不是简单的一个机构与几个相关或不相关的机构保持联系，也不是这种联系分几个层区的问题。这其中的关系结构既是纵向的，又是横向的，还是历时的，是一个彼此交错的立体网络，是话语互动赖以发生的错综复杂的社会网络情景。其次，社会网络在社会语言学的研究中被看作是一个与语言使用（语言变体）相关的社会因素，与社会阶层、年龄、性别、种族一样被用来补充在面对面交流时言语互动体现的基于社会因素的规则。由于不能获取一个社会网络中每个成员的语料，社会语言学中经典的社会网络研究只能直接观察那些结构简单的、或具体或边缘的社会网络与其成员语言使用（语言变体）的关系，无法将社会网络作为一个整体进行观察，因而也无法研究整体社会网络与其全体成员的语言变异问题（Sharma and Dodsworth 2020）。与此不同，本书对话语互动的研究，将其置于社会网络的整体之中，从纵向、横向、以及历时多个维度观察社会主体之间通过话语实施的相互影响。因此，研究社会网络中的话语互动，已不再是关注个体之间的社会结构关系，而是关注具有机构特征的社会主体之间的社会结构关系；不是关注个体关系对这些个体语言使用情况的影响，而是关注社会主体之间的社会结构关系对这些主体之间实施社会互动的影响。因此，话语互动赖以发生的社会网络应该体现出一个全方位的话语互动图景。

2.4　小结

　　第二章首先对"话语"在本书中的含义作出明确的界定。"话语"首先意味着语言使用，这种语言使用与社会因素存在辩证关系，一方面语言使用中体现着一定的社会因素，如语言使用者（机构或个体）的社会身份，他们的价值取向和意识形态，以及他们彼此之间的权力关系，另一方面这些社会因素规范和影响着语言使用，决定着语言使用在特定场合所需要的话语策略，构建出语言使用者的身份。语言使用和与语言使用相关的社会因素彼此之间的辩证关系，形成话语实践，构成"话语"这一概念在本书中的含义。之后在 2.2 通过讨论"言语互动"和"符号互动"这两个概念引出"话语互动"的概念，初步认识到本书讨论的话语互动发生在语言使用和社会因素两个层面，并体现在纵向、横向和历时三个维度上面。这一小节的讨论表明话语互动体现不同话语之间存在着相互作用和影响，是一个复杂且动态变化的社会互动过程。在 2.3 我们将社会因素的概念从 2.1 中讨论的权力关系和意识形态扩展到社会学和社会语言学的研究领域，并将"社会网络"的概念凸显出来。通过讨论社会语言学以及社会学关于社会网络的论述，辨析出话语互动赖以发生的社会网络所具有的与社会学以及社会语言学关注的社会网络有所不同的一些特征。下一章将沿着对话语互动的这些初步理解，进一步认识话语互动的特征和机制，以便能够提出一个与之相适应的话语互动研究路径。

第三章　话语互动的特征与机制

在上一章我们讨论了"话语"和"话语互动"两个概念，认识到话语的概念是强调语言使用与社会因素之间的辩证关系，而话语互动的概念则强调话语与话语之间的相互作用和动态影响。基于对话语的认识，我们认为话语互动体现为不同话语在语言使用层面上的联系与互动，同时也体现在与语言使用相关的社会因素层面上的联系与互动，而且还体现在这两个层面之间的联系与互动。因此，话语互动与社会语言学关注的"言语互动"以及社会学关注的"符号互动"不同，是一种发生在社会网络中社会主体之间通过语言使用实现相互影响的社会互动过程。在此基础上，第三章进一步探究话语互动的特征和机制。在 3.1，我们以"批评话语研究"的发展过程为观察对象，借助福柯的"话语形成"概念讨论"批评话语研究"这一学术话语如何在话语形成过程中从学术的边缘走向话语研究领域的中心，以此来认识话语互动对于批评话语研究的发展壮大所起到的促进作用，进而认识话语互动的特征及其影响因素。在 3.2，我们以中医话语和西医话语的互动为例，详细讨论话语互动在语言使用和社会因素两个层面上的具体体现，以期发现话语互动的运作机制。3.3 将对本章讨论的内容做一小结。

3.1 话语互动的特征

话语体现着语言使用与社会因素的辩证关系，是一种话语实践。当不同话语之间相互作用的时候，话语互动便可以起到推动特定话语发展的作用。这样，话语互动可以因话语之间的联系而发生，也可导致其中某个话语的发展变化，甚至被替代而消亡。下面我们借用福柯"话语形成（discursive formation）"的概念，讨论"批评话语研究"这一学术话语与其他话语彼此互动的过程，观察话语与话语之间相互作用的动态特征，探讨话语互动对特定话语的发展变化起到的内在推动作用。

"话语形成"是福柯在其重要著作《知识考古学》中提出的一个概念。借助这个概念，福柯（Foucault 1972）从对象、陈述方式、概念、策略四个层面论述医学、自然史、语法、以及政治经济领域中的陈述(话语)，说明每一层面上陈述与陈述之间的联系。例如，在医学领域的"对象"层面，福柯观察了疯病这一知识对象，认为决定是否是疯病的依据不是疯病本身，也不是疯病的特征，而是疯病与其他相关对象的联系。因此，导致疯病这个知识对象话语形成的条件就是行为方式、规约系统、分类方法以及概括模式等。这样，在某一知识对象的话语形成过程中起关键作用的是该对象和与它相关的其他对象之间的关系，而不是知识对象本身。

福柯关于"话语形成"的论述对于认识话语体系中话语与话语的相互作用具有意义。下面我们基于福柯的论述讨论批评话语研究的话语形成，通过认识其发展过程中的非连续性和断裂，发现其在与旧的研究范式抗争过程中如何通过话语实践在对象、陈述方式、概念、策略四个层面实现话语形成。

知识对象的话语形成

"批评话语研究"涵盖"批评语言学"和"批评话语分析"两个术语名称，同时又特指继"批评语言学"和"批评话语分析"之后一个新的发展阶段（田海龙 2019a，2019c）。就批评语言学而言，它最初始于 1979 年英国东安格利亚大学以福勒（Fowler）为代表的研究团队出版的著作《语言与控制》（Fowler *et. al.* 1979），其知识对象是在与其他话语的互动中逐渐形成的，并非在一开始就是批评话语研究现在关注的话语。

福勒早期从事文学批评的研究，尤其在文体学领域颇有建树。20 世纪 60 年代至 70 年代间，英国文学批评研究曾主张除了具体的语言结构研究外，文学批评应融入专业的现代语言学方法。福勒赞成这一主张（见 Fowler 1966），并运用主流语言学（如乔姆斯基的转换生成语法）进行文学作品研究（Fowler 1971）。然而，在 20 世纪 70 年代后半期，文体学家们不再满足于对文学语篇的形式进行研究，开始关注文学作品与社会历史的关系，这样便与主流语言学所专注的形式结构研究产生了冲突。在这种背景下，以福勒为代表的英国东安格利亚大学的研究团队以韩礼德提出的系统功能语言学的早期理论（Halliday 1973，1978）为方法，将分析的语料集中在大众媒体的新闻报道上，揭露其中隐含的意识形态意义（Fowler *et al* 1979）。福勒（Fowler 1991）将其这类研究称为"批评语言学"，而这一新标签则代表着他和他团队的研究与以前的文体学研究传统形成分化，同时也与早期的变异社会语言学产生断裂（参见田海龙 2006），进而划定新的研究领域。

福勒等人关于语言与社会、语言与意识形态关系的研究，并没有如后来的批评话语分析的学者那样认识到这种关系是间接联系的，而是认为这种关系是一种直接的因果关系。例如，他们的研究认为，如果媒体使用被动句来报道警察向示威者开枪（如 The demonstrators were shot dead.），那么就可以认为这家媒体是有意将开枪的警察隐身。批评语言学如此将语言运用的形式（如被动句）与语言使用者意图（如媒体袒护警察）直接联系在一起的分析，造成了其研究成果的局限，也为接续它的"批评话语分析"提供了发展契机（田海龙 2006）。但是，福勒关于批评语言学的论述毕竟与其前期的文体学研究产生了分化，同时也与当时的变异社会语言学（如拉波夫关于语言变体与社会阶层之间存在相关性的研究）产生断裂并形成清晰的边界，从而界定出新的可命名、可描述的对象，形成后来称之为批评话语研究的最初的研究（知识）对象（object of knowledge）。

不仅如此，在研究对象的话语形成过程中，权威性界定的影响亦具有一定的作用。所谓权威性界定的影响，可以包括福勒本人的学术影响，包括他所任职的英国东安格利亚大学的学术影响，包括他领导的研究团队，甚至包括其出版的学术著作，这些都对批评话语研究最初的研究对象与其他对象的区分和分化产生作用。之后延续这一研究传统的学者诺曼·费尔克劳（Norman Fairclough）、露丝·沃达克（Ruth Wodak）和特恩·范代克（Teun van Dijk）也以其在学术界的影响力帮助加深这一断裂，使得批评话语分析的研究对象更加鲜明地确立起来。所有这些表明，特定机构和从事特定职业的人群拥有相应的知识与实践经验，也拥有公认的权威，他们关于研究对象的界定、区分、命名和建立也因此具有权威，而知识对象则在这种权威界定的话语实践中形成。

至此，批评话语研究的最初研究对象由福勒将其从他以前的研究对象中分化出来，并且在其权威性界定的影响之下，体现在他和他的同事所著的学术著作《语言与控制》（Fowler *et al* 1979）之中，形成了福柯所说的知识对象得到初步分化的物质存在。如果说这种以物质存在为体现形式的、被初步分化出来的研究对象是权威性界定的结果，那么研究对象的进一步分化或细化则是话语与话语不断冲突的结果，体现出研究对象的话语形成具有动态联系和变化的特征。批评话语分析作为批评语言学后续研究阶段所强调的与之不同的研究对象充分体现出这一特点。

以上分析可以预设出批评话语研究在其发展过程中涉及许多不同的话语，如有谈论批评话语研究的话语，有论述批评话语研究与之断裂的话语，还有质疑批评话语研究的话语。这些不同的话语相互作用，彼此关联，构成一个"复杂的话语域"（Foucault 1972：23）。在这个话语域中，各种话语之间不断产生陈述方式、概念和策略的冲突与融合，导致某个话语对象的"初步分化（initial differentiation）"（Foucault 1972：41），并在一定的物质载体中得到体现。然而，研究对象的话语形成并不以其初步分化的物质存在为标志，而是以这一对象的形成方式为标志，是围绕这一对象的陈述在出现、界定和细化等要素中建立关系群的方式。作为批评话语研究的最初研究对象，"话语与社会的辩证关系"首先出现在批评语言学的话语与其他话语的相互关系之中，在"复杂的话语域"基础上获得自身的独特性，但这并非是其最终阶段，这一研究对象依然在各种关系间被不断界定和细化。例如，批评语言学在形成之后的十年发展中，不断遇到新的关于"话语与社会关系"的学术话语，如批评社会科学以及后现代社会变革批评研究的成果，费尔克劳关于话语与权力的学说（Fairclough 1989），沃达克关于语言、权力和意识形态的学说（Wodak 1989），以及范代克对话语中歧视现象的剖析（van Dijk 1984）。这些话语形成一个关系群，彼此之间在话语内部有词汇、术语以及语句的联系，在话语外部也有学派和领域之间的联系；然而，就研究对象的话语形成而言，起到关键作用的正是这些话语自身作为实践所构成的关系（Foucault 1972：44-46）。"批评语言学"发展到"批评话语分析"阶段，形成新的（虽然不是崭新的）研究对象和关注（田海龙 2006），也使这些研究对象以新的物质载体的形式（如新的著作、期刊和会议）出现[3-1]，以形成与批评语言学的断裂，纠正其缺陷，凸显自身的独特性。这是一个不断延续、反复断裂的过程，包括从"批评话语分析"进一步发展到"批评话语研究"阶段（田海龙 2016a）。即使在批评话语研究的相关话语中，依然进行着话语的界定与细化，不断诞生新的对象，产生新的独特性和断裂。例如，在研究对象方面，批评话语研究将认知语言学的理念引入到话语研究之中，提出批评认知语言学（张辉 2021），将多模态话语分析与话语研究相结合，提出多模态批评话语分析（田海龙、潘艳艳 2018）。同时，在研究方法方面也再现不同侧重点：对于"话语与社会的关系"，费尔克劳的"辩证—关系"方法关注"话语秩序"，沃达克的"话语—历史"方法关注"历史话语"，而范代克的"社会—认知"方法关注"语境模型"等等[3-2]。这些新对象所处的话语域，既包含某些共享话语，又各自与其他话语相对照从而产生差异。这些差异赋予话语以生机和变化，却又遵从同样的"话语形成规律"（Foucault 1972：38）。

综上，在批评话语研究的发展过程中，话语与话语的联系与

3-1 如范代克于 1990 年创办 *Discourse and Society* 学术期刊，范代克、沃达克、费尔克劳等人 1992 年在阿姆斯特丹大学召开批评话语分析学术会议，等等。

3-2 可参见《批评性语篇分析：经典阅读》（田海龙、赵芃 2012）一书中的相关内容。

互动是其研究对象话语形成的重要因素，也是其从"批评语言学"发展到"批评话语分析"的内在动因。体现其诞生和发展的新的知识对象，正如福柯（Foucault 1972：43）所说，并非是凭空产生的，而是在多种关系的制约下通过话语形成的。

陈述方式的话语形成

所谓"陈述方式（enunciative modality）"，福柯认为体现在观点内容、形式、描述风格、推理类型、因果类型等的陈述上面。依据福柯（Foucault 1972：50-52）的观点，陈述方式是多样的，它的话语形成也涉及多个因素，包括主体地位（status），机构场景（institutional site）和情景（situation）之间的相互关系，等等。具体来讲，考察陈述方式的话语形成需要考察"谁"在话语中进行陈述，但这并不是追溯思想的源头，或将话语归于某些个人的意识，而是要考察主体的定位。

在前面讨论批评话语研究最初的研究对象如何通过话语互动形成的时候，我们认识到福勒等人的主体地位，他们的知识与能力，他们所依托的研究机构、教学体系和教学规范，他们具有的扩展其知识的学术条件，他们与其他同样拥有重要地位的学者和机构保持的联系或存在的差异，这些都对研究对象的分化和形成起到重要作用，同时也影响批评话语研究的陈述方式，决定着批评话语研究表达的观点内容以及表述的文体风格。

具体来讲，福勒等人在文学批评和语言学研究领域的地位使他们拥有与之相适配的知识和能力，拥有以英国东安格利大学机构为支撑的学术影响力，从而拥有开展学术活动和传播知识的权力。与此同时，他们构建起自己的话语，与拥有一定地位的其他个人或组织形成相同或差异但又彼此相互关联的陈述方式，包括最初对主流语言学的反叛，对系统功能语法的认可，以及后来在批评话语分析阶段各研究路径之间相互联系但又彼此区别的各种话语。除此之外，话语的陈述方式也随着机构场景而发生变化，如书籍的出版、学术会议的召开、研究项目的开展等，都引发独特的陈述方式的话语形成。从批评语言学到批评话语分析的转变就是在一系列复杂的场景中，在主体间不同形式的陈述中得以确立。值得关注的是，主体是定位于不同的领域和对象群所形成的情景之中，因而拥有不同的工具性中介和信息网络（Foucault 1972：52），这在一定程度上影响着主体的陈述方式。就批评话语研究的最初学术话语而言，在后现代思潮的冲击和文学批评、系统功能语言学的影响下，福勒等人身处的信息网络和有关话语对象的感知都在发生变化，由此改变了他们对"话语与社会关系"的陈述方式。这些要素的相互关联影响着主体的定位，促使批评语言学形成了独特的分析方法，"开创了将语言研究与社会现实相结合的新路径"（田海龙、赵芃 2012：4）。

作为批评语言学的主体，福勒的身份定位决定了其批评语言学的陈述方式，如批评语言学家局限于对现成文本的分析，并在分析中呈现语言与社会一对一的固定和直接联系（田海龙 2006）。在批评话语分析的后续发展过程中，批评话语分析的学者基于新的主体定位，认识到福勒陈述方式的不足，并基于对这一陈述方式的反思，提出"批评话语分析"的术语，形成新的陈述方式，将语言运用置于更为广阔的社会环境中，认为语言与社会之间的关系不是直接联系的，而是通过中介体间接联系的。这种新的陈述"话语与社会的关系"的方式通过费尔克劳、沃达克和范代克等主体的影响，同时也依托荷兰阿姆斯特丹大学和《话语与社会》期刊的影响，实现了知识的传播和扩展，并在关系网络中呈现和展开新的陈述，如费尔克劳、沃达克和范代克对"中介体"的不同界定和解释，进而以不同研究方法分析话语对象（见田海龙 2006）。

从另一个角度看，彼此定位不同的主体也可以在矛盾与冲突中影响陈述方式的话语形成。例如，从 20 世纪 90 年代中期开始，以亨利·维窦森（Henry Widdowson）、杨·布鲁马特（Jan Blommaert），马克·比利格（Michael Billig）等人为代表，先后对"批评话语分析"的政治责任、理论基础、分析方法、研究内容等问题提出质疑和批评，引发学术争论，沃达克和费尔克劳等学者也进行了积极回应（田海龙、赵芃 2012：10-13）。这种辩论实际上也是定位不同的主体间建立的"差异与联系的体系"（Foucault，1972：50）。这一体系的建立使得差异与联系都得到进一步明确，使得批评话语分析对"话语与社会关系"的描述更加清晰；同时依赖于维窦森等人的主体定位的影响，批评话语分析的陈述方式也得到一定推广和普及。可见，批评话语研究的陈述方式也是在与不同话语的互动甚至冲突中形成并不断发展更新的。

概念的话语形成

概念的话语形成与某个领域内出现并传播的陈述相关联，即这些陈述经过一定的组织程序形成概念。这些组织程序包括：1）对其他话语的延续，2）以并列、伴随或记忆的形式呈现的各种话语的共存，3）在介入程序下产生变化（Foucault 1972：56-59）。具体来讲，在概念的话语形成过程中，占据特殊定位的主体采用特定的陈述方式围绕具有特殊性的对象进行话语陈述，并在以上三个因素的相互作用中形成一套具有独特性的概念体系。

就批评话语研究而言，在其最初阶段，福勒在批评语言学的著述中对一系列概念进行了解释，建立起批评语言学话语特有的概念体系，展现其研究理念。如福勒认为批评语言学所提倡的"批评"概念不同于文学批评，而是蕴含语言中的价值判断，受到了后现代主义思潮尤其是法兰克福学派的影响（田海龙、赵芃 2012：5）。可以看到这一概念的形成包含对文学批评的转换，并与后现代主义的语言观念发生联系，形成于不同关系群的相互作用过程之中。同时，概念间的这种相互关系，并不是简单的对以往概念的继承或复制，而是"介入程序"的合法运用，即通过对其他概念进行诸如改写、转换、精确、矫正、限定、系统化等"介入程序"过程，赋予新概念的话语形成以合理合法的意义（Foucault 1972：59）。值得关注的是，介入程序的运用需要具备"合法性"，这种合法性在一定程度上来自于主体的陈述方式，即具有某种定位和有一定影响力的主体通过一定的描述赋予某些概念发生转变的合理性。正是在主体的描述中呈现了陈述的共存、重复和改变。这一点印证了福柯（Foucault 1972：72-73）所说的，话语形成的不同层面具有等级性，而陈述方式所构成的陈述群成为概念话语形成的前提。

由此可见，概念的话语形成并非是简单地依据某种知识给出定义的过程，而是在一套规则下对陈述进行配置，使陈述中的重复性要素按照彼此的排列、依附和修辞等关系得到分配，形成演变和替代的过程。福柯（Foucault 1972：62）强调要关注概念形成的复杂性和不兼容性，而不是一味追求概念内在的连贯性。就概念的话语形成而言，福柯（Foucault 1972：60）认为它发生在以各种形式共存的多个陈述的关系群当中，各种陈述的相互联系构成的关系群组成了概念形成的系统。如果我们把福柯的"陈述"理解为"话语"，那么则可认为概念的话语形成依赖于不同话语之间的关联与互动。不仅如此，福柯还指出（同上），如果要形成或转换出新的概念，这一关系群中的各种陈述还需要诸如改写、转录、翻译等程序的合法介入，通过精确的介入，有的陈述被接受，有的陈述被排斥，也有的被批判或被进一步解读。例如，在从批评语言学到批评话语分析的发展过程中，多种有关批评话语分析的陈述（如阐述批评话语分析观点、主张、以及理论背景的各种陈述、质疑批评话语分析合理性的陈述等）形成相互补充、完善、以及争议的关系群，基于后现代主义的话语理论的陈述被接受下来，囿于系统功能语言学的批评语言学陈述受到排斥，"话语"概念通过对话语理论中的相关概念进行借鉴、改写，逐渐被凸显出来，形成批评话语分析的一个重要概念，凸显出批评话语分析与批评语言学的差异，突出了批评话语分析与后现代主义思潮中话语理论的关联，也使这一研究范式的文本分析方法不再局限于系统功能语法。

策略的话语形成

关于策略的话语形成，福柯认为（Foucault 1972：64），在话语中，按照一定程度的连贯、精确和稳定能够产生特定的对象重组、描述类型以及概念组织，使它们组成主题或理论，即是话语策略的形成过程。他进一步指出，策略的形成首先决定了话语可能存在的衍射点，决定在同一话语的不同对象、描述和概念之间，陈述所呈现的不兼容性、等价性和系统性，从而打开了选择的空间（ibid.：65-66）。同时，福柯也指出，策略的运用决定了并不是所有的陈述选择都能在话语中得到实现，而是依据陈述在话语群中的运作、与其他话语的关系进行排除与抉择，从而使话语获得某种特性（ibid.：66-67）。他强调，对于策略的选择会受到非话语实践、话语占用和话语需求的影响，使得话语能够在特定社会实践中发挥作用，被部分人群所占用，并为满足某种需求而发生变化（ibid.：67-68）。

将福柯关于策略的话语形成的论述投射到批评话语研究的历史发展变化上，可以看到，批评话语研究是在由多种话语构成的话语群中形成的。批评话语研究吸收其他一些话语，排斥另一些话语，并在此基础上建立起自身的理论体系和关注主题，建立起话语的衍射点。例如，在批评话语研究的第二个发展阶段，费尔克劳和范代克等学者在批评话语分析领域提出的不同研究方法，它们各自关注的话语对象，所采取的不同陈述方式，都可以被认为是一个话语群中的不同话语。这些话语尽管各自使用的概念有所不同，或者术语相同但内涵有所区别，但都体现着批评话语分析的理论原则。在这个意义上，他们提供的不同研究方法和路径可以说是以批评话语分析的理论形成衍射点发出的不同"射线"。

将福柯关于策略的话语形成的论述投射到批评话语研究的历史发展变化上，还可以看到，无论是"批评语言学"阶段还是"批评话语分析"阶段，其研究群体的形成都对理论和主题的建立起着重要作用。英国东安格利亚大学的四位学者提出了批评语言学的相关理论，费尔克劳、沃达克和范代克等学者对批评话语分析进行诠释，他们在出版著作、参加会议、讲学授课等活动中建立起独特的理论和主题。正如福柯（Foucault 1972：68）所言，话语始终是被部分人群所占用，只有他们可以在此话语中拥有表达的权力、理解的能力和对陈述方式的使用能力。这也适合我国批评话语分析研究近年的发展状况。通过培养学生、召开学术会议和开展科研项目等，研究群体不断扩大，这些都为批评话语分析在策略的话语形成和派生方面注入了新的活力，催生新的研究对象、陈述方式和概念。

关于批评话语分析策略的话语形成，还需要特别指出，批评话语分析遭遇的批评也是其策略的话语形成的一个构成部分。诚然，维窦森等人对批评话语分析的质疑在一定程度上能够明确批评话语分析的独特性，但是，维窦森等人所具有的学术影响力也可以帮助实现批评话语分析的普及。不仅如此，这些学术大家的某些质疑还在一定程度上是对批评话语分析的某种诉求。如维窦森曾认为批评话语分析最严重的问题是"将'话语'与'语篇'混为一谈，把语用学简化为语义学"（见辛斌 2008：65）。维窦森的这一质疑实际表达了对进一步明确和区别话语独特性的诉求，虽然是为满足其质疑的需要服务，但批评话语分析的研究者对此做出回应，由此带来批评话语分析的发展却是策略的话语形成的一个部分。因此，这些质疑并不是话语形成的阻碍因素，而是话语策略的"构成因素"（Foucault 1972：68）。由此我们可以认识到，学术争论作为不同话语之间互动的一种形式，对批评话语研究发展是必要且无法避免的；批评话语分析的理论和主张能够形成和并得到发展，在一定程度上也是得益于维窦森等人的批评和质疑：正是在不断满足维窦森等人的诉求过程中批评话语分析得到了进一步发展。

话语互动的等级性和动态特征

以上借助福柯"话语形成"的论述考察批评话语研究四十年发展的历史，发现其研究对象不是凭空产生，而是从已有的研究中分化出来，并由具有相应学术影响力的学者提出，同时，关于其研究对象的陈述在形成关系网络之后又被区分、关联、重组和派生，那些进入陈述方式的陈述（话语）也是因各自的主体地位不同而形成各种特质，其中一些陈述（话语）通过介入程序的作用形成概念，并被保存下来，陈述（话语）的各种联系通过选择对象、进行描述、操控概念，最终在话语的各种可能性中建立规则。简言之，以上对批评话语研究发展过程的分析表明，批评话语研究的发展壮大不是仅仅建立在其学术思想传播的基础之上，也不是仅仅建立在对外部世界存在的社会问题进行批评分析的基础之上；相反，批评话语研究经历"批评语言学"和"批评话语分析"两个阶段发展至今，其内部和外部不同话语之间的相互作用和影响是一个不可忽视的发展动因。批评话语研究本身就是一套话语，有其特定的学者群体，特定的学术机构以及会议和期刊平台，还有其特定的学术术语、概念和学术思想的表达方式。这些特定的学者在特定的机构和平台通过特定的术语和概念彼此互动，即是批评话语研究形成和发展的真实写照。这个典型的话语互动过程体现出一定的等级性和动态关联的特征。

话语互动的等级特征首先体现在不同话语所具有的分量不同。在上面的分析中我们看到，批评话语研究发展过程经历了不同话语之间的相互作用，包括相互支持和彼此相争。但是，这些彼此互动的话语具有不同的权威。这在一定程度上源自具有不同学术影响力的学者所代表的学术话语。学者的影响力体现在学者所依托的大学研究机构以及他们出版的学术著作等方面，甚至体现在那些持有不同学术意见但同样具有学术影响力的学者身上，这些对于研究对象的初步分化以及在后续的陈述方式中再次确立，都具有重要的作用。具有影响力的学者在话语互动中的权威作用还体现在批评话语分析的概念形成和策略形成上面。他们对其他概念的改写与转换，对一些话语的吸收，以及对另一些话语的排斥，都对批评话语分析的发展至关重要。可以说，没有批评话语研究学者（包括批评话语分析的批评者）已确立的学术影响，批评话语研究的发展也不会取得如此具有影响的成就，也不会从最初的学术边缘走向话语研究的中心。除此之外，话语互动的等级特征还体现在话语互动并非以线性序列的形式展开。以上分析可以表明，从批评话语研究的最初研究对象被初步分化出来，到陈述方式的形成，再到概念的形成和策略的形成，这一过程并非是一个线性序列，而是一个层级系统，只有被前一层级允许的陈述才能进入下一层级。同时，与研究对象相关的陈述（话语）可以被接纳，其他的则被排斥在外。在被接纳的陈述方式中，与其一致的陈述进一步被吸收，如费尔克劳、沃达克和范代克关于批评话语分析的陈述（话语），进而成为批评话语分析领域重要的概念，如"批评""话语"等概念；这些概念在策略层面经过排除与抉择过程，最终呈现话语中的主题或理论体系，形成批评话语分析的理论原则，并作为范式为所有从事批评话语研究的学者和学生所接受和遵守。

　　除了等级特征，话语互动还具有动态关联的特征。这首先体现在研究对象不是凭空产生的，而是与现存的研究在连续性上发生断裂分化产生的。就批评话语研究最初阶段的批评语言学而言，其研究对象是与福勒的文体学研究产生断裂并形成初步的分化之后产生的。这一研究对象的确立也是在不同的话语相互辩论中实现的。在批评话语研究的发展过程中，研究对象、陈述方式、概念、策略四个层面的要素彼此之间的关系总是相互关联互动的，同时也在保持批评话语研究整体理论原则的前提下不断进行着话语内部的变化，发展出不同的研究流派和方法。除此之外，话语互动动态关联的特征还体现在话语互动会不断展开并延续下去。批评话语研究在研究对象、陈述方式、概念、策略四个层面经历话语形成之后，即使形成了一定的影响，成为一个相对确立的话语研究范式，批评话语研究也并未达到终极阶段，它依然有着发展的空间，如克瑞兹诺斯基和福特纳（Krzyzanowski & Forchtner 2016）就提出批评话语分析进入"批评话语研究"新的发展阶段的论述（亦见田海龙 2016a）。可见，对于批评话语研究的发展而言，与此相关的不同话语之间的互动，甚至争论，都是重要的内在动因，继续推动着批评话语研究这一学术话语创新发展下去。

　　这一小节对批评话语研究发展过程中体现的话语互动的讨论，表明批评话语研究在其发展过程中包含多个相互联系与互动的话语，它的发展充斥着争论与辩论，有的话语在争论中消失，有的话语在争论中壮大并生成新的话语，这体现出话语互动的动态变化特征。同时，在这一话语互动过程中，有的话语处于主导地位，有的次之，各种话语主体代表着各自话语所具有的不同分量和权威，体现出话语互动的等级特征。接下来，3.2 将从语言使用和社会因素两个层面进一步详细讨论话语互动运作的内在机制问题。

3.2 话语互动的机制

以上批评话语研究在研究对象、陈述方式、概念和策略四个层面上话语形成的过程，勾勒出批评话语研究这一学术话语在多个不同的话语相互关联互动过程中从边缘走向中心的轨迹，体现出话语互动的等级性和动态关联特征，以及话语互动对于批评话语研究这一特定学术话语的发展变化所具有的内在促进作用。接下来在 3.2，我们聚焦中医话语与西医话语之间的互动，从语言使用和社会因素两个层面讨论话语互动产生新话语的内在运作机制。

语言使用层面的话语互动

语言使用并非仅指具体使用的语言。诚然，"使用的语言"是具体使用的语言；它不是现代语言学中抽象的语言系统，而是指社会生活中正在使用的语言，如汉语言，或者是指社会生活中使用的某些词汇、句式、或表达方式。然而，"语言使用"作为本书的一个专业术语特指使用语言这一活动，指人们在社会生活中运用某一语言（即这一语言的词汇、句式或表达方式）来传递信息、参与活动、建构身份的交际活动。这样的"语言使用"涉及"使用的语言"，也与语言使用者密不可分，和语言使用者的社会身份和社会实践等社会因素一起构成"话语"。所以，当我们说"语言使用"的时候也或多或少的涉及语言使用的社会主体，或者说在一定程度上蕴含了与语言使用相关的社会因素。

以中医话语为例。中医医生的身份以及中医医生通过望、闻、问、切四诊收集病人信息、综合分析判断病症、辨证论治、开方抓药的行医方式，形成中医话语，并以中医特有的词汇和句式体现在中医药方之中，此为"语言使用"。具体来讲，当一位老中医通过望、闻、问、切四诊对病人进行观察，他会收集到一些信息，并用特定的词汇和句式表示出来，如：

> 月经净后胸闷不舒，乳房胀痛，夜间噩梦惊扰，大便如常，舌苔薄黄，咽喉微红，脉象小弱而弦。

之后，他对收集来的信息进行分析、综合，判断病证。这种判断虽不是科学意义上的逻辑推理，却是一种深层次的领会或诠释，用下面的语言体现在药方里：

> 此为肝郁气滞，冲任失调，胆经郁热。

接下来，这位老中医就要实施辨证论治，并体现在中医特有的语言（包括表达特定范畴的词汇）之中：

> 治当疏肝清胆，理气通络。

最后，这位老中医就要开方下药，写出具体治疗的药物及用量，如下：

> 炒柴胡 10 克，炒白芍 15 克，炒枳壳 10 克，炒白术 20 克……

吴宗杰、吕庆夏（2006）认为以上四个环节（步骤）是传统中医药方中不可缺少的四个要素，如构成下面这个中药药方：

> 月经净后胸闷不舒，乳房胀痛，夜间噩梦惊扰，大便如常，舌苔薄黄，咽喉微红，脉象小弱而弦，此为肝郁气滞，冲任失调，胆经郁热。治当疏肝清胆，理气通络。
> 炒柴胡 10 克，炒白芍 15 克，炒枳壳 10 克，炒白术 20 克……

在这个药方中，中医话语在语言使用上首先体现为中医特有的语言，如描述病症多用古文句式，以"此为"引导判断，以"治当"引导论治，以中药名加数量的方式下药开方。这种具有特色的语言使用与老中医的身份角色一起构成"中医话语"，同时也体现出中医行医的具体方式。这种话语使中医语言与生命世界紧密联系在一起，也使人体以及人与自然形成一个不可分割的整体。在这种语言的关照下，作为整体的人在昼夜更替，四季变换中，顺应自然的节奏不断调适。阴阳五行相生相克，此消彼长，也在不断寻求平衡的过程中成为一个不可分割的整体。这种整体，在吴宗杰、吕庆夏（2006）看来，就是表明现象是不需要用语言来清晰分割、命名和阐述的。因此，在认识论上中医话语不追求实证科学的理性知识，而是在一种诠释意义上的可理解性；在实践层面，中医话语中的诠释性语言依赖的是经验知识而不是理论知识，是对事物冥会于心的整体把握。在这个意义上，"语言使用"就不仅指中医诊治过程中具体使用的语言，而是指包括中医师身份及中医行医方式在内的所有与语言使用相关的因素。

中医话语中的"语言使用"与西医话语的"语言使用"是不同的。按照吴宗杰、吕庆夏（2005）从哲学角度的分析来看，中医的语言是属于一种"说不可说的语言"，是为了无言理解的语言，即是一种对着自己说话的语言；而西医的语言则是一种有明确交流目标的语言，做下的定义、阐明的事实都是为下一步的行动提供实质性的语言力量。因此，在中医话语中，"发冷""发热"之类的词汇在描述病人的症状时比比皆是，却不需要指出冷热的具体温度。《黄帝内经》叙述"阴盛则阳病，阳胜则阴病。阳盛则热，阴胜则寒。"这里的阴阳、热寒的对立也不是指两种不同东西的对立，而是指一种相生相克的互补关系，阴就是指"正在变成阳的阴"，阳就是"正在变成阴的阳"。而西医话语则是以实证科学为基础的形式化、技术化的语言，与以启发、暗示、点亮为特点的中医诠释性语言完全不同。例如，在西医话语中，若要界定

"发冷""发热"这类病症的范畴，则需要使用体温计以科学实证的方法给出确定的温度，以此进行清楚无误的表述。这方面的一个例证就是在 2020 年初爆发的新冠肺炎疫情中，37.3℃成为判断一个人是否是疑似病例、甚至是决定他能否随意移动的一个分水岭式的体温数据。西医话语的这种特征也体现在行医方式上面，表现在包括询问病人、化验检查、确立病名、开药治疗等一系列阶段在内的诊治过程之中。这里的"询问病人"，与中医的望、闻、问、切四诊不同，不是以医生的观察为主，而是以病人的陈述为主；"化验检查"也是依据仪器设备所提供的精确数据与正常值的比较得出结论，并依据这个结论确定病名，之后依据一般的常规开药治疗。除了病人陈述的症状有可能用中医的语言表达以外，化验检查得出的精确数据、确立的疾病名称、以及药品名称都是来自西方的计量名称或西方语言的译名。

可见，中医话语和西医话语是不同的。这种不同体现在包括行医方式在内的语言使用上面。然而，中医话语和西医话语作为两种不同的话语，二者之间在语言使用方面是有关联的。例如，在西医诊治的"询问病人"阶段，西医医生虽然不会像中医那样望、闻、问、切，也不会一开始就问血压多少，但也会和中医一样问病人哪不舒服，病人也不会用很专业的西医术语描述病症。在一定程度上，中医话语与西医话语在语言使用方面的关联更体现为一种"你中有我、我中有你"的"杂糅"。例如，谢苑苑（2017）在自然情境下对浙江中医药大学附属医院的一名专家坐诊现场进行录音，观察这名在中医院坐诊的中医专家与病人的对话，并对13 例医患对话录音进行分析，发现这些对话既有传统中医的诠释性不在场语言，如下面这个对话中的"苦"字：

医生：嘴巴，嘴巴苦有没有啦？
患者：苦到没，有点干。

也有融入了西医术语名称的内容，如下面这个对话中的"动态心电图"这个西医术语：

> 患者：稍微闷一点我就有气透不过来那种感觉。
>
> 医生：那是心脏有问题啊！你心脏查过吗？
>
> 患者：我做过心电图。
>
> 医生：你要查个 24 小时动态心电图。
>
> 患者：动态心电图？
>
> 医生：因为一分钟的心电图看不出你的那个问题来。

谢苑苑（2017）还提供了一个中医治疗充血性心力衰竭的列表（表 3-1）。从中我们看到，对于症状的描述采用的是中医的语言，如胸闷心悸，气促加剧，伴尿少，全身浮肿，夜间不能平卧，咳痰色白而黏，胃纳减退；对于病症的辨证判断也是用中医的语言描述，如：中医辨证属喘症，病机为脾肾阳虚，水饮凌心；对于治疗方案的描述亦为中医语言：温阳行气，利水消肿。中药开方自不待言，也是典型的中医语言。这样的语体结构与吴宗杰、吕庆夏（2006）观察的中医药方的语体结构一样，可以说明这属于中医的诊疗方式。但是，在望、闻、望、切的"四诊"阶段却采用了很多西医的方式和术语，如 T36℃，P140 次 / 分，R36 次 / 分，以及关于肝功能、肾功能的一些化验数值（见表 3-1 中的检查结果部分）。可见，在中医的治疗实践中中西医在语言使用层面"杂糅"的现象是非常普遍的，在很大程度上形成了语言使用上的"中西医结合"。

表 3-1　中医诊治疾病（源自谢苑苑 2017）

检查结果	症状描述	辨证	治则
查体：T 36℃，P 140 次/分，R 32 次/分，HP 190/100 mmHg，神清，颜面浮肿，口唇轻度发绀，颈静脉怒张，双肺底可闻及湿罗音，心律绝对不规则，心音中等，心界扩大，腹诊（－），双下肢凹陷性水肿（++），NS（－），舌质淡胖，苔薄腻，脉结代心电图；快速性房颤，完全性右束支传导阻滞，前壁异常 Q 波，冠被动脉供血不足；血 K$^+$ 4123mmol/L，Na$^+$ 14313mmol/L，CL$^-$ 9613 mmol/L；肝功能：TBIL 3816 mmol/L，ALT 48IU/L；肾功能：Scr671 3L mol/L，BUN 4162mmol/L；心肌酶谱正常范围	胸闷心悸，气促加剧，伴尿少，全身浮肿，夜间不得平卧，咳痰色白而黏，胃纳减退	中医辨证属喘证，病机为脾肾阳虚，水饮凌心	温阳行气,利水消肿

　　然而，这种中医话语与西医话语在语言使用层面产生的杂糅现象并不是中西医之间达成的一种平衡，相反，在很多情况下是西医的语言被用来谈论中医。吴宗杰、吕庆夏（2006）注意到上海药物研究所的一位研究人员曾经建议建立一个中药天然成分库，他认为这"有助于弄清楚中成药、中草药当中，到底是哪些化合物在对什么病症起治疗作用，从而使中医药变得和西医一样清楚安全。"在这段谈论中医和中草药的文字中，"化合物""清楚安全"这些西医话语中的语言被引入进来，试图用西医（现代医学）理论解释中医的治病机理，以达到控制中药当中的有效成分、保证中草药质量和使用安全的目的。

　　如此用西医的语言谈论和描述中医，实际上已经打破了中西医话语在"杂糅"的语言使用上的平衡，并将西医语言突显出来。然而，与这个案例相比较有过之而无不及的是，体现在青蒿抗疟功能发掘上面的中西医两种话语语言使用的杂糅则更是一种西医对中医的"殖民化"。所谓"殖民化（colonization）"，即是诸如文本这类的语言使用由于受到规约性话语的控制和改造，当其被植入另一个话语的语言使用之中时，附着于其上的权力关系和意识形态也随之移动，而且，经过有选择性地"挪用、重建、重新聚焦并关联其他话语，亦形成自己的秩序"（Bernstein 1990：159），产生的新话语与原来的话语有了根本的区别，一方面表现为新话语具有新的意义，另一方面也体现为新话语包含了新意义以外的其他因素。简而言之，西医对中医的"殖民化"就是通过用西医语言替代中医语言这种方式实现西医对中医的改造过程。

例如，在下面这段对青蒿的描述中，青蒿的中药特征呈现在语言使用之中，并且其语言使用因具有中医特点而属于中医话语：

> 青蒿原本是一种一年生草本植物。植株有香气。主根单一，垂直，侧根少。茎单生，高 30～150 厘米，上部多分枝，幼时绿色，有纵纹，下部稍木质化，纤细，无毛。作为一种中草药，青蒿具有苦寒清热、辛香透散之功效，善使阴分伏热透达外散，为阴虚发热要药，此外兼有解暑，截虐之功效 [3-3]。

然而，当从青蒿中提取了一种分子式为 $C_{15}H_{22}O_5$ 的无色结晶体时，一种熔点为 156℃～157℃ 的活性成分时，青蒿则成为"青蒿素"，具有"高效、速效、低毒"优点的新结构类型抗疟药，对各型疟疾特别是抗疟性有特效。这时，"青蒿"已不是中医话语中的"草本"，而是西医话语中的"青蒿素"（"素"即是西医所依据的化学对元素的一种称呼）。"青蒿"已不再是"植株有香气……"，而成为一种由分子式标明的无色结晶体，一种有明确熔点的活性成分。"青蒿"也不再具有苦寒清热、辛香透散之功效，而是一种"高效、速效、低毒"的新"结构类型"抗疟药。

如上，西医话语对中医话语的殖民化通过西医话语的语言使

3-3 见百度百科：https://baike.baidu.com/item/青蒿/603320。最近访问：2019 年 5 月 29 日，23:13。

用来实现，而且，这种语言使用专业性越强（术语越多、越专业），这种殖民化的程度越深。例如，在下面这段文字中，

> 为确证青蒿素结构中的羰基，合成了双氢青蒿素。又经构效关系研究，明确在青蒿素结构中过氧是主要抗疟活性基团，在保留过氧的前提下，羰基还原为羟基可以增效，为国内外开展青蒿素衍生物研究打开局面 [3-4]。

许多词汇，如"羰基""双氢""构效关系""过氧""活性基团""羟基"，都是专业性很强的化学术语，在这些术语的环簇中，"青蒿"已不是中医话语里的草药，而是以"青蒿素"的名义成为西医话语里的一个药品。尽管在科研成果鉴定会上仍然"按中药用药习惯，将中药青蒿抗疟成分定名为青蒿素" [3-5]，但是，此时的"中药青蒿"已不复存在，取而代之的只是其"抗疟成分"青蒿素。中医话语的语言使用在经过与西医话语的语言使用"杂糅"之后，最终被"殖民"进西医话语之中，被淹没在大量的西医词汇和术语之中。

中医话语中的语言使用被西医话语中的语言使用所替代，以至于中医话语被殖民进西医话语，这种案例也体现在中医的行医方式（语体）上面。吴宗杰、吕庆夏（2006）考察某省立中医院中医医生诊治的过程，发现中医运用了西医病理学来阐述病症，进而使中医处方与西医病理之间产生某种语言联系或混杂，导致中医的行医过程逐渐离开其传统语言和语境，并且将包括运用电脑程序语言产生药方等西医诊断流程纳入其诊治过程当中，如询问病人、西医检测、确立西医病名、输入病名、电脑生成药方、

3-4　见百度百科：https://baike.baidu.com/item/屠呦呦/5567206。最近访问：2019 年 5 月 29 日，23:40。

3-5　见百度百科：https://baike.baidu.com/item/屠呦呦/5567206。最近访问：2019 年 5 月 29 日，23:51。

四诊、辨证、论治、修改固定药方。在这种行医方式中，中医话语的语言使用已经在"语体结构（generic structure）"上发生变化，以实证分析为特点的语体介入传统中医话语次序之中，并处于概括性的主导地位，而体现传统中医行医方式的语体（四诊、辨证、论治）则处于一种被包围、被殖民的尴尬境地，最终导致中医的行医方式产生重大变化。吴宗杰、吕庆夏（2006）甚至认为中医医生在门诊时不得不用西医病理学语言来思考症状，这使得西医话语正在逐步瓦解中医语体要素，形成西医话语替代中医话语的过程。

可见，中医话语和西医话语之间的互动明白无误地体现在语言使用层面上。从表面上看，这两种话语中各自特有的术语和表达方式在话语互动过程中彼此进入到对方的话语之中，形成语言使用层面的"杂糅"，包括术语的"杂糅"和语体（行医方式）的"杂糅"。而且，这种"杂糅"的中西医话语在语言使用层面并非各占半壁江山，而是主次分明。在上面讨论的青蒿素案例中，西医话语明显地在语言使用层面体现出对中医话语的替代趋势。在这个意义上，话语互动在语言使用层面造成的术语"杂糅"实际上体现出中西医两种话语互动造成的行医方式的相互渗透，甚至是西医话语对中医话语的"殖民"。如果说这是语言使用层面的话语互动导致的一种现象，那么，社会因素层面的话语互动将会对此提供一种解释，也会为我们认识话语互动的内在机制提供进一步帮助。

社会因素层面的话语互动

就中医话语和西医话语来讲，彼此间语言使用的关联与互动导致两种话语的杂糅乃至殖民。一种话语的语言使用方式与另一种话语的语言使用方式彼此形成相互交融的关系，这种现象在社会生活中司空见惯。但是，当一种话语中的语言使用方式决定性的支配另一种话语中的语言使用方式，并有取而代之的趋势时，就形成了话语的殖民现象。这时，已经不是简单的语言使用问题，而是社会行为主体的社会实践方式被另一种方式替代的问题，如在上面的讨论中我们看到，西医的行医诊治方式替代中医的行医诊治方式的趋势。话语互动之所以在语言使用层面造成这种不平衡的杂糅现象，在一定程度上是因为受到发生在社会因素层面话语互动的影响。如同本书所要揭示的那样，正是与这些话语相关的社会因素（如权力关系和意识形态）彼此之间相互作用和影响才导致不同话语之间在语言使用方面出现"杂糅"，包括不平衡的"杂糅"。

我们还以中西医话语之间的互动来说明这个问题。如前所示，中医话语和西医话语各自具有自身的语言使用特点，这些在词汇、句式、语体等方面各具特点的语言使用可以杂糅在一起，甚至导致一种话语的语言使用替代另一种话语的语言使用，进而促进一种新话语（如中西医结合话语）的产生。这种语言层面的话语互动并不是发生在真空中，而是发生在各种权力和利益交织在一起的社会网络之中，因此，这种语言层面的话语互动与具有机构特点和代表各种利益的社会主体之间的相互影响不无关系，甚至可以说，没有这种社会网络关系作为背后推手，语言使用层面话语互动造成的"杂糅"也不可能产生。就中西医话语互动而言，一个简单的原因就是中西医话语互动的参与者不是社会个体，而是依托某个机构或代表某些利益的社会主体，他们之间处于一个相互制约、错综复杂的社会网络之中。那么，社会因素层面的话语互动如何影响和制约语言使用层面的话语互动？回答这个问题，其实就是促使我们进一步深入思考话语互动的运作机制问题。

就中医话语处于被殖民的境地这一案例而言，一个堂而皇之的原因就是中医要适应现代化的要求和国际化的趋势。"现代化"和"国际化"作为一种不可抗拒的社会发展趋势，可以被认为是体现"权力关系"的一种社会因素，它预设着一种社会力量，这种力量中医不仅无法抗拒，而且必须要顺从，必须要进入，否则就无法生存。正如吴宗杰和吕庆夏（2006）所认为的，中医必须被殖民进入"现代化"，否则就无法"国际化"，就无法实现更大的发展。然而，这种现代化和国际化是以西医话语为预设的，虽然其实际意义含混不清，但却在陈述中处于不可挑战和不容怀疑的暗示之中。当中医语言作为一种"非科学"话语被拒绝进入"现代化"和"国际化"的时候，那些包含大量技术词汇的西医话语便乘机通过"科学"的合理论证实现对中医话语的"殖民化"。这样，我们可以看到，中医话语和西医话语在语言使用层面上的互动乃至殖民背后，实则是这两种话语在社会因素层面的互动与较量：处于强势的"现代化"力量以其科学的合理性论证了中医话语的"不科学性"，使得中医话语处于需求这种科学性语言的境地。其结果便是，中医话语在文化霸权的社会条件下接受这些科学术语以实现自身的现代化和国际化。正如甘代军、李银兵（2018）分析指出的那样：

> 西医之所以能够在近代实现对中医的话语压制，是建立在其不断的知识权力生产基础之上的，它不断塑造西医的知识权威、科学地位和话语优势——废医派极力使用新医与旧医、玄学与科学、真理与谬误等二元对立话语来打压、否定中医，尽管中医界立足中医的本土话语、借助西方的科学思维或哲学思想来论证中医的正当性，但其曲高和寡的特点始终难以改变以"科学""现代化"为旗号的西医对时代思潮的控制。

可见，中医话语中的语言使用与西医话语中的语言使用之间的关联与互动，实际上是这两种话语间以"权力关系"为体现形式的社会因素相互作用的结果。这些"社会因素"在宏观层面体现为西医科学话语的强势与霸权，也体现为中医实现现代化和国际化的趋势和要求。西医借助于新技术和新仪器，对人体和疾病的认识深入到细胞和分子水平，不但能做到定性定量分析，而且还能做到精确定位，使诊断和治疗更加准确和有效，看上去更具科学性，也更显权威性。这些科学知识被制度化和机构化，形成权威，迫使中医在诊治过程中采用西医的语言，接受西医的检验标准，否则就会在"不科学"的名义下被排挤出局。而目前所谓的中医现代化从本质上来说，就是逐步向西医靠拢并向西医转化的过程。正如李虹等（2012）指出的那样，一旦中医被完全现代化，中医也就不复存在了，取而代之的将是西医的一统天下。中医和西医之间这种不对等的"权力关系"，作为中西医两种话语之间宏观层面的"社会因素"，彼此相互作用，导致中西医两种话语之间语言使用的互动，造成了彼此之间在语言使用层面的杂糅甚至西医对中医的殖民化影响。

　　如果说中西医两种话语之间体现在"权力关系"上面的社会因素在宏观上构成社会网络的结构背景，那么这两种话语之间社会因素的影响作用则需要体现在具体的中医从业者身上。这也是一种社会因素层面的微观话语互动，涉的社会因素包括中医从业人员对中医自身发展的认识，包括对他们自身身份的认识，对他们与患者的关系的认识，以及对他们服务的机构对他们的要求的认识。这些"认识"在一定程度上可以用"意识形态"这个概念体现出来（关于"意识形态"在本书中的含义参见2.1中的相关论述）。

　　前面我们谈到谢苑苑（2017）对坐诊中医与病患对话的考察，发现这位坐诊中医与患者的对话在一定程度上发生"转型"，即语言使用方面发生了中西医语言的杂糅现象。虽然这位中医仍使用大量不在场语言，即使用与西医以实证科学话语为代表的技术化语言不同的、中医特有的、以启发、暗示为特点的诠释性语言，但是，多处对话内容包含了以实证分析为特点的语言。谢苑苑

（2017）将这种中西医语言杂糅的原因归咎于坐诊中医与患者交流的方便，这在一定程度上体现出中西医语言的杂糅在微观层面是由这位坐诊中医对他与患者之间关系的认识决定的。坐诊中医认识到中医术语晦涩难懂，因而需要用"准确的现代语言"替代"晦涩难懂的中医术语"，以"便于患者理解"。正如谢苑苑（2017）分析的那样：

> 为了便于患者理解，医生采用了西医术语，如例 10 的皮肤划痕症，例 11 的免疫功能，例 12 的孕酮与孕激素，例 13 的口腔溃疡，小叶增生、尿白细胞、高血糖，以及例 15 的纤维瘤和雌激素。其中，例 13 和例 15 分别根据血糖和雌激素的数值进行诊疗。例 11 和例 15 中，医生采用西医诊疗，建议挂盐水和查心电图。

坐诊中医根据与患者交流的需要将西医语言融入中医的诊疗过程当中，体现出其"意识形态"对中西医话语"杂糅"的媒介作用。在这个案例中，中西医结合新话语中的语言杂糅不是中医所处的社会语境（如中西医之间不对等的权力关系）直接导致的，而是中医从业人员对这种社会语境的主观认知导致的。这种间接的、通过意识形态媒介完成的话语互动，体现出中西医话语不对等的"权力关系"这种宏观的社会网络结构如果变成活生生的事实，就需要坐诊中医通过自己的认识发挥作用。坐诊中医如此，中医专家也是如此。

田海龙（2020）对中医内科专家、"全国名中医"、天津中医药大学校长张伯礼教授接受央视《新闻 1+1》的采访 3-6 进行分析，发现张伯礼关于中医药治疗新冠肺炎疗效的谈话内容既有中医的语言表述，也有西医的语言表述。例如，张伯礼在总结中医药治

3-6 关于这个连线采访的视频可访问：https://weibo.com/tv/v/IvXUVcOXy?fid=1034:44 76184516296725。最近访问：2020 年 2 月 29 日，18:23。

疗新冠肺炎的一些经验时说道：

> 所以，我们也总结了一些经验，像有些病人的氧合水平比较低，血氧饱和度老是在八十上下，这时候，中医的生脉饮、生脉注射液、独参汤用上，往往一两天以后，血氧饱和度平稳了，再过两三天，基本就达标了，这种例子很多。还有像细胞因子风暴来的时候，用血必净，也能强力延缓病情的发展，中医也可以力挽狂澜。

这里，我们看到，张伯礼将诸如"生脉饮""独参汤"这些中医的语言表述与"氧合水平""血氧饱和度""细胞因子风暴"这些西医的语言表述"杂糅"在一起。

在这个采访中我们还看到，他借助西医的标准，看病人的核酸检测是否转阴，CT 检查的肺部影像是否正常，借此来评价中医药对新冠肺炎治疗是否有效。

> 方舱医院里边每个病人都要吃汤药，对有个别需要调整的药还有配方颗粒。除了服药以外，我们还组织患者来练习太极拳、八段锦，帮助他们康复，也活跃他们的精神、增强他们的信心；融入中医的理疗，包括针灸、按摩这些方法。有将近 50 多人已经准备出舱了，两次检测病毒转阴还要加上肺部的影像，合格以后，才能出舱，总的效果是不错的。

然而，尽管中西医话语互动在语言使用层面体现出"杂糅"的特征，我们还是可以体会到张伯礼在采访中强烈地表明他对中医药治疗新冠肺炎疗效的肯定。例如，他讲"中医药完全可以把它（轻症新冠肺炎）拿下来"，而对于重症患者，中医虽然是配角，"但是有时候又不可或缺"。可见，他的这种中西医语言使用上的"杂糅"没有任何西医"殖民"的痕迹，中医也没有消失在西医之中，相反，中医在他的"中西医结合话语"中处于主导地位，受到赞扬。这是他对中医疗效的深信不疑和对中医中药专业认知的结果，是他关于中医药的主观认识（意识形态）媒介作用的结果。

  以上中医从业人员（坐诊中医和中医研究人员）的案例表明，虽然中西医话语之间诸如现代化、国际化这些宏观社会因素彼此发生作用，如西医的现代科学技术影响中医的传统行医方式，进而产生"权力关系"作用的后果，如占据文化霸权地位的西医及其现代技术殖民或替代处于劣势地位的中医，但是，这种话语间宏观社会因素的相互作用还是要在微观层面通过中医从业人员对具体语境的认识得以具体实现。运用范代克（van Dijk 2012）提出的"语境模型"概念来看这个问题（可参见本书 2.1 中的内容），可以认为并不是中医所处的社会语境直接导致西医的殖民性侵入，而是中医从业人员对这种社会语境的主观认识导致了这个结果的发生。换言之，是中医从业人员认为西医的科学性可以弥补中医的某些欠缺才导致其在行医过程中采用某些西医的诊治做法和说法。这种依不同语境和因素而变化的个体或集体认识，可以被认为也是一种"社会因素"，如对中医的认识属于中医话语的社会因素，对西医的认识属于西医话语的社会因素。这些社会因素（对中医或西医的认识）通过中医医生在与患者交流的过程中实时做出的认识和判断具体体现出来，一种认识为主导时另一种则处于从属地位，而这些认识的相互作用影响着中医话语和西医话语之间语言使用的交融程度。在西医话语对中医话语进行殖民性现代化改造的时候，它也会遇到不同程度的抵制，用伯恩斯坦的话来说，就是"挪用（appropriation）"（Bernstein 1990）。"殖民"与"挪用"各自的程度如何，彼此较量的结果如何，这在一定程度上取决于社会活动者对这两种话语的认同程度，这也是以"意识形态"为体现形式的社会因素相互作用的结果。关于这一点，本书在第六、七、八章分别讨论纵向话语互动、横向话语互动、以及历时话语互动时会进一步讨论。

话语互动机制图谱

通过讨论中医话语和西医话语在语言使用和社会因素两个层面上相互关联与互动的过程，我们对话语互动的内在机制有了初步的认识。下面我们用图 3.1 更为形象地描述一个话语如何作用于另一个话语。需要说明的是，图 3.1 表示的是中西医话语互动的一种情况，即西医话语对中医话语的殖民。中西医话语之间相互影响与互动是一个正在发生的变化过程，情况也会多种多样，不乏中医在特定疾病诊治过程中占主导地位的情况，因此这个图只是用来描述话语互动产生的内在机制,而其中描述的西医对中医的殖民只是一个偶然的案例而已。话语互动不是一个简单的过程，而是以复杂多样的方式呈现，因此，这个图也只是初步说明一个话语如何作用于另一个话语，以及话语互动如何产生出新的话语。

图 3.1 中上面那个大一些的椭圆代表西医话语，它由语言使用和社会因素构成，彼此之间的辩证关系体现出西医话语社会实践的特性。下面那个小一些的椭圆代表中医话语，它也由语言使用和社会因素构成，彼此之间的辩证关系也体现出中医话语社会实践特性。关于话语的这些具体阐释可参见图 2.1 及 2.1 小节的相关论述。

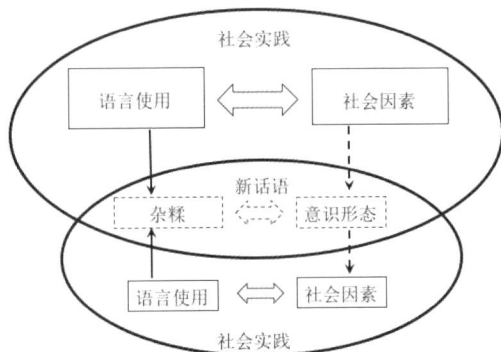

图 3.1 话语互动机制图谱（出处：田海龙 2020：130）

代表西医话语的椭圆比代表中医话语的椭圆大一些，体现出西医话语对中医话语的不对等关系。在这种社会网络性质的结构关系中，中西医两种话语的互动体现为西医话语对中医话语的殖民化，或曰中医的西医化、中医的现代化。中西医话语互动的结果导致一个新话语的产生，即"中西医结合话语"，由处于图 3.1中间位置、代表西医话语和中医话语的两个椭圆叠加而成的那个椭圆表示。在这个新话语中，语言使用（杂糅）和意识形态、以及二者之间的辩证关系均由虚线表示，体现杂糅程度的不确定性、意识形态（如价值取向、主观认识）因人而异的动态性，以及二者之间的辩证关系开启新的社会实践。

西医话语中的语言使用方式及其词汇和表达与中医话语中的语言使用方式及其词汇和表达彼此相互渗透，形成语言使用方面的杂糅，在那个代表新话语的椭圆中由一个虚线方框代表。方框的虚线表示杂糅的程度不确定，因为西医语言使用和中医语言使用都有可能占据主导。尽管如此，这个杂糅却是确定存在的，是由两种话语在语言使用层面互动产生的。图 3.1 中左边上下指向的实线箭头表明这种互动的实际存在及作用的方向。

中西医话语之间社会因素层面的相互影响与互动是语言使用彼此互动的内在动因，因此这种互动用虚线箭头表示。由于这里阐释西医话语对中医话语的殖民现象，箭头的方向是由西医话语的社会因素指向中医话语的社会因素。这种自上至下的指向也暗示着这种作用具有霸权的性质，虽然这种霸权会遇到阻力，但总体来说具有殖民和改造的性质。

这种作用还有一个特征，就是要通过社会活动者的意识形态来实现，也就是说，要通过社会活动者对相关社会因素所起作用的认识程度来实现。在图 3.1 中，介于"杂糅"虚线方框和"意识形态"虚线方框之间的双向虚线箭头表示新生成的"中西医结合话语"中语言使用（杂糅）与社会因素（意识形态）之间的辩证关系。这个新生成的话语由代表西医话语和中医话语的两个椭圆交汇形成的椭圆代表，它是西医话语对中医话语殖民的产物，而在这个新的话语中语言使用与社会因素之间相互作用，以此开始新的社会实践。

　　图 3.1 形象地再现了这一小节关于中西医两个话语之间相互作用的讨论，也表示出中西医话语之间话语互动的内在机制。话语互动体现在语言使用层面，也体现在社会因素层面，更体现在社会因素层面的话语互动对语言使用层面话语互动的影响和制约。可见，话语互动就一个特定话语的发展过程而言不仅体现出等级和动态变化的特征（如 3.1 所示），而且就两个话语之间的相互影响而言还体现出话语互动的后果具有偶然性和复杂多样的特征。这些特征都体现在 3.2 讨论的话语互动的内在机制上面。图 3.1 形象地将话语互动如何在语言使用和社会因素两个层面上互动并产生新的话语这一过程呈现出来，为第五章提出话语互动研究路径做出铺垫。

3.3　小结

　　这一章首先借助福柯的"话语形成"概念，讨论分析了批评话语研究这一学术话语从学术边缘走向话语研究领域中心的发展历程，体现出批评话语研究的话语与质疑批评话语研究的话语之间进行的争论以及批评话语研究学者的学术地位等一系列因素在研究对象、陈述方式、概念以及策略四个层面对批评话语研究发展的作用。讨论分析表明，话语之间相互作用对于批评话语研究的发展至关重要，同时也说明话语互动不是一个话语与话语之间的静态联系，而是具有等级和动态变化的特征。如果说 3.1 的讨论说明话语互动对于某个特定话语在其历时发展壮大过程中具有促进作用，那么，3.2 对中医话语与西医话语体现在语言使用和社会因素两个层面上的话语互动进行讨论，则表明话语互动对不同话语通过相互作用和影响产生新的话语亦具有内在促进作用。这对于认识话语互动的内在机制很有必要。3.2 的讨论分析表明，西医的语言使用对于中医语言使用的侵入，以及由此形成的中医语言使用与西医语言使用的杂糅现象，受到这种语言使用现象背后的社会因素的影响，包括中医对其实现现代化和国际化的需求（权力关系），以及中医医生对中医现代化的认识（意识形态）。这种体现在社会因素层面上的话语互动解释了话语互动在语言使用层面造成的杂糅所具有的不平衡和不确定特性。图 3.1 形象地表明了这个过程。

这一章的讨论和分析帮助我们认识到话语互动具有的等级和动态特征，认识到话语互动在特定话语的发展壮大以及新话语的产生过程中发挥的内在能动作用。但必须承认，这只是一个初步的观察，对其还需要在理论上加以阐释，在实践上也需要提供可操作的分析框架和分析模型。因此，在下一章，我们讨论进行话语互动研究需要具备的理念，从批评话语研究领域寻找新的思想和方法以支撑我们关于话语互动的研究，同时从批评话语研究普遍使用的工具性概念中寻求能够深入阐释话语互动的具体方法。在此基础上，第五章阐释本书提出的研究话语互动的路径，包括"三维—双向"话语互动分析模型和"双层—五步"话语互动分析框架，为系统研究话语互动提供全景方案的同时，也为后续各章的案例研究提供方法论的支撑。

第四章　话语互动的研究理念

　　第二、三章的讨论帮助形成了话语互动的概念，认识了话语互动的特征和内在运作机制，第四章讨论进行话语互动研究需要具备的理念。具体来讲，我们从批评话语研究领域寻找新的思想和方法以支撑我们关于话语互动的研究，同时从批评话语研究普遍使用的工具性概念中寻求能够深入阐释话语互动的具体方法。

　　这一章的讨论是必要的。在第二章的讨论中，我们从话语的概念入手，通过讨论语言使用与社会因素之间的辩证关系认识到话语即是社会实践，社会主体使用的语言中既体现各主体之间的不对等关系也体现各自的价值取向和意识形态。将这种对话语的认识投射到话语与话语的关联与互动上面，我们初步认识到话语互动体现在语言使用和社会因素两个层面，并通过纵向、横向和历时三个维度呈现出立体交错的特征。第三章以批评话语研究这一学术话语的发展为观察对象，讨论了与这一话语相关的多种话语在研究对象、陈述方式、概念以及策略四个层面上的相互作用和影响，揭示出批评话语研究这一学术话语在话语互动过程中体现出的动态特征，认识到话语互动是其形成和发展的内在动因。我们还将讨论延伸至不同话语之间的互动导致新话语的产生上面，以中医话语与西医话语之间的互动为例，详细讨论了这两个话语在语言使用和社会因素两个层面上相互作用和影响的方式，讨论这种互动如何导致"中西医结合"新话语的产生。这两章的探讨显示，话语互动涉及的语言使用和社会因素之间的关系并非是直白、平面、和显而易见的，而是复杂、立体、需要通过分析才能认识的。这也表明我们需要更为恰当和贴切的话语研究理论为话语互动研究提供理论支持。这一章关于批评话语研究新思想和新方法的讨论，关于话语互动研究所需工具性概念的讨论，即是这方面的探寻。

4.1 批评话语研究

"批评话语研究"是一个非常宽泛的术语；根据田海龙（2019a）的观点，"批评话语研究"涵盖"批评语言学"和"批评话语分析"两个术语名称，同时又特指继"批评语言学"和"批评话语分析"之后一个新的发展阶段。如果不需要凸显这种延续，"批评语言学"和"批评话语分析"中的"批评"二字在"批评话语研究"也可省略，因而"批评话语研究"亦可直接称作"话语研究"。纵观批评话语研究自 1979 年英国东安格利亚大学以罗杰·福勒为代表的研究团队出版《语言与控制》（Fowler *et. al.* 1979）一书，到 2018

年该领域的代表性刊物《批评话语研究》第 2 期刊发的"批评话语研究中的伦理学"和第 5 期刊发的"马克思与话语研究"两个专辑，正式将"批评话语研究"视为批评话语分析的新阶段，从批评语言学到批评话语分析、再到批评话语研究，这一探索话语与社会辩证关系的研究范式已经发展了 40 年,在经历几次大的学术争论之后，已成为一支得到学界普遍认可的世界性的重要学术流派。

就"批评话语研究"这个术语本身而言，它最初由范代克提出，以区别于"批评话语分析"的术语，目的是强调话语研究的语言学范式需要理论建构。他（van Dijk 2009a：62）认为，批评话语研究体现出其批评路径不仅包含批评分析，同时还包含批评理论及批评应用。他同时强调，批评话语研究不是一个方法，而是具有多学科性质的话语研究中的一个批评性视角、立场和态度。范代克的这些思想在克瑞兹诺斯基（M. Krzyzanowski）2016 年组织的一个题为"批评话语研究的理论与概念挑战"的专辑中得到继承和发展。这个刊发在该领域权威期刊《话语与社会》的专辑首先认识到，"在被称为后危机时代或'后新自由主义'时代的21 世纪第二个十年里批评话语研究的理论面临许多来自现实世界或社会和学术的挑战。"之后提出，"为了迎接这些挑战的双重性，需要强调批评话语研究的理论必须从现实世界和学术世界两个方面被重新审视。"（Krzyzanowski & Forchtner 2016）可见，不论范代克还是克瑞兹诺斯基和福特纳，都非常强调"批评话语研究"这一术语更多的关注批评话语研究中的概念和理论问题，这也是本书关于话语互动研究试图从中寻求理论和方法支撑的动因。

不仅如此，克瑞兹诺斯基和福特纳（Krzyzanowski & Forchtner 2016）也利用"批评话语研究"这个术语标示出话语研究的语言学范式进入到一个新的发展阶段（参见田海龙 2016a）。他们首先罗列出"批评话语分析"的种种局限，例如，批评话语分析的研究对象局限于"语言、权力和意识形态"的议题上面，分析对象集中在"大众传媒文本的词汇—语法意义"上面，所汲取的理论局限在福柯的话语理论、法兰克福学派的批评理论以及系统功能语言学理论上面，研究者集中在费尔克劳、沃达克、范代克、克瑞斯和范柳文等学者群，研究方法体现在以上几个学者的研究方法上面，如费尔克劳的"辩证—关系"方法、沃达克的"话语—历史"方法，范代克的"社会认知"方法，以及克瑞斯和范柳文的多模态话语分析方法，等等。他们将批评话语分析描述为"原始的""传统的""基础的""核心的"和"以语言运用为导向的"。因此，他们指出，批评话语分析需要被"新的""更宽广的"、更注重"以语境为导向"的研究和"与活动者相关"的分析、以及更注重理论发展的批评话语研究所"继承"和"发展"（Krzyzanowski & Forchtner 2016）。下面我们从理论发展的需要和现实社会的需求两个方面重新审视批评话语分析的理论主张，进而认识作为批评话语分析新阶段的批评话语研究的新内容。

批评话语分析的新阶段

不可否认，"批评话语分析"较其前身"批评语言学"对话语与社会辩证关系的认识深入了许多。至少针对"批评语言学"认为语言结构与社会结构之间的一对一的、简单的直接关系，"批评话语分析"提出二者之间的关系是由媒介构成的，因而是间接的，进而修正了批评语言学所谓一种语言表述（如名词化或被动语态）可以直接反映或体现语言使用者的意识形态的这一观点（参见田海龙 2006）。而且，"批评话语分析"提出的许多理论原则对于当下称为"批评话语研究"的研究仍具有指导意义。这些理论原则包括费尔克劳和沃达克的如下主张：

1）批评话语分析关注社会问题；2）话语是社会权力关系生成和再现的场所；3）话语构成社会和文化，是社会和文化再生和/或变化的场所；4）话语从事意识形态工作，话语结构展现、加强、再生社会中的权力和支配关系，并使其合理化或对其进行质疑；5）话语是历史的，它应被置于语境中加以考察；6）文本与社会的关系经由中介产生，话语与社会的关系是辩证的；7）批评话语分析对文本结构不仅仅描述，更注重解释；8）话语是社会行动的形式，它揭示权力关系的隐晦性。（Fairclough & Wodak，1997/2012：31-42）

以及范代克的主张：

1）批评话语分析主要是注重社会问题和政治议题，而不是当前热门的理论问题；2）对这些社会问题进行充分的实践性的批评分析通常需要多学科的联合研究；3）批评话语分析不仅仅是对话语结构进行描述，而是对它们与社会互动和社会结构相关的性质进行解释；4）批评话语分析注重研究话语结构如何作用、确定、再现或挑战社会中的权力和统治关系以及如何使这种权力关系合法化。（van Dijk，2001a：353）

但是，必须指出，批评话语分析需要新的发展。这既是理论发展的需要，也是现实社会的需求。在理论需求方面，有必要重新审视批评话语分析的核心主张。诚然，以上这些批评话语分析的原则主张在批评话语分析的发展初期并非完全得到认可，而且其中的几个主张（如批评话语分析关注社会问题及它自诩的政治使命）还受到强烈质疑。这些质疑的出现，一方面有批评话语分析自身需要完善的地方，另一方面主要是由于研究范式从结构主义向后结构主义转变过程中所带来的思想观念的碰撞和冲突（许力生，2013）。3.1 从话语互动的角度考察这些代表不同观念的话语相互碰撞，也勾勒出这些经典主张逐渐为批评话语分析研究所遵循的发展轨迹。但是，在批评话语分析面临 21 世纪新的社会问题时，重新审视这些主张还是可以得出一些新的、可以支撑其新的发展阶段的认识，也可以发现研究话语互动这一批评话语研究新课题所需的理论主张。

从理论发展的需要角度重新审视批评话语分析的核心主张，我们会认识批评话语分析对其新的发展阶段所具有的三点支撑。首先，批评话语分析在其新的阶段（即批评话语研究阶段）研究重点将更加集中在"话语的社会功能"上面。这在一定程度上也是对批评话语分析精髓的再认识。田海龙（2016c）通过讨论批评话语分析与系统功能语言学的关系、与积极话语分析的关系以及批评话语分析的应用这三个问题，指出批评话语分析之所以是批评话语分析，其根本原因在于批评话语分析注重研究话语在社会生活各个领域中发挥的作用，即注重研究"话语的社会功能"或"话语功能性"，研究话语在参与和再现社会实践、构建社会事实、社会关系及社会身份中所发挥的作用。批评话语分析这一本质特征同时预设了批评话语分析对话语作用实施者的地位和权力及其所持有的价值取向的关注，预设它在本质上具有社会科学领域中福柯传统的话语分析的基本特征。将这一研究重点扩展和延伸开来，话语互动研究就会进入研究的视野，因为关于话语互动的研究本质上就是探究话语如何通过彼此间的互动实现社会主体之间的相互作用和影响。完全有理由认为，重新审视批评话语分析的核心主张，首先得到的启示就是在批评话语分析的新阶段话语互动研究将成为一个新的研究课题。

其次，批评话语分析在其新的发展阶段将继续坚持批评话语分析注重语言学的文本分析这一特点。坚持这一点，不仅可以将批评话语分析（无论是否是其新的发展阶段）与话语研究的社会学范式（如福柯式的话语研究）相区别，而且还可以在新的发展阶段延续批评话语分析的本质特征，扩展批评话语研究的课题，特别是支撑话语互动研究。这样，即使在新的发展阶段其名称更换为批评话语研究，其研究课题转向话语互动（以及其他问题），其研究视角发生转变，甚至其研究方法发生变更，它的语言学根基还是牢固地扎根在语言学领域，不论被称作应用语言学还是社会语言学（田海龙 2012b）。就话语互动研究而言，依据这样的文本分析研究传统，就必须考察语言使用层面的话语互动，否则任何对话语互动的研究都是不完整的。

第三，批评话语分析在其新的阶段将继续探究语言与社会之间的关系，而且它的许多研究成果，诸如认为语言与社会之间的联系是间接的观点，"语境模型"等许多工具性概念，"话语—历史"等研究路径，都会对话语互动研究有所启发。在新的发展阶段，批评话语分析仍然会继续对语言与社会之间由媒介搭界的间接联系进行探索，并产生新的成果。因为批评话语分析的主要目的就在于探索连接语言与社会的媒介体（Jorgensen & Phillips 2002：69-70），而这也与批评话语分析的理论创建非常相关（Weiss & Wodak 2003：21）。在注重理论发展和创新的批评话语分析新阶段，这无疑是一个新的研究方向。就话语互动研究而言，如果对可观察的语言使用层面的话语互动产生的"杂糅"现象进行解释，批评话语分析学者关于语言与社会之间间接联系的认识便是前提，舍此就无法对话语互动的内在运作机制作出令人信服的解释（具体可见 3.2 中的讨论）。

从理论发展的需要角度重新审视批评话语分析的核心主张，我们得出以上三点启示。这三点启示预设出称为批评话语研究的批评话语分析新阶段的到来非常必要。不仅如此。从现实社会的需求来看，同样可以认识到这样一种新的研究阶段实属必须。实际上，批评话语分析的新阶段不仅是理论发展的呼唤，也是世界进入 21 世纪的第二个十年之后社会生活发生巨大变化产生许多新问题需要阐释的客观需求。这些变化发生在社会生活的方方面面，正如克里斯蒂娃（2016：1）指出的那样，"一面是科学技术史无前例的成就，一面是破坏力在世界范围爆发，……超级网络自诩可在点击之间链接全球人类；数字技术重新激荡起原始的宇宙之力，并可将身体器官三维成像于电脑屏幕上；而在人类被克隆实现之前，日臻完善的机器的人化已然预告一个超人类时代的临近……与此同时，全球化的反对者、一些脆弱的青少年以及绝望中的狂热分子，将自己变成人肉炸弹，在巴黎、戈麦隆与曼谷播种死亡。此外还有全球气温与二氧化碳含量的不断攀升……"她（ibid：2）进一步指出，"21世纪，在科技创新与全球化飞速发展的压力下，社会契约的传统调节手段一一失灵，无从翻新。……而经济与政治的敲敲打打既不稳固也不实在，远不足以亡羊补牢。"而所有这一切，都在互联网的作用下使世界的各个角落、世界上发生的各种事情毫无例外的比以往任何时候都紧密地联系在一起。

这些新的社会问题与批评话语分析最初所关注的种族歧视等社会问题存在很大差异，特别是在当下的社会生活中，话语间相互影响、相互作用、以及社会事件的网络关系更加明显地体现出来，社会生活也更多的是"经由媒介的生活（mediated life）"（Fairclough 2006），因而也更加需要新的理论加以阐释，新的方法用以分析。在这个意义上，克瑞兹诺斯基和福特纳（Krzyzanowski & Forchtner 2016）重提"批评话语研究"的术语，希望以此作为超越"批评话语分析"的基础，也体现出批评话语研究以社会问题为导向的初衷。他们继承上一代学者（大多是他们的老师）的思想，有所开拓并施展影响，像他们的老师将语言学范式的话语研究从"批评语言学"推向"批评话语分析"那样，将"批评话语分析"推向"批评话语研究"的新阶段。

批评话语分析新阶段是理论发展的需要，也是现实社会的需求。现实社会为理论发展提供了充足的养分和丰富的资源，而批评话语研究的学者们在批评话语分析的新阶段一方面积极回应现

实世界中的新问题，另一方面也反思批评话语分析的现有理论和
方法。就前者而言，克瑞兹诺斯基和福特纳（Krzyzanowski &
Forchtner 2016：256）认为，当下社会正在经历许多话语性质的
变化（discursive change），这些体现为当代公共话语新特征的话
语变化包括："后英雄"社会的兴起及对过去历史具有区别性的建
构、公共及其他领域话语愈加断裂和碎片化、技术的作用在社会
中广为渗透并对话语施加影响、民主在形式上稳定的民主体制里
坍塌、以及最近随着作为后现代社会主要政治—经济意识形态的
新自由主义进一步发展而出现的金融、经济和移民危机，等等。
这些新的社会问题与批评话语分析最初所关注的种族歧视等社会
问题有所不同，因而也需要新的理论加以解释和分析。就后者而
言，克瑞兹诺斯基和福特纳（Krzyzanowski & Forchtner 2016：
254-5）注意到，批评话语分析最初是通过分析"大众传媒文本中
的词汇—语法意义"来关注"语言、权力和意识形态"等问题，
所依据的理论包括福柯的话语理论、法兰克福学派的批评理论、
伯恩斯坦的语言社会学理论、认知和社会心理学理论、以及包括
文本语言学、系统功能语言学、语用学和辩论修辞在内的多个语
言学理论。他们认为，批评话语研究在坚持这些批评话语分析的
核心内容的同时，理论视野需要拓展，研究方法需要更新。

在此基础上，作为批评话语分析新阶段的代名词，批评话语
研究提出了一些可以进一步借鉴的理论。例如，玛盖克瑞斯特
（Macgilchrist 2016）通过探索当今媒介化的世界，建议批评话语
研究借鉴"后基础主义（postfoundationalism）"思想，包括拉克
劳（Laclau）的思想。他认为，这样一种理论可以将破裂、中断、
不稳定等问题置于研究的中心。赫尔佐格（Herzog 2016）通过讨
论批评话语分析研究中的标准批判（normative critique），认为这
种源于批评话语分析福柯立场的批评需要被最初在后黑格尔理论
中发现的内在批评（immanent critique）所修正（后续详细讨论）。

因此，他的研究为批评话语研究引入了后黑格尔的理论，马克思的理论以及批评理论。福特纳和斯内柯特（Forchtner & Schneickert 2016）观察后现代社会中话语的混杂性和更具冲突性的特征，认为布迪厄（Bourdieu）的"反思社会学（reflexive sociology）中的"习性""领域""资本"等概念对批评话语研究非常有用，为研究由不同领域构成的社会中的各种冲突提供了概念工具。克瑞兹诺斯基（Krzyzanowski 2016）通过观察当代社会中话语（如在政策、媒体和政治语体中）的概念本质，提出批评话语研究需要引入概念史（conceptual history）的理论，以便强调概念的策略运用在使规则的逻辑合法化中的作用。同时，他还提出要借鉴伯恩斯坦（Bernstein）关于"再情景化（recontextualization）"的概念。他认为，概念史的理论和再情景化的概念可以帮助批评话语研究认清当代公共话语和控制性话语的意识形态本体论，进而确定话语中概念的真正意义。除了以上这些哲学社会科学的理论，批评话语研究也在语言学理论方面有所扩展。例如，哈特（Hart 2016）提出批评话语研究需要认知语言学的帮助来解决语言处理的本质问题，同时，他将认知语言学与多模态话语分析结合起来，扩展了克瑞斯和范柳文（Kress & van Leeuwen 1996）基于系统功能语言学的多模态话语分析模式。玛秦（Machin 2016）基于对当代社会媒介及媒介化的模式和渠道多种多样特征的观察，认为语言与形象的关系问题是批评话语研究理论化的关键问题。他认为有必要从语言学理解文本与形象关系的传统出发，从社会符号学中汲取有用的东西。

作为批评话语分析新阶段的一个标识，批评话语研究代表着一些新的学术思想和研究方法，对研究话语互动也具有这样或那样的启发作用。下面我们把讨论要点集中在与话语互动研究相关的批评话语分析新阶段有代表性的新思想和新方法方面，进一步挖掘对话语互动研究有所帮助的理论和方法。

新阶段中的新思想

以上讨论表明，批评话语研究的经典理论原则对话语互动研究具有一定程度的理论支撑。不仅如此，批评话语研究在新的发展阶段提供的新思想也在研究视角的创新和理论视野的拓新两个方面对话语互动研究具有理论意义。在批评视角创新方面，田海龙（2008，2009）曾经针对诸如"批评能否体现学术研究的客观性"以及"批评话语分析能否在中国应用"[4-1]这些对批评话语分析的质疑，提出将话语研究的批评视角区分为"优角""钝角"和"锐角"。具体来讲，"优角"代表在批评意识方面不参与社会变革、在文本分析方面不生产话语的"话语理论"；"钝角"代表分析原产话语但不再创造和产生新的话语、以探索话语与社会辩证关系为己任的"话语社会功能研究"；而"锐角"则代表既分析原产话语又在话语分析中创造产生新的话语、并以话语分析的学术话语参与社会实践，因此代表既探索话语与社会之间的辩证关系又通过这种探索参与社会变革的"批评话语分析"（见表4.1）。

表 4.1　批评视角的类别

（+表示具有该区别特征，-表示不具备该项区别特征）

特征区别语篇研究	文本分析		批评		批评视角
	原始话语	再创话语	话语与社会	社会变革	
话语理论	−	−	+	−	弱式、优角
批评话语分析	+	+	+	+	强式、锐角
话语社会功能研究	+	−	+	−	弱强式、钝角

（出处：田海龙 2009：102，有所改动）

依据这样的区分，田海龙（2008，2009，2012a）提出话语研

4-1　例如，Widdowson（1995/2012）曾质疑批评话语分析的"批评"是基于主观臆断；2001 年在湘潭大学召开的"第七届全国话语分析研讨会"上有人曾质疑批评话语分析不适合中国的国情（见熊沐清 2001）。

究在中国需要更加重视探索话语与社会的辩证关系，并提出话语功能性和当代中国新话语的研究课题。本书关于话语互动的研究也是对这一研究传统的发展和深入。

与此类似，批评视角方面的创新也体现在批评话语分析的新阶段，例如，批评话语研究的学者对"批评"是否具有客观性的质疑不预纠缠，将探讨的重点转向"批评"所依据的"规范（norm）"，从"内在批评"的视角重新审视"批评"对于批评话语研究的正当性及其学术贡献。在这方面，本诺·赫尔佐格（Benno Herzog）的研究值得关注。

所谓"内在批评（immanent critique）"，根据赫尔佐格（Herzog 2018a）的观点，不是从批评者或研究者的立场和准则出发，而是从被批评者的立场和准则出发，以被批评者感受到"社会痛苦（social suffering）"为批评的前提。这里的"社会痛苦"是一种"对误识的情感反应"，它不是来自身体的痛苦，而是来自未受到尊重而引发的痛苦。例如，当一个拳击运动员被击倒在地时，他所遭受的痛苦是身体上的痛苦，这种痛苦只有在这个拳击运动员遭受歧视的时候，或者没有被尊重的时候，如对手藐视他并拒绝再和他交锋的时候，才变成"社会痛苦"。这种"社会痛苦"的产生是因为这位拳击运动员要求比赛继续进行的"规范要求（normative claim）"与"被拒绝继续比赛"的现实（reality）产生矛盾，他的规范要求被误识（misrecognition），对此他的"情感反应"是他受到了侮辱。可见，"社会痛苦"只有在"规范要求"与现实发生矛盾的时候才会产生。对于这样一个"社会痛苦"产生的过程，赫尔佐格认为，批评话语研究的任务就是将这些不明显的"规范要求"明朗化，这也是"批评"在批评话语分析中的一个含义（赵芃、田海龙 2008）。

将"规范要求"明朗化涉及意识形态的问题。这里，赫尔佐格（Herzog 2018a）区分出"认可意识形态（an ideology of recognition）"和"不认可意识形态（an ideology of disrespect）"。如果社会痛苦被认为会发生但实际没有发生，便产生"认可意识形态"的情况。例如，妇女工作一天回到家还要操持家务，而她丈夫却什么也不做。这时，一般会认为这位妇女可能会因男女之间的不对等而感到社会痛苦，但这位妇女却理性地认为自己应该这样做。在这种情况下，从该妇女的角度看，她"规范要求"没有与"现实"产生矛盾，因此，她的规范要求属于"认可意识形态"。与此相对，如果社会痛苦不被认为会发生但却发生了，这时的情况属于"不认可意识形态"。例如，一位白人与有色人种同乘一辆交通工具时如果感到痛苦，这是因为他的白人至上的要求与现实产生了冲突。这时，他的"要求"不被认为合理而必须受到重视，因此他的"要求"属于"不认可意识形态"，由此造成的痛是"社会痛苦"。

如此进行批评话语研究，首先要判定关注的现象是否具有社会属性。也就是说，要将"社会痛苦"与"生理痛苦"甚至是"心理痛苦"区别开来。其次，要判定观察的现象是否与参与者的规范要求或正常期待相矛盾。如果相矛盾（如那个拳击运动员的例子所示），则产生社会痛苦。在确定了"社会痛苦"之后，进行"内在批评"的第三步就是"超越（transcending）"社会痛苦，超越"规范要求"与"现实"之间的矛盾。这是一个社会层面的问题，不是一个简单的活动，而是一个复杂的过程，因此，内在批评在这里转换成了"社会批评（social critique）"，批评分析的对象变成了社会秩序，要分析社会如何成为这个样子（社会如何再生产出自己）以及社会如何产生出系统性的无法彻底解决的规范冲突（norm conflict）。在这个意义上，赫尔佐格提出的"内在批评"概念又重新回到"传统的"关于"批评"的认识上面，如田海龙（2014a：35）所说，"批评是导致社会变革的社会实践"。但是，他从一个新的理论视角为这种社会批评的正当性提供了支持："一个社会制度受到批评是因为它系统性地没有实现其正当要求"（Herzog 2018b：412）。换言之，从他的"内在批评"视角来看，当社会痛苦不该发生这种认识成为一种规范性认识，同时人们又怀疑权力关系创造、掩盖这种社会痛苦并证明其合理存在的时候，社会批评便会发生。

赫尔佐格（Herzog 2018a，b）认为"内在批评"的概念是与"外在批评（external critique）"的概念相对的，尽管不是对立的。他（Herzog 2016）认为，费尔克劳、范代克、以及沃达克等老一代学者进行的"批评话语分析"都是从批评者的立场出发，是"外在批评（external critique）"，是批评者的一种态度，一种政治抱负。然而，老一代学者关于"批评"的认识也在发展变化。例如，自从 2012 年出版《政治话语分析》（Fairclough and Fairclough 2012）以来，费尔克劳夫妇一直在完善他们提出的伦理批评的过程路径（procedural approach to ethical critique）。他们认识到，一些批评话语分析的研究有鼓动政治活动的倾向，致力于将社会生活中的"错误"纠正过来。对此，费尔克劳夫妇不以为然。他们强调批评话语分析是一个社会科学的研究方法，不应该成为政治行动主义，不应该以政党政治的形式出现（Fairclough and Fairclough 2018）。在此基础上，他们认为批评话语分析中的"批评"应该基于伦理和论证，是一个辩证推理的过程。具体来讲，批评话语分析应该是不偏不倚、公正的社会科学研究，研究者必须对此严格遵守，并负有伦理的使命。为此，费尔克劳夫妇提出一个"过程路径（procedural approach）"，即通过一定的批评分析和解释的过程来体现他们关于"批评"的新的认识。

以上关于批评话语研究在批评视角方面的创新性讨论对于认识话语互动研究的重要性和必要性很有帮助。从第三章的讨论我们认识到一些话语互动的特征和内在机制，这些讨论与老一代批评话语分析的学者注重通过批评话语分析本身的社会实践促进社会变革有所不同，更多的在于认识话语互动的内在机制，认识话语如何通过彼此之间的互动推动话语和社会的变革和发展（"钝角"的批评），而不是靠批评话语分析的学者所强调的靠学术分析来实现社会变革（"锐角"的批评）。可见，不论田海龙（2008，2009）的"钝角批评"还是赫尔佐格（Herzog 2018a，b）的"内在批评"，都为话语互动研究在侧重点的取舍方面提供了理论启示。

　　批评话语研究除了在批评视角有所创新，在理论视野上也有所拓新，这主要体现在批评话语研究与其他社会理论的跨学科结合方面寻求新的理论创新点。毋庸置疑，这是批评话语研究的传统，在批评话语分析阶段费尔克劳和沃达克等学者就将阿尔都塞、福柯、哈贝马斯、巴赫金等人的研究成果纳入批评话语分析的研究之中（Fairclough and Wodak 1997）。进入批评话语研究阶段，新一代研究者在理论建构方面的一个特点是进一步重视马克思主义理论对于批评话语研究的意义。《批评话语研究》2018 年第 5 期刊出的"马克思与话语研究"专辑发表 8 篇研究论文，体现出这方面研究的开拓创新趋势。这 8 篇文章通过深入研读马克思关于语言与批评、生产关系和生产条件、符号、政治经济、意识形态批判、资本等问题的论述，深入讨论了马克思主义理论对批评话语研究的启发和贡献，以及批评话语研究如何从马克思主义的经典论述中汲取进一步发展的养分。特别是比茨和施瓦布（Beets and Schwab 2018）的文章，从话语研究视角解读和阐释马克思主义关于生产关系和生产条件的论述，对本书探索话语互动的特征和机制具有理论意义和实际影响。

　　在马克思主义的学说中，生产关系指人们在物质资料生产过程中形成的社会关系，包括生产资料的所有关系、生产过程的组织与分工关系、以及产品的分配关系。生产条件包括生产资料和劳动者，二者结合起来才可进行生产，而二者结合的方式则表明生产关系的性质。马克思主义关于生产关系和生产条件的论述，根据比茨和施瓦布的研究，对话语研究有着重要的意义。他们（Beets and Schwab 2018）认为，早期的话语分析并没有认识到这一点，因而话语得以产生（被生产出来）的"条件"被简单机械地理解为"语境"或"情景"。后来情况有所改变，但是生产关系和生产条件在话语分析的学者看来也只是交际赖以发生的语言之外的"心理—社会"情景。因此，他们（Beets and Schwab 2018）强调，重温马克思主义关于生产关系和生产条件的论述可以深化批评话语研究关于话语生产问题的理解和认识。在这方面，他们认为，法国的一些话语分析学者（如佩切克斯和库尔蒂纳）在20世纪70年代提出的唯物主义的意识形态批评话语研究路径，可以称得上将马克思主义关于生产关系和生产条件的概念引入话语研究。例如，比茨和施瓦布指出，佩切克斯等话语分析家开始通过话语来分析生产关系的再生产和转型的意识形态条件，他们发现生产关系和生产条件是通过话语被意识形态再生产出来，或实现转型，同时，意识形态和话语的作用也不能机械地等同于其在生产过程和机构中发挥的作用。这对于话语分析来说意味着生产条件既不能作为确定无疑的先验被领悟，也不能作为附属的话语现象被认知。

比茨和施瓦布将这个"唯物主义话语分析"路径应用到知识生产（即学术研究本身）上，发现研究对象和知识生产有着密切联系。马克思主义关于生产关系和生产条件的论述是针对物质生产而言，当比茨和施瓦布将这些论述应用于话语生产时，他们发现话语的生产关系和生产条件与学术知识的生产关系和生产条件紧密交织在一起。例如，生产关系和生产条件一方面将大量的知识注入资本的货币循环系统，一边对一些知识形式进行提倡和褒奖而对另一些进行打压；一边提升少数学术精英的学术生涯，一边进一步剥削和预裂其他学者；一边依靠那些认真工作的学者创造生产力以支撑这个学术领域，一边制造分裂，认为一些学术工作具有创造性而另一些不具有创造性。现行的生产关系和生产条件之所以造成这样的知识生产现状，比茨和施瓦布（Beets and Schwab 2018）认为，其罪魁祸首不是个体行为，也不是个体文化，而是现行生产方式的一部分。在这个意义上，"唯物主义话语分析"也是一种话语分析实践，既要体现其社会历史的立场，同时也要将社会现实视为社会生活中的问题；这些问题不仅仅是可供研究观察、可引发研究兴趣的问题，也是需要通过研究者的分析进行改进的问题。

可见，比茨和施瓦布从马克思主义关于生产关系和生产条件的论述中挖掘出可以将批评话语研究引向深入的理论源泉。以往批评话语研究对其理论源泉也有论述（可参加 Fairclough and Wodak 1997），但是，比茨和施瓦布的研究对批评话语研究的理论视野有所拓新。这种理论视野的拓新是有意义的，它可以帮助从事批评话语研究的学者更深入的认识话语在生产方式再生产过程中的作用，认识到话语与"语言"和"文本"是不一样的，它是一种"半自治的物质生产过程"（Beets and Schwab 2018）。话语（知识）的生产受到现行生产关系和生产条件的制约，同时它的生产过程也可以创造新的生产方式，促使生产关系实现重新建构。就话语互动而言，话语互动不仅可以推动某一特定话语进一步向前发展，如 3.1 讨论的批评话语研究在多个话语之间的相互作用中发展壮大，而且还可以创造新的话语，如 3.2 中讨论的中西医话语通过彼此互动产生"中西医结合"的新话语。无论是某个特定话语的发展，还是一个新话语的产生，根据比茨和施瓦布的研究，都与生产关系和生产条件相关，这为我们在社会网络中讨论话语互动提供了理论支撑。对此，我们将在后续案例研究中进一步讨论。

新阶段中的新方法

批评话语研究的方法随着研究的需要不断完善，甚至更新，在这方面费尔克劳不断发展完善他提出的分析框架即是一个典型的案例。费尔克劳在 1992 年提出一个三维分析框架（Fairclough 1992），1999 年提出一个五步分析框架（Chouliaraki and Fairclough 1999），2018 年又提出一个四步分析框架（Fairclough and Fairclough 2018）。在最初的三维分析框架中，费尔克劳主张批评话语分析应该从文本、话语实践和社会实践这三个维度上进行，后来的五步分析框架则主张要注意社会问题的符号方面、确定解决社会问题的障碍、考虑社会秩序中是否有这些问题、找出可能超越这些障碍的方法、以及批评性地反思前四个步骤的分析。关于这两个分析框架更详细的介绍和示例读者可参阅田海龙（2009：143-152）论述，我们下面重点讨论费尔克劳最新提出的四步分析框架。这个分析框架是他基于对批评话语分析的新认识提出的，主要的思想基础是他认为批评话语分析应该是基于论证的伦理批评。这个新的分析框架包括以下四个步骤（Fairclough and Fairclough 2018）：

1）对话语进行规范性批评；

2）解释被规范性批评的话语；

3）对社会现状进行解释性批评；

4）提出改变社会现状的行动方案。

第一步，"对话语进行规范性批评"，体现出费尔克劳将道义伦理（deontological ethics）融入批评话语分析实践之中。所谓"伦理"，在作者看来是道德哲学中关于要做正确的事、以及什么事能做、什么事不能做这样的问题；而"道义伦理"是指人们有责任和义务依据道德原则采取这样而不是那样的行动。例如，在政治话语中，如果某个政治家将他的政策描述为可以使社会更加公正，那么，他就有责任推行和实施这项政策；反之则不予推行和实施。对批评话语分析而言，如果要对这类政治话语进行批评性分析，就要运用"实践论证（practical argumentation）"的方法，分析其内在的推理逻辑。而这种基于论证和逻辑推理的话语分析方法，在费尔克劳和费尔克劳（Fairclough and Fairclough 2018）看来，可以在根本上避免批评话语分析成为政党政治的危险。

第二步，"解释被规范性批评的话语"，即是从第一步话语层面的分析转向社会层面的问题，通过对话语的规范性分析，发现话语中的道义伦理，之后解释这些道义伦理与社会现状的关联度，解释这些社会现象的特征。这涉及"结果伦理学（consequentialist ethics）"的问题，即人们应该选择实施可以在伦理上带来积极后果的活动，同时拒绝带来负面后果的活动。费尔克劳和费尔克劳（Fairclough and Fairclough 2018）以英国前首相托尼·布莱尔为例来说明这一步骤。布莱尔在为其将英国带入伊拉克战争的决定进行辩护的时候说，他相信他在当时做出了正确的决定，履行了首相的职责。对他的这些政治话语进行"规范性批评"分析（第一步），发现其逻辑推理可以被接受，因为其履行了首相职责，所以其道义伦理是可以被认可的。然而，在第二步对他的这个政治话语进行解释时，就会发现，虽然他说他的决定使西方避免遭受大规模杀伤性武器的袭击（选择了可以在伦理上带来积极后果的活动），但是，后来发现伊拉克没有大规模杀伤性武器，其参与伊拉克战争这一"社会现象"的特征是灾难性的。费尔克劳和费尔克劳（Fairclough and Fairclough 2018）用这个案例说明对话语的规范性批评只能显示话语中的逻辑关系，而批评话语分析必须在此基础上更进一步，对社会现状的特征进行解释，将道义伦理引申到道德推理层面。就布莱尔这个案例而言，他的政治话语在道义伦理上显示出他履行了首相职责，但社会现实确是另外一种情况，表明他的决定没有满足道德推理的要求。费尔克劳和费尔克劳从社会现实向布莱尔的政治话语反方向推理，认为布莱尔是不诚实并具有欺骗性的，而且有可能隐瞒或操纵了当时的信息。在这个意义上，费尔克劳和费尔克劳认为批评话语分析是一种"辩证的逻辑推理"（Fairclough and Fairclough 2018）。

第三步，"对社会现状进行解释性批评"，体现出费尔克劳对"解释性批评"的认识。如果第一步和第二步属于"规范性批评（normative critique）"，即通过实践论证识别出社会问题，那么"解释性批评（explanatory critique）"则要进一步解释这些现存的社会问题可能造成的后果。这一过程实际上是一个从"事实"到"价值"的转变过程，例如，在"一个事实如果造成了一个负面的社会问题，那么，这个'事实'就是错的，就需要纠正"这个解释性批评的推理过程中，"造成负面社会问题的""事实"是可以识别的"事实"，而认为它是"错误的，需要纠正"就属于"价值判断"的范畴了，是推理的结果。在这一阶段，批评话语分析从识别社会现实中可以带来负面社会问题的"事实"转变为讨论需要采取什么行动"纠正"这些事实，从关注伦理问题转变为关注具有伦理意义的解决方案。而在这个过程中起关键作用的也是实践论证（推理）这个重要的分析工具。

第四步，"提出改变社会现状的行动方案"，体现出费尔克劳长期以来对批评话语分析的认识，即发现社会现实中存在问题如果不提出解决方案，那就不是批评话语分析。但是，在这个新的分析框架中，费尔克劳和费尔克劳将"解决方案"定义为"想象的"解决方案，而不一定是社会生活中实际实施的解决方案。而且，"想象的"解决方案必须符合伦理标准，必须能够实现经过论证被认为具有"正确的"目的和价值。根据费尔克劳和费尔克劳（Fairclough and Fairclough 2018）的观点，这些解决方案之所以是"想象的"，是因为它们建立在论证分析的基础之上，一方面要论证其是否具有解决社会问题的潜势，另一方面要测试其是否可以实现所想象的目的。费尔克劳和费尔克劳强调这些解决方案的"想象性"特征还有一个目的，就是他/她们将批评话语分析与政党政治的政治行动主义相区别。政党政治需要的是实际发生的、可以带来社会变化的活动和行动，而批评话语分析注重对问题的批评分析，并在此基础上设想可行的、符合伦理的解决问题的方案。

费尔克劳研究方法的更新不仅体现在这个分析框架的四个分析步骤上面，而且体现在他所运用的语言学方法上面。在以前提出的三维分析框架（Fairclough 1992）和五步分析框架（Chouliaraki and Fairclough 1999）中，话语分析的语言学方法都是来自系统功能语言学的文本分析方法，如对文本的及物性、情态、语气结构和篇章结构进行分析。但是，这种情况在他更新的分析框架中有了改变，如提出批评话语分析对政治话语的研究也需要借用传统修辞学的分析工具，需要侧重分析那些具体的论证和推理（Fairclough 2014）。如果分析步骤和文本分析方法方面的变化是费尔克劳批评话语分析研究方法更新的两个特点，那么第三个特点就是这个新的分析框架特别强调批评话语分析"设想"的解决社会问题的方案与政党政治"实施"的解决社会问题的方案是不同的，借此来表明批评话语分析是社会科学领域的学术研究。因此，这个更新和进一步完善的分析框架在强调伦理批评和过程分析方面也具有一定的创新性。

观察费尔克劳批评话语研究方法不断更新完善的轨迹，对我们在下一章提出话语互动研究的"双层—五步"分析框架具有实际的启发意义。首先，研究方法要建立在特定的研究理念基础之上，一定的研究理念支撑一定的研究方法。其次，作为研究方法的研究框架要具有可操作的特性，要一步一步的展开，彼此不同但又彼此衔接，一步一步深入。再次，每一步的分析都要依据工具性分析手段。在费尔克劳的新研究方法中他提倡运用修辞学的分析工具，在以前的研究方法中他提倡运用系统功能语言学分析工具。在我们提出的话语互动分析框架中，也需要一些工具性分析手段，它们体现在一些工具性概念之中。下面我们讨论这些工具性概念，为后续几章的案例分析做铺垫。

4.2 工具性概念

进行话语互动研究，分析话语互动产生新话语的过程，需要以话语研究的理论为依据，而且需要有体现这些理论原则的具体分析步骤；同时，每一个步骤的分析也需要非常专业，需要借助一些工具性概念，包括"元话语""再情景化""语体链""互语""互文""指向意义"和"指向秩序"。这些概念都是话语研究领域能够为探究话语互动过程提供专业分析方法的概念。我们分别介绍它们的基本含义，并讨论它们对分析话语互动所能提供的帮助。

元话语与再情景化

"元话语"和"再情景化"这两个概念在话语研究领域有着非常丰富的含义，特别是"元话语（metadiscourse）"的概念，已有很多学者给出许多不同的界定。例如，海兰德（Hyland 2005）认为元话语是话语的组织结构、作者对话语内容的看法、以及对读者态度的预测等体现篇章各种特征的一套机制。尽管这里所说的"元话语"也是"话语（discourse）"，但实质上指的是"篇章（text）"，是由字、词、句、段等组成的结构性语言系统，因而海兰德所说的元话语相当于是谋篇布局的工具而已，充其量是维持语言系统的内部结构。除此之外，也有学者（赵芃、田海龙 2013；Zhang 2010）认为元话语与语篇不同，与语言的内部结构无关，相反，元话语是关于话语的话语，或者说是用来谈论"话语"的话语。在这个意义上，"元话语"是人们在交谈过程中谈论的、或在文章中引用的别人的"话语"，但是，这时的"元话语"也制约语言使用的规约，赋予语言使用的某种方式以特定的语体特征。例如，在下面这段文字中，

> 2016 年 5 月 17 日，习近平总书记在哲学社会科学工作座谈会上的重要讲话中，首次明确提出了"加快构建中国特色哲学社会科学"的重大论断和战略任务，强调：哲学社会科学的特色、风格、气派，是发展到一定阶段的产物，是成熟的标志，是实力的象征，也是自信的体现。要按照立足中国、借鉴国外，挖掘历史、把握当代，关怀人类、面向未来的思路，着力构建中国特色哲学社会科学，在指导思想、学科体系、学术体系、话语体系等方面充分体现中国特色、中国风格、中国气派。（谢伏瞻 2019）

习近平总书记关于"加快构建中国特色哲学社会科学"重大论断和战略任务的内容就是谢伏瞻（2019）引用的话语，是这个意义上的"元话语"；同时，这一"元话语"也以其特有的语言使用方式赋予这篇文章政论语体的特征。

以上两种对"元话语"的认识有一个共同的特征，就是将元话语视为一种可以触摸得到的、有形的文字，如篇章结构或这种篇章体现的内容。实际上，"元话语"作为"话语"还具有社会实践的特征，张青（Zhang 2010）根据西尔弗斯坦和厄本（Silverstein & Urban 1996）关于"元话语"的论述，将"元话语"这个概念蕴含的"话语"的社会实践特征归纳为四点：

1）元话语即是话语实践，各种意识形态通过元话语反映在文本之中，或者以一种实际描述社会实践的话语形式展示在我们面前。

2）元话语在语言使用过程中具有元语用的特征，即通过元话语的使用形成像法律规则一样的语言使用规约。

3）社会与话语的衔接只有通过元话语才可实现，而且元话语还可以形成传播话语的一部分，成为分析者赋予传播话语的某种东西。

4）元话语性质的冲突和斗争围绕对话语实践的描述和规约展开。

从元话语的这四个特点来看，元话语的概念具有话语概念的基本内容，不仅可以由一定的语言形式体现，而且，更重要的，元话语还与话语一样具有社会实践的特征，体现着一定的价值取向和意识形态，也是权力关系赖以维持和更迭的关键所在。在这个意义上，"元话语"概念进一步凸显了话语互动所体现的话语与话语之间关联与互动的特征。因此，元话语就不能是一个静态、有形、可触摸的"单元体"，而是一个动态变化、彼此关联的互动过程。因此，"元话语"的概念也可以成为研究话语互动过程的工具性概念。

例如，张青（Zhang 2010）通过研究改革开放时期中国领导人的讲话，归纳出中国改革开放以来的几个元话语："建设具有中国特色社会主义""三个代表""和谐社会"，其中"三个代表"与"和谐社会"分别是对"建设具有中国特色社会主义"的"使文本化"，并从时间上对"建设具有中国特色社会主义"进行了再情景化，而"和谐社会"则是对之前的元话语的再情景化。根据张青（Zhang 2010）的研究，这几个元话语构成了中国改革开放的话语史，不仅展示了时间指向上的"再情景化"，也说明再情景化同样可以发生在同一个文化区域中；但更为重要的是，通过对连接话语与社会的元话语不断重构，我们可以看到再情景化的实质。

需要指出的是，"话语"与"元话语"两个概念虽然有所区别，但是不能绝对分开的。"元话语"与"话语"的关系是相对的，某一"话语"的"元话语"可以是原始的"话语"，但这一"话语"同时也可以成为上一级"元话语"的"话语"。在这方面，"元话语"更多的是"话语"的一种特性（赵芃 2017：22）。元话语不仅可以讨论或评论各种话语实践，甚至可以控制、约束这些话语实践的形成、产生的时间、以及带来的影响。这种讨论和评论可以说是一种"元话语实践"，它通过塑造、控制和约束说话人所在的社会历史环境，以及通过说话人具有赋予话语一定意义的权力，来塑造、制约、规范、校正、引导话语的内容以及话语使用方式的产生，使它们符合意识形态的标准。换言之，元话语（话语）是受意识形态控制的一种行为方式或者行为规范，说话人往往宣称通过恰当或者不恰当的语言使用来执行这种规范。正是因为话语具有元话语性，话语中的语言使用才可以在对自身进行表征的过程中，被他人所转述，并能够引导听众朝着转述者希望表达的意思去理解，甚至通过塑造社会历史情景来引导人们谈论被这种话语控制的历史和现实。如此，这种"话语"就具有了"元话语"特征，它就可以被称为"元话语"。在后续几章对纵向、横向和历时的话语互动案例分析中，我们会看到，当一种话语作用于另一种话语时，这一话语中语言使用层面的相关成分被"再情景化"到另一个话语中时，"元话语"的特征就会体现出来，并同时实施规范和引导新话语产生方式的作用。

　　以上讨论表明，"元话语"的概念与"再情景化"的概念紧密相连，这为研究话语互动过程提供了工具。在话语互动的过程中，一种话语被植入另一种话语之中，被植入的话语之所以对植入话语发挥作用以至于产生新的话语，是因为这个被植入话语具有"元话语"的特征，具有元话语性，而关于元话语性的认识则可以加深对 3.2 中讨论的话语互动机制的认识。

　　"元话语"与"再情景化"的联系体现在其被植入新话语的过程之中，而这个过程则称为"再情景化"。"再情景化（recontextualization）"这个术语最早是在教育学领域，被伯恩斯坦（Bernstein 1990：183）用来表示教育话语经历被移位和被重新定位的过程。在伯恩斯坦的研究中，教育话语并非是我们日常所指的口头或书面的语言表达，而是一种规则，这种规则由两种话语构成——教学性话语和规约性话语，且前者镶嵌在后者之中，因为规约性话语是主导性话语，它是关于社会秩序的话语或规则，而教学性话语是关于各种知识以及各种知识传递和习得的话语或规则，它要受社会秩序规则的控制。在教学话语理论中，伯恩斯坦主要关注教学话语的再情景化作用，教学话语的建构经历了三个阶段——话语的生产、再情景化和再生产。这三个阶段分别由教育知识的分配规则、再情景化规则和评价规则控制，其中再情景化规则是伯恩斯坦最为关注的。他认为，再情景化指某个话语经历了被从原来的位置移走和被重新定位的过程。然而，此时被重新定位的话语已经不是原来的话语了，因为这种移动实质上是话语从一个场域被带到另一个场域的过程，同时也受到了教学话语对其实施的意识形态作用。伯恩斯坦（Bernstein 1990：183-184）指出：

> 教育话语是一种规则，这种规则使得各种技能型话语嵌入社会规约话语，且受制于规约话语……教育话语这种规则使其他话语相互融合于一定的关系之中以满足知识传播和习得的特定需要。因此，教育话语将某个话语从它原有的情景移走，再根据需要进行选择、重新排列以及聚焦而将该话语重新定位。在对初始话语进行移位和重新定位的过程中，它原有的社会基础，甚至是原有的权力关系也都被移动了。这个过程使初始话语从一个真实话语变成了一个想象话语。

在伯恩斯坦关于教育话语和再情景化的论述中，教育话语是一种规则，这种规则由道德和社会秩序的话语和教学技能性话语杂糅而成；教育话语的形成是一个再情景化过程，这种再情景化不仅是话语的移位和再定位，也是教学话语生产场域的移位和再定位，更是附着在场域上的权力关系和意识形态的移位和再定位。由此可见，再情景化并不是一种静态现象，而是一个动态的生产过程，这个过程并不是机械性的情景之间的投射，而是一种带有自省特征的主动转化过程，有意识形态、权力等非话语因素参与其中。在这个意义上，再情景化的概念就与话语以及元话语的概念紧密联系起来。

　　本书关于话语和元话语的认识，表明二者都不仅仅是使用中的静态有形的语言，而是语言在使用过程中体现出来的动态变化的社会实践特征。这意味着话语以及元话语在社会情景中发挥作用，它们在社会实践中形成，对社会实践产生影响，同时借助社会机构扩展其影响范围（Fairclough 2003：23-24）；而话语和元话语发挥作用的一种方式便是再情景化，即话语从一个情景进入另一个情景。在这种背景下，元话语的概念被凸显出来。作为可以被"再情景化"的话语，元话语中的语言使用，如体现元话语的文本、语体、甚至是图像和声音这种模态，被社会活动的参与者从一个情景移出，并被带入另一个情景，正如范柳文（van Leeuwen 1993）认为的那样，"一旦某个社会实践被再现了，我们就可以说它被再情景化了"。同时，这一"再情景化"过程也充满了权力关系的较量和意识形态的再现，体现出话语是社会实践的特征。

　　以上关于"再情景化"的讨论再一次表明，"再情景化"的概念与"元话语"的概念之间具有不可分割的联系。而且，"元话语"的"再情景化"过程将导致新话语的产生。这个新话语一方面体现出"杂糅"的特征，另一方面体现出"殖民"的倾向。在 3.2 关于中西医话语互动的讨论中，我们已经看到中西医话语互动导致中医话语中被融入西医术语和语体而产生的"杂糅"，也看到西医话语对中医话语的"殖民"。

关于再情景化造成的"杂糅",除了 3.2 已经讨论的中西医语言使用的杂糅以外,在中国香港出版的美国时尚杂志《都市》(Cosmopolitan)刊登的图片也是一个案例。该杂志中刊登的女性图片,不再仅是西方女性的现代形象,而是加入了许多反映当代中国女性传统形象的图片,体现出西方女性的现代与东方女性的传统杂糅在一起的特征,或曰中西方话语通过再情景化过程在这本杂志上实现的杂糅(Chung and Wu 2012)。这方面另一个研究案例是费尔克劳(Fairclough 1995a)对英国某大学招生简章的分析,他发现招生简章中被融入了许多商业话语的语体和词汇,并认为这种商业话语被"再情景化"于学术话语的现象是生活世界的公众教育已经与金融市场相融合并被金融市场的规则所征服。这个"再情景化"的过程也是话语与权力、意识形态等社会因素相互作用的过程,体现出话语结构与社会结构之间的辩证关系(Wodak and Fairclough 2010)。由于事件或相关文本与其他处于不同时间和空间的事件或文本相连,且相互影响或相互作用,所以考察教育领域与金融市场之间的联系,就需要借助"再情景化"来考察处于漫长时间和广阔空间的事件和文本之间的相互关系,以及制约和影响这些关系变化的话语策略。就费尔克劳研究案例中的英国大学的招生简章而言,这些策略就包括商业领域的语体和词汇被"再情景化"到教育领域的招生简章之中,形成一个两种话语融合在一起的"杂糅"话语,这也是元话语被再情景化的结果。

除了两种话语的融合形成"杂糅"的新话语之外,"殖民化"也是一个相当普遍的元话语被再情景化的现象。因此,可以说,再情景化同时具有殖民化和融合化的特性(Chouliaraki & Fairclough 1999:118)。殖民化的概念指制度世界和生活世界之间的关系(Crossley 2004:37)。制度世界包括涉及经济政治制度的一些固有规则,而生活世界则是个体化的社会行为者相互交流、相互理解的领域。当制度世界的规则入侵到生活世界，经济政治的制度化、结构化会影响甚至破坏个体生活原有的秩序，形成一种话语对另一种话语的殖民。一种话语被再情景化到另一种话语时，被殖民的话语世界的社会活动者会对这种"入侵"的话语进行有倾向性的融合并将其内化。例如，美国嘻哈音乐的歌词、曲式等被再情景化到印度尼西亚、菲律宾等地之后，引起嘻哈音乐在当地的本土化，同时当地人根据这种被再情景化后的音乐形式又创造出新的、具有原创意义的音乐，进而又反过来影响美国嘻哈音乐的发展（Pennycook 2007）。由于元话语被"再情景化"的过程可以产生新的话语，所以"再情景化"往往当作一种话语策略运用在社会实践当中。例如，田海龙（Tian 2010）注意到，在20世纪90年代中国大学实施的教学质量评估中，关于一所大学教学质量的自评报告中有许多关于教学质量的正面评价，其中一些正面评价的语言表达被"再情景化"进评审专家组最终形成的评估报告中，这在一定程度上为该大学利用自评报告对评审专家组的最终评审实施潜在影响提供了可能，这也是"再情景化"作为话语策略的一个案例。"再情景化"的话语策略作用在话语互动过程中也会被社会主体运用，这在第六、七、八章的案例研究中将得到进一步阐释。

通过再情景化过程，元话语被融入另一个话语之中，或形成杂糅，或造成殖民，这实际上体现出一个新的话语被创造出来。田海龙（2019b）通过考察批评话语分析、社会符号学以及新修辞学三种学术话语的超学科交融，发现这三个学术学派之所以不断发展创新，其中的一个原因便是它们彼此将各自的术语、研究方法以及理论"再情景化"到其他学术话语之中，并被其原有的术语、研究方法以及理论"内化"，最终产生新的学术话语。如在《细致修辞：修辞性演说和文本的话语分析》（Johnstone and Eisenhart 2008）一书中，自认为是修辞学家的学者运用以语言学为基础的话语分析理论和方法，对修辞研究关注的科学技术修辞、日常辩论、媒体话语、公共记忆和集体身份等问题进行研究。这些研究以不同的方式涉及修辞的各种问题，但其方法论却集中体现在以经验型、扎根性和人种志为特点的质性研究上面。在这些研究中，批评话语分析的理论和方法被应用在修辞研究当中，如该书前言所讲，"随着修辞研究的重点由构思精细的公开演讲扩展到即时的私下谈话，修辞学家承认需要新的方法，其中一些便可在本书中发现。话语分析家同样会发现新的分析工具。……一言以蔽之，这些研究显示出修辞研究与话语分析的相互补充和彼此丰富。"（艾森哈特、约翰斯通 2014：41-42）这种学术话语在内容上的融合所采用的一个策略就是借助语言的表达，将某一特定学术话语体系中的术语、文体、甚至格式体例融入另一个学科话语体系之中，或者彼此使用对方熟悉的术语和表达方式，而不是一味地强调自身学科的特殊性（田海龙 2015a）。这便是再情景化得以实现的话语策略。

通过讨论元话语被再情景化的过程，我们大致可以认识到这个过程可以形成一个或是"杂糅"或是"殖民"的新话语。同时，如果对这个过程进行分析，我们还需要一个可以操作的、建立在一定理论基础之上的分析模式。对此，田海龙（2016b）提出了一个具体且具有操作性的再情景化分析模式，包括以下几个分析步骤：

1）确定被移动的元话语：包括确定被移动的文本，思考随文本被移动的意义是什么，等等；

2）确定原始情景：包括确定元话语所处的原始时间和空间，思考元话语的制造者及其与接受者是什么关系，等等；

3）确定再情景化的始作俑者：包括确定是谁造成了再情景化过程的发生，等等；

4）确定新的情景：包括确定元话语所处的新时空，思考再情景化的始作俑者与新话语的接受者是什么关系，等等；

5）确定新话语在新情景中的新意义，这涵盖三个层面的新意义：

　　a）对再情景化的始作俑者而言：他的目的是什么？是否实现？

　　b）对元话语而言：元话语与新场景其他构成成分有什么新关系产生？这种新关系产生什么新话语？

　　c）对新话语的接受者而言：他对再情景化的反映是什么？他认定的新意义是什么？他接受还是拒绝他所认定的新意义？

这个再情景化的分析模式体现出元话语与再情景化两个概念的联系，并揭示出元话语如何通过再情景化产生新的意义并形成新话语。这在一定程度上可以帮助揭示话语互动的内在机制，揭示一个话语对另一个话语产生作用的动因。通过将社会活动主体纳入分析的视野，而不是仅仅将再情景化视为元话语由一个情景向另一个情景移动的客观过程，再情景化的概念有力地凸显出元话语的行为规范特性。这个再情景化的分析模式将作为一个具体的分析步骤体现在下一章提出的话语互动分析模型和分析框架之中，并具体应用在后续几章关于话语互动的案例研究之中。这也在一定程度上表明元话语和再情景化作为工具性概念对探究话语互动过程所提供的方法论支撑。

语体链、互语及互文

"语体链"是费尔克劳"辩证—关系"批评话语分析路径中的一个关键概念。"语体"指某一特定社会情境中的某种特定活动类型，这种活动类型体现为一种习俗化的语言使用形式，如呈现为某种文本形式，或某种发言或风格的形式（Fairclough 1995a：14），而"语体链"则涉及语体与语体之间的"链条"式联系和转换，

在社会事件发展过程中使特定的行为超越时空差异链接在一起
（Fairclough 2003：31）。例如，田海龙、陈洁（2012）在对一个
地方政府关于水价调整的征求意见稿进行批评话语分析时发现，
在这个征求意见的话语实践中，有各种各样的语体参与其中，包
括征求意见的政府公文语体、媒体报道征求意见的新闻报道语体
和评论语体，以及提出意见的公众反馈语体，等等。这些体现出
不同做事方式的语体在时间顺序上形成一个前后链条关系，共同
构成这个征求意见的社会事件。

田海龙、陈洁（2012）将这个"语体链"归纳如下：

① 5 月 13 日，官方的亳州先锋网刊出标题为《多省市酝酿
水价上调》的新闻；

② 5 月 29 日，亳州电视台报道该市近期将调整水价并准备
召开听证会的消息；

③ 6 月 10 日，亳州物价局官方网站公布调整方案征求意
见稿；

④ 6 月 12 日，《亳州晚报》刊发题为《亳州市区自来水价格
上调箭在弦上》的报道；

⑤ 6 月 18 日，亳州电视台报道市物价局召开水价调整方案
征求意见座谈会的新闻；

⑥ 6 月 30 日，水价调整听证会召开；

⑦ 7 月 2 日，《亳州晚报》报道听证会召开的消息；

⑧ 7 月 24 日，《亳州晚报》以《这轮水价上涨酝酿已久》为
标题的评论。

这些在 6 月 10 日"征求意见稿"发布前后的关于水价调整的
电视新闻、报纸或网络媒体的新闻报道、评论以及听证会等多种
语体形成了一个语体链，成为该地方政府发布的有关水价调整的
要点总结或可行性论证。例如，5 月 13 日亳州先锋网刊发《多省
市酝酿水价上调》一文，为水价上调预热；在 6 月 12 日《亳州晚

报》刊发的《亳州市区自来水价格上调箭在弦上》这篇报道中，首先报道了上调方案内容，然后以采访的形式报道居民对水价调整的理解和支持，并以背景介绍的形式说明亳州缺水的现状；在7月24日《亳州晚报》《这轮水价上涨酝酿已久》一文中，记者对清华大学水业政策研究中心主任进行采访，该专家分析了两个水价上涨的深层原因，意为水价上涨是合理的。这些不同的语体是参与社会实践的形式，而如此形成的语体链也体现出政府调整水价的话语在征求意见话语实践中的主导地位。

　　与"语体链"的概念类似，"互语"的概念也是费尔克劳批评话语分析路径中的一个重要概念，体现出话语与话语之间的某种联系。在费尔克劳提出的五步分析框架（Chouliaraki and Fairclough 1999，亦可参见上一节的讨论）中，最为核心的是"互动分析（interactional analysis）"和"结构分析（structural analysis）"两个部分（田海龙、陈洁 2012）。这里的"互动分析"与本书关注的"话语互动"概念不同，只是包括"互语分析（interdiscursive analysis）"和"语言/符号分析（linguistic and semiotic analysis）"两个分析步骤的一种分析话语的方法。"互语分析"在费尔克劳的分析框架中用来揭示体现在文本中的一个话语与该文本外其他话语之间的关系，主要说明哪些话语和语体被用来生产该文本，以及这些话语和语体如何通过文本联系在一起，而"语言/符号分析"在费尔克劳的分析框架中包括对文本整体结构的分析、以及小句整合、小句以及词汇等的分析。根据田海龙、陈洁（2012）对一个地方政府关于水价调整的征求意见稿进行的互动分析，发现在征求意见的话语实践中有多个话语参与其中，例如，除了政府话语和公众话语之外，还涉及法律话语以及关于周边地区水价调整的话语。这些"话语"之间的相互联系体现在征求意见稿的文本当中，共同生产出这个征求意见稿文本，形成费尔克劳（Fairclough 2003）所说的"互语"现象。

具体来讲，这个"征求意见稿"由四个部分组成，即①水价调整的依据；②水价调整方案；③水价调整后的配套措施；④水价调整对城市居民的影响。水价调整的依据包括法律依据、政策依据、现行成本和周边地区水价。最后两部分内容，即水价调整后的配套措施和对居民生活的影响评估，本质上也是水价调整的依据，其目的是为了说明调价不会对居民生活产生大的影响，也就是说价格上涨是可行的。这样，该"征求意见稿"实际上由政府的调整依据和公众关心的信息两部分话语内容组成。这两部分内容在行文中交替出现，形成一种"互语"关系，构成了政策形成的过程，即政府依据法律和政策，考虑现行成本和周边地区水价因素，在跟进水价调整后的配套措施、确保水价调整不会对城市居民生活造成影响的情况下，提出水价调整的方案，并详细加以说明。如此，这个"征求意见稿"中体现的不同话语之间的"互语"联系，表明这个征求意见稿实际上是一个由"解释向教育转换"的过程。征求意见者虽然以征求意见的语体发布这个水价调整的"征求意见稿"，但这个"征求意见稿"并没有和公众"讨论"水价调整的方案，而是在单方面向公众推销政府拟采取的方案，在说服公众接受这个"被征求意见"的方案。

与费尔克劳一样，另一位批评话语研究的领军学者沃达克在其对"奥地利优先"请愿书的分析中也用到一些工具性概念，其中就包括"互语""互文"等概念。下面我们也对沃达克运用这两个概念的方式进行讨论，以发现其对研究话语互动的启示。

"奥地利优先"请愿书由奥地利自由党（FPÖ）在1992年12月提出，于1993年1月进行全民公决，共有417278名奥地利人签名，被认为是"排外运动的开端，这个运动加剧到1999年具有种族歧视和排外性质的国会议席的选举"（Reisigl & Wodak 2001：144）。分析这个请愿书获得这么多人支持的原因，沃达克将这个奥地利自由党的种族歧视话语与其发生的政治领域联系起来，发现它与六个政治活动领域相关，即法律制定领域、政党内部政策制定领域、公众政治意见形成领域、政治宣传领域、政治管理领域和政治控制领域。同时，沃达克还发现这个自由党的种族歧视话语体现在多种语体之中，如在制定法律的领域里，其话语体现为"避难法""议员演讲""报告和法案"等语体；在制定政党内部政策的领域里，其话语体现为自由党的纲领这样的语体；在形成公众政治意见的领域里，其话语体现为"新闻发布会""新闻报道""采访以及民意调查"等语体；在政治宣传领域里，其话语体现为"宣传广告""宣传册""演讲"等语体；在政治管理领域里，其话语体现为"政府文件""报告""决定"等语体；在政治控制领域里，其话语体现为"议会提问""宣言""新闻发布会"等语体。这些政治活动的领域以及这些政治活动领域中体现政治活动的语体涉及许多话语主题，包括：涉外政策、对奥地利特征的威胁、失业的增长、资源限制、外国人犯罪、移民控制、对外国人的歧视、机构种族主义、侵犯人权、抵制种族歧视、要求被承认等。沃达克（Wodak 2012）认为，这些政治活动的领域、以及政治活动领域中的各种语体和所涉及的众多主题构成了话语与话语、文本与文本之间相互联系的基础。

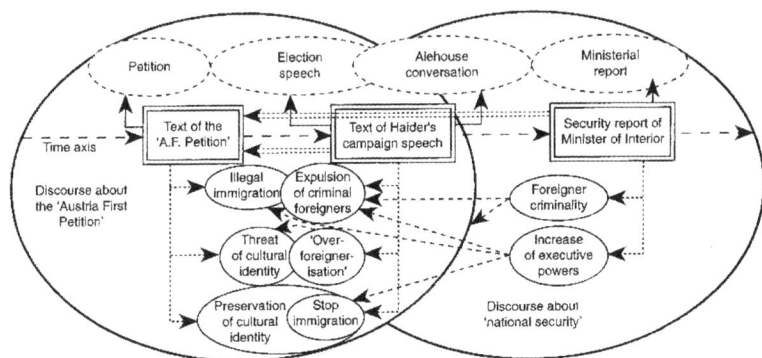

图 4.1　话语之间、文本之间的主题联系（源自：Reisigl & Wodak 2001：39）

图 4.1 表示出沃达克对"奥地利优先"话语进行互语分析和互文分析时话语与话语、文本与文本之间体现在主题相关性上的跨领域联系。

在图 4.1 中，左边的椭圆代表"'奥地利优先'话语"，右边的椭圆代表"奥地利国家安全话语"。两个话语都包含一些主题（由大椭圆中的小椭圆表示），如"非法移民（Illegal immigration）""对文化认同的威胁（Threat of cultural identity）""外国人犯罪（Foreigner criminality）"，等等。这些主题之间存在各种各样的关联，如"奥地利国家安全话语"中的"外国人犯罪"主题与"'奥地利优先'话语"中的"驱逐犯罪的外国人（Expulsion of criminal foreigner）"之间存在因果关系。这些主题之间的关联由主题之间的虚线箭头代表。沃达克在研究中发现，这两个话语之间存在着千丝万缕的"互语"关系。这种"互语"关系主要体现在两个话语从事的相同的社会实践上面，如"'奥地利优先'话语"隐含着种族歧视的意识形态，进行着排除异己的社会实践，而"奥地利国家安全话语"隐含着外来人口容易犯罪的意识形态，进行着抵制外来人口的社会实践，因此，这两个话语有着参与社会实践的共同特征，它们排除异己、抵制族外人的共同主题构成了这两个话语联系的基础。同时，两个话语所处的活动领域、在时间轴上进行的两个话语中的各种演讲、以及这些演讲和文本所涉及的相同主题，都在一定程度上构成了这两个话语形成"互语"关系的纽带。

在"'奥地利优先'话语"与"奥地利国家安全话语"彼此之间通过各种形式的纽带形成"互语"关系之时，作为这两个话语体现形式的文本彼此之间也形成特定的"互文"关系。"互文"这个概念很直观地表明文本与文本之间相互参照，彼此牵连，形成一个潜力无限的开放网络，以此构成文本过去、现在、将来的巨大开放体系和演变过程，以至于每个文本都在对其他文本的吸收与转化过程中产生（Kristeva 1986）。从形式上看，文本与文本之间的"互文"关系通过一定的语言形式反映出一个文本中存在着以各种多少能辨认的形式体现的其他文本，这个文本通过引用、改写、吸收、扩展、或在总体上加以改造其他文本的方式与它们建立一定的关系。有些互文关系是显而易见的，由直接引语，部分直接引语，以及间接引语来体现。有的互文关系就比较隐蔽，需要文本解读者通过自身的知识背景来对比其他可能的文本才能发现互文性的存在。就"'奥地利优先'话语"而言，其中各文本之间的互文关系就是通过文本所体现的主题联系体现的。

具体来讲，"'奥地利优先'话语"由两个文本体现，一个文本是请愿书文本（由左边大椭圆中靠左的大方框代表），另一个文本是全民公决过程中自由党领袖海德（Haider）的演讲文本（由左面大椭圆中靠右的大方框代表）。请愿书文本是"请求全民公决"的政治语体，属于政治控制的政治活动领域。海德所作的演讲既包含选举演讲的成分又包含对话的成分，所以是一个综合性的语体（语体由最上方的虚线椭圆代表）。这两个文本之间的关系表现在：1）第二个文本发表在第一个文本之后，如在第二个文本中有"正如我们在请愿书中要求的那样"的词语；2）第二个文本与第一个文本有一些重叠的主题，如非法移民的主题与驱逐犯罪外国人的主题重叠。3）第二个文本明确前指第一个文本中的主题，例如，在第二个文本中，"正像我们在请愿书第六条中强调的那样"这句话就起到连接两个文本的作用（Wodak 2012）。

不仅如此，沃达克的"互文"分析还超越体现一个话语的两个不同文本的联系，将"互文"分析扩展到体现两个话语中的多个文本之间的联系上面。例如，在对"'奥地利优先'话语"进行分析时，沃达克还对"奥地利优先"话语中的两个文本（请愿书文本和海德演讲的文本）与"奥地利国家安全话语"中的内务部长的安全报告文本（由右边椭圆中的大方框代表）之间的关系进行了"互文"分析，发现请愿书文本和海德的演讲都与安全报告文本在主题和内容上有重叠，因而都涉及有关国家安全的问题，都存在种族歧视的意识形态，也进行着抵制外来人口的社会实践。

由此可见，沃达克对"'奥地利优先'话语"的分析，不仅观察它与"奥地利国家安全"话语的关联与互动，借此发现话语之间的"互语"关系通过政治活动的领域、政治活动领域中的各种语体以及所涉及的众多主题联系在一起，而且观察体现不同话语的不同文本之间的关联与互动，借此发现不同话语中的不同文本之间的"互文"关系通过起到"所指"作用的词语贯穿起来，并通过文本间主题的相关性来实现。

需要指出的是，沃达克对"'奥地利优先'话语"的分析中，其对"互语"概念的理解与费尔克劳的理解不尽相同。"互语"对于费尔克劳而言，是多个话语相互作用，但最终产生一个新的文本，如"征求意见稿"文本就是在多个话语相互指涉这个"互语"过程中产生的。然而，"互语"对于沃达克而言，则存在于通过主题关联而相互作用的两个话语之间。尽管如此，"互语"的概念，包括"语体链"和"互文"的概念，都对研究社会网络中的话语互动提供了很有使用价值的工具。它们也会被创造新的融入话语互动研究的分析框架之中。

指向意义与指向秩序

"指向意义（indexical meaning）"和"指向秩序（indexical orders）"这两个工具性概念都与"指向性（indexicality）"这个概念相关。"指向性"实际上是指一种方式，借助这种方式一个具有意义的符号（包括语言符号）指向它经常出现的那个或多个情景（Yoder and Johnstone 2018），因此，"指向性"可以阐释一个具体的符号如何产生不同的意义（指向意义）以及这些意义以什么方式彼此建立联系（如体现为类似"指向秩序"的联系）。在语言人类学和社会语言学中，"指向性"不仅可以用来描述一个具体的语言符号和社会情景之间的联系（Bucholtz & Hall 2005; Johnstone 2010; Ochs 1992; Silverstein 1985），而且还可以用来描述特定的语言符号如何唤起它所存在的话语情景。例如，约德和约翰斯通（Yoder and Johnstone 2018）通过观察美国匹兹堡 2017 年的市长竞选中围绕"自行车道"的争论，发现"自行车道"这个语言符号引发四种不同的指向意义。在他/她们观察的包括新闻报道、微博评论等语料在内的 40 篇文章中，一共有 216 个"自行车道"这一语言符号，其中 81 个指向物理空间，即与机动车道分离的、供自行车骑行者专门使用的车道；87 个指向使用功能，包括对自行车骑行者来说具有安全性，对机动车驾驶员来说产生某种不方便，等等；17 个指向社会身份，如使用自行车道的多为年轻人、城市的外来者，不使用自行车道的多为久住该城市的居民，等等；60个指向城市的未来，如 21 世纪的城市应该拥有自行车道，自行车道可以使城市更加环保，更加人性化，等等。在这 4 个话语情景中，"自行车道"这个语言符号分别具有不同的指向意义，如当"自行车道"指向"使用功能"的语境时，它既可以具有"安全"的指向意义，又可以有"不方便"的指向意义，因此，对建造"自行车道"持有不同意见的人便可以用同一个语言符号（自行车道）来表达彼此对立的政见，实现奇尔顿（Chilton 2004）指出的那种"政治话语的指向性运作"，即通过选择使用语言的不同特征来表示政见的不同。可见，"指向意义"与符号（包括语言符号）的"指称意义（denotational meaning）"不同，它不是字典里通常表述的语言符号的意义，也不是单纯地、直接地指语言符号本身所具有的联想意义（associative meaning），如语义学划分出的内含意义、社会意义、情感意义、反映意义、搭配意义（Leech 1974）。"指向意义"是一个语言符号通过指向它所存在的情景而产生的联想意义。

通常，一个语言符号可以指向不同的情景，因而可以产生不同的"指向意义"。例如，"茶"这个名词作为语言符号，其指称意义表示一种"长圆形或椭圆形，先端钝或尖锐，基部楔形，上面发亮，下面无毛或初时有柔毛，边缘有锯齿，叶柄无毛"的植物；除此之外，"茶"还可以指向一个或多个特定的社会情景，如可以出现在播放某位专家谈论采茶和制茶艰辛过程的电视节目中。如果这个电视节目被反复地播放，人们就会不断地被动接受并最终认为"茶"这一名词同"艰辛的采茶和制茶过程"之间的意义联系。一旦这种意义关联建立起来，当人们在电视节目情景以外的某个情景（如喝茶的情景）谈及"茶"这一名词时，也会自觉或不自觉地把已经获得的有关这个词的关联性意义同当前喝茶的情境联系起来。如此这般，当一个语言符号出现在不同情景中时，不同的人就会把它和不同的情景进行联系。因此，赵芃（2021a）指出，一个语言符号产生多个"指向意义"，并不是因为它本身具有多个"联想意义"（Leech 1974），而是因为它指向某个特定的情景之后又指向其他的情景，而这个语言符号也会因其在第一个情景中所获得的意义与情景的联系发生转移而产生新的"指向意义"。

一个语言符号由其所处的不同情景引发的多个"指向意义"彼此之间的关系不是同时产生的，而是具有先后次序的；也不是平等的，而是具有层级特征。例如前述的"自行车道""茶"，这两个语言符号有多个指向意义，但这些指向意义的产生具有先后次序，也具有层级特征。指向意义的这两个特征在西尔弗斯坦（Silverstein 2003）看来是有意义的，因为一个时间点上或者层级上的语言符号如果能够成为另一个时间点或层级上的语言符号，换言之，一个语言符号在一个情景中产生了指向意义之后如果能够在另一个情景中再产生另一个指向意义，那么，这一定是该语言符号被一种新的思想图式（如意识形态）重新解释的结果。例如，"自行车道"首先出现在谈论物理空间的情景中，代表与机动车道分离的、供自行车骑行者专门使用的车道。"自行车道"之所以进入另一个情景，即谈论其功能的情景，是因为人们认为建造自行车道一定是要服务某种目的。依据这一意识形态图式重新解释"自行车道"在前一个情景中（物理空间）产生的指向意义，"自行车道"这一语言符号就在新的情景中（谈论其功能的情景中）产生出新的指向意义，如对于赞成修建"自行车道"的人而言，"自行车道"表示"安全""健康出行"，而对于反对修建"自行车道"的人而言，"自行车道"则表示"城市拥堵""不方便司机开车"（Yoder and Johnstone 2018）。

西尔弗斯坦（Silverstein 2003）用"指向秩序（indexical order）"这个概念来描述这些在不同层级情景中产生的指向意义。他将一个语言符号最初产生的指向意义标注为"n"，随后产生的第二个指向意义标注为"n+1"，第三个指向意义标注为"（n+1）+1"，第四个指向意义标注为"[（n+1）+1]+1"。依此类推，以至这些指向意义有机地组合成一个由不同层级构成的连续体，称为"指向秩序"。指向秩序不仅体现出不同指向意义之间具有先后次序和不同层级的关系，而且还表明不同层级的指向意义一旦被贴附到语言符号上，不仅可以使这些不同的指向意义创造性地彼此叠加并相互对立，而且还可以提供相似性和稳定性的感知，这些感知可以被视为符号的"类型"，具有可预测性或期待性（Agha 2003，2005），以及一定的建模性和规范性（Blommaert 2010）。换言之，"指向秩序"这一概念预设了一种意识形态，依据这种意识形态便可以对语言符号在一个情景中的运用进行"创造性"的解释，以此形成该语言符号在另一个情景中的指向意义。例如，成年人在与儿童交谈时会使用比较简单的词语和句式，这种模仿儿童说话方式的说话方式通常被视作"儿语"。这一情景反复出现，久而久之就会被固化为某种特定的语言使用方式（相似性和稳定性的感知），被认为是"如果这样说话就是在和儿童讲话"。如果这样的语言方式脱离"与儿童讲话"的情境而在其他情景下使用，如出现在和其他成年人谈话的情景之中，那么关于这种说话方式的认识（意识形态图式）就会发生作用，以至于人们会依据这一"意识形态图式""创造性"地认为采用这种说话方式的人听上去像个家长，而受话者则被赋予了"儿童"的身份（建模性和规范性）。赵芃（2021a）用这个例子形象地说明了在新的指向意义产生过程中意识形态所起的作用。

根据西尔弗斯坦关于指向秩序的论述（Silverstein 2003），在某个事物或现象的初始阶段，会有一定数量的群体显得突出，并且该群体的说话方式中有一个显著特征会引起人们的注意。一旦该特征被识别并认可，人们就可以将其从所在语言环境中提取出来，并将其当作这个群体的指向性标志。最后，在人们的意识形态中，这个明显的语言特征就指向了这个群体，且一旦这个语言特征被使用，使用者就会与该特征所属的原始群体产生指向性联系，这种联系或具有归属性的特征，或具有附属性的特征。张青（Zhang 2005，2008）注意到中国在改革开放初期，随着外资企业的产生在北京出现了一种被称作"雅皮士"的新的社会阶层，即在外商独资企业工作的年轻经理人。"雅皮士"的言谈方式中有一个明显的特征，就是使用全音调，如"学生"不说成北京人通常说的[xuēsheng]，而说成[xuēshēng]，即把"学生"的"生"以重音的方式说出。这种发音主要出现在外商独资企业中，对于北京人来说是完全陌生的，且从未出现在国有企业员工的说话方式之中。"雅皮士"的这种说话方式在外商独资企业中使用，形成了一种特别的说话风格，同时，这种说话风格也具有了新的指向意义，如代表有别于国企的外商职员身份。这种说话风格进入另一个层级，如在其他语境中使用，使用这种说话方式的人就被贴上了"雅皮士"的标签。可见，指向意义及其秩序也是研究讲话风格如何形成的概念性工具，并构成从社会语言变异角度进行风格研究的基础（Zhang 2018）。

　　"指向意义"和"指向秩序"这两个工具性概念对于分析话语互动的机制非常有用。在第六章讨论"自下而上"纵向话语互动时会看到，当处于较低社会层级的社会主体使用的语言进入一个较高层级的语境时，这个语言符号在原语境中的指向意义就会发生变化，或者说会产生一个新的指向意义。这种情况在横向话语互动中也会出现，如在中西医话语互动中，中医的语言符号在中医语境中具有"辨证施治"的指向意义；然而，一旦这些语言符号进入西医语境之中，这种在原始语境中的指向意义就发生变化，生成类似"旧的""保守"的指向意义。这与"自上而下"纵向话语互动中处于较高社会层级的话语对处于较低层级的话语作用需要处于较低层级社会主体对相关因素进行社会认知（语境模型）来实现有所不同。语境模型的概念可以阐释话语互动如何被认为导致相向而行的后果，而指向意义和指向秩序的概念则对话语互动如何被认为造成区别和张力提供一种阐释。对此，我们将在后续的案例研究中进一步讨论。

4.3 小结

　　这一章我们讨论了话语互动研究需要依据的一些理论原则和工具性概念。总体来讲，本书关注的话语互动研究是基于批评话语研究所倡导的理论原则，尽管在研究对象上与其关注话语本身有所不同。4.1 的讨论表明，批评话语研究在批评视角方面的创新为话语互动研究提供了具有意义的启发，以至于本书作者能够深化其十多年前关于"优角""钝角"和"锐角"等批评视角的探索

（田海龙2019），将话语互动研究的重心置于探索其内部运作机制上面。批评话语研究拓新其理论视野，挖掘马克思主义关于生产关系和生产条件的论述对于话语研究的意义，为话语互动研究探索话语互动如何产生新话语提供了借鉴。批评话语研究在研究方法上的更新，其注重分析步骤、注重分析框架的可操作性这一特点，为本书提出话语互动研究的分析框架和分析模型奠定了方法论的基础。4.2 关于在批评话语研究中普遍应用的一些工具性概念的讨论，则为更加专业、更为深入的探究话语互动的过程和机制提供了切实可行的分析工具。接下来在第五章，我们将提出一个话语互动研究的路径，包括"三维—双向"分析模型和"双层—五步"分析框架。

第五章　话语互动的研究路径

　　上一章对以语言与社会辩证关系为研究对象的批评话语研究范式进行梳理，发现批评话语研究在研究理念和研究方法方面对话语互动的研究具有启示意义。批评话语研究的一些理念和原则为本书的话语互动研究奠定了理论基础；批评话语研究中普遍应用的一些概念，也为本书的话语互动研究提供了方法论的支撑。以这些理念和概念为基础，在这一章我们提出一个进行话语互动研究的新路径。虽然这个新路径在一定程度上建立在以往话语研究路径的基础之上，但是，与以往批评话语研究领域专注话语本身研究的两个典型路径不同，它聚焦话语互动，探究不同话语之间的相互作用和影响，因此在 1.3 中我们称之为"第三个研究路径"。这个新路径包括一个"三维—双向"分析模型和一个"双层—五步"分析框架，体现出一定的系统性，既展现出话语互动研究的整体格局，又聚焦话语互动研究的具体方法步骤，而且还直面一系列话语互动的实际问题，并试图提出解决方案；这些问题包括：话语互动的具体方式是什么？它们如何体现在语言使用和社会因素两个层面上？不同话语之间的相互作用如何通过镶嵌其中的社会因素来实现？具有意识形态取向的话语互动主体如何影响话语互动的结果？话语互动在社会网络的纵向层级空间如何实现？与横向跨领域空间的话语互动在方式和特征方面有何不同？跨越时间的历时话语互动又是怎样一种情况？对于这些问题，现有的话语研究理论和方法只是提供了研究理念和原则，并没有提出具体和操作性强的分析步骤；而关于"言语互动"的互动社会语言学以及关于"符号互动"和"社会互动"的社会学也没有提供可深入研究和借鉴的具体案例。

然而，一个综合性的、可操作的研究路径对探究错综复杂、动态变化的话语互动过程无疑是需要的，这不仅是解决理论和学术问题的需要，而且是解决实际操作问题的前提，更是将话语研究的理论方法推向纵深的话语实践。鉴于此，本章提出的包含"三维—双向"分析模型和"双层—五步"分析框架的话语互动研究路径，一方面在宏观上展现社会网络中话语互动的立体图景，另一方面在微观上提供关于这个网络中任何一个节点上发生的话语互动的具体分析步骤。

5.1 "三维—双向"分析模型

在详细阐述这个分析模型之前，有必要说明它对于现实研究来说是需要的，也有必要说明它的理论依据。第四章对批评话语研究最新研究理念和研究方法的讨论表明，批评话语研究在坚持批评话语分析注重对语言使用的语言学分析、并对其分析方法有所更新的基础上，积极回应社会发展中出现的新问题，创新理论建构，拓宽研究视野。同时，我们也发现话语与话语之间的联系与互动在批评话语研究领域也有进一步深入研究的空间。这一点在本书的引言部分也有所提及。例如，费尔克劳虽然提出了社会实践网络这一研究命题，认识到话语互动研究的必要性，但是在研究方法方面还没有提供一个可操作的分析框架。沃达克的研究也是如此。在认识到话语与话语之间的互语和互文关系之后，所提供的分析框架也没有对深入阐释历史因素与话语之间的相互影响提供帮助。不仅如此，国内批评话语研究的现状也表明关于话语互动的研究在理论和实践上都有待进一步深入。因此，在 5.1 具体阐述这个"三维—互动"分析模型之前，有必要结合后现代主义的学术思想对国内批评话语研究的一些问题进行反思，认识这个分析模型在学术研究方面的现实需求以及它的理论依据。

现实需求与理论依据

讨论"三维—双向"分析模型的现实需求，除了需要认识国外批评话语研究提供的研究空间以外（见 1.2 的相关论述），同样需要认识国内批评话语研究领域发展创新的现实需求。从 1995 年国内发表第一篇批评语言学的论文算起（陈中竺 1995），近 30 年的时间里批评话语研究在中国经历了阐释、思考、应用的发展历程（田海龙 2014a）。虽然论文数量不断增多（相关综述分析参见穆军芳 2016；朱慧超、李克 2017），但是在研究深度和创新程度方面还有很大空间。这方面的滞后在一定程度上源自研究方法的陈旧，理论创新意识不足，以及观念更新缓慢。

首先，在研究方法方面，目前国内的许多研究还在依照费尔克劳三十多年前提出的三维分析框架，对其新的分析框架全无应用。诚然，进行批评话语研究要对文本这一话语的体现形式进行语言学分析，如运用认知语言学、系统功能语言学、语料库语言学提供的分析工具，但是，在实际研究中为了保证研究结果的可信性，应用批评话语研究的分析框架也是必不可少的（田海龙2016c）。这些分析框架，如费尔克劳几度更新的分析框架（可见4.1 中的相关内容），以及在 4.2 中讨论的"语体链""互语""互文""再情景化""指向性"这些工具性概念，都体现出批评话语研究对社会生活中话语作用的新认识，因而在实际研究中应用这些概念和框架对于增强研究的可信度更有保证。在这方面，我们需要更新观念，更需要有所创新。

其次，语言学范式的话语研究进入批评话语研究的新阶段，需要面对新的社会事实给批评话语研究带来的挑战，因而也要为迎接挑战拓宽理论视野，这便需要更加注重理论建构和概念更新，需要借鉴后现代社会理论中那些涉及话语研究的学说，发展批评话语研究新的理论和概念体系。批评话语分析曾经被认为是一种话语分析的方法（van Dijk 2001b），但批评话语研究致力于发展的已不仅仅是分析方法，而是能够阐释社会现象的理论。这一新动态对于我国学者的启示在于我们不能仅仅满足于具体案例的分析，而是要从具体案例的分析这类应用型研究中归纳和提升出具有学术价值的话语理论。

第三，在研究理念方面，还有一些研究纠结在"批评话语研究是否客观"的问题上面。尽管有些文章介绍新的批评话语研究的方法，如介绍论式（topos）话语分析的方法（李媛、章吟 2018），但是，在谈及批评话语分析存在的问题时也认为批评话语研究的一些"分析结果受到研究者主观偏见的影响"（同上）。还有文章（如郭庆民 2016）认为批评话语分析在实际分析中，"特别是在'批评'层面，主观倾向依然严重存在"，并试图探讨提高批评话语分析的"客观性和科学性的有效途径"。在批评话语分析的学者致力于探索如何使批评话语研究更具学术性、更符合社会科学的研究规范、更能帮助人们认识社会现象本质这样的学术发展背景下，还习惯于以批评话语分析缺乏客观性对其进行质疑，如果不是"学界还习惯于用科学客观主义的标准来衡量已经以阐释为中心任务、以批评为主要目的的批评话语分析"（许力生 2013），至少也表明从事批评话语研究的理念还未摆脱现代主义和科学实证主义的束缚，还未注重社会网络中话语相互作用的动态变化特征。这方面的一个例证便是目前许多批评话语研究的案例过多地注重文本与文本之间表达方式的比较。这种"比较式"的研究发现了文本间静态的异同，但是，在解释造成这种异同的社会文化原因方面却停步不前。对此，田海龙（2019a，b，c）从知识的交汇与融合、对批评话语分析发展历程的回顾及对其研究新动态的分析等角度呼吁关注话语与话语的联系，研究话语间动态的、实时变化的相互作用，在一定程度上体现出批评话语研究前行的一个方向。

以上这三种阻碍批评话语研究在国内进一步深入发展的原因彼此相关，缺乏创新意识是因为观念更新缓慢，这两个原因又导致研究方法陈旧。因此，我们需要借鉴后现代主义的哲学思想，这不仅是因为批评话语研究是在后现代主义思想的基础上发展起来的一个语言学研究范式，而且是因为它可将批评话语研究与以现代主义为基础的语言本体研究区别开来。使研究的观念和理念得到更新，对话语互动的研究更具启发意义。实际上，在 2.2 中讨论的符号互动论的一些观点，如任何一个活动的意义不是事先确定的，而是在活动与活动之间的相互作用过程中产生的，就体现出后现代主义的基本思想。可见，只有观念更新才有可能提出新的研究路径和新的研究方法。我们提出的话语互动研究课题以及"三维—互动"分析模型和"双层—五步"分析框架便是这样一个研究思路的成果。

后现代主义思潮是对现代主义声称的某些观点的重写；虽然在时间上出现在现代主义思想之后，但是学者们一般不认为两者的区别体现在时间的前后上面，而是更强调后现代主义的哲学思想，包括体现在社会科学诸多领域里反现代主义的各种思想。就对语言的认识而言，后现代主义的观点体现为对结构主义语言观的批判，故也称为后结构主义（Baxter 2003：6）。与结构主义认为语言是一个独立封闭的系统、与语言使用和使用语言的人和机构没有任何联系这种观点不同，后结构主义的语言观则认为语言使用和与语言使用相关的社会因素二者密不可分。如果说"语言"这个概念是现代主义的产物，那么，按照我们在第二章对"话语"概念的阐释，"话语"就体现出后现代主义（包括后结构主义）的思想。换言之，后现代主义关注的研究对象已由孤立、静止、封闭的语言系统转为活生生的、实际运用的言语和符号，以及与这些语言使用纠缠在一起的社会主体，包括这些社会主体的社会地位和意识形态。

后现代主义的语言观是一种全新的语言观，其要点依据田海龙（2014b）的归纳至少包括以下几点：

1）意义不是靠系统内部语言成分（或符号）之间的相互关系确定的，而是由社会主体通过话语事件之间的联系建构的，因而是历史的、动态的、变化的和不确定的。

2）权力贯穿语言使用的全过程。不论是话语还是符号，它们在社会语境中的运用与不同的权力关系纠缠在一起，不仅成为权力斗争的场所，也是权力斗争的一个内容；任何社会主体在其获得权力的斗争中都不可避免的要取得对话语的控制，甚至获得话语和符号这个资源本身。

3）由于权力运作于话语和符号之中，话语或符号对事实的再现便不能洁身自好；它不可能再真实的再现事实，只能依据处于主导地位的社会主体的兴趣对事实进行不同程度的折射。所以，意识形态便与话语或符号紧密地纠缠在一起。

4）由此，话语和符号再现社会事实的作用更多的变为它对社会事实的建构。它不再像语言那样是人们交流的工具，而成为社会主体建构身份、建构事实以及建构彼此关系的手段。

这些后现代主义的思想体现在西方语言哲学家的著作里，包括福柯（Foucault）、德里达（Derrida）、布迪厄（Bourdieu）、哈贝马斯（Habermas）、以及巴赫金（Bakhtin）等人的著作。这些语言哲学家的思想体现出西方哲学的语言学转向，即西方哲学经过关心"研究对象是由什么构成的"这样的本体论阶段和关心"我们是如何认识对象的"这样的认识论阶段之后，西方哲学家把关心的问题集中在"我们是如何表述对象的，语言是如何呈现对象的"上面。哲学的关注焦点之所以转向语言，是因为哲学家看到语言在社会建构中所起到的重要作用。

事实也是如此。自 17 世纪以后的三百多年间，笛卡尔"现代哲学"以及"科学"与"理性"的思想受到广泛的吹捧，成为那个时代的主流。人们试图用自然科学的标准衡量一切事物，普遍认为一切有意义的问题都可以通过科学实证主义的实验手段得到检验，获得确定答案。然而，这种在研究方法上体现为逻辑实证主义的现代哲学思想，从 20 世纪后半叶起遭遇西方学术界的质疑。正如刘亚猛（2008）指出的那样，这种质疑使西方思想学术界开始从对科学理性不加分析的盲目信仰中醒悟过来，并且越来越清楚地认识到语言在社会生活中的建构作用。如此不断冲击在西方保持统治地位三百年之久的现代主义智力，最终导致后现代主义思想引领西方哲学的语言学转向。

不可否认的是，社会发展的现实为西方哲学的语言学转向提供了催化剂。第二次世界大战以后，一些发达国家从以现代制造业为主的社会进入以服务业为主的社会，生产线上的工人不再仅仅从事生产，他们和顾客打交道的机会越来越多，推销产品的活动对语言的需求也越来越强烈。与此同时，消费经济、保险以及电话销售等行业也越来越多的需要借助语言来实现新的经济增长。随着数字通信、电脑、网络通信等新技术媒体进入大众的日常生活，网络销售以及信息服务等新兴行业对语言运用的要求也越来越细致入微，而且新闻媒体、广告商以及播音员也对语言的运用进行改造，创造出新的词汇和表达。在这种社会环境中，语言也成为商品，在推销其他产品的同时也被推销，不仅成为那些试图通过语言实现自身目的的社会主体的关注重心，也成为解构其神秘功能、探索其巨大力量的学者关注的焦点。

后现代主义的语言观为我们展现了话语在社会生活中的重要作用。同时也使我们认识到，社会生活是一个互联互通的立体网络，话语与话语之间的相互作用离不开社会这个网络，而且，话语与话语的相互作用也是多维度、双指向的。思考这些问题促使我们提出一个话语互动的分析模型。

分析维度与向度

在这样的学术背景下，我们提出一个话语互动分析模型，作为批评话语研究在理论方法方面的一个创新性尝试。这个创新性尝试不是空穴来风，因为它回应着新时代社会变革对新的理论和方法的呼唤。这个创新尝试也不是无源之水，因为它吸吮着批评话语研究领域众多有益的概念和主张。同时，上一章讨论的"元话语""再情景化""语体链""互语""互文""指向意义""指向秩序"这些工具性概念在实际案例研究中应用取得的一些成果（如Tian 2015，2020），都给予这个分析模型一定的养分和启发。

这个"三维—双向"分析模型可以用图 5.1 表示出来。

在这个分析模型中，四个椭圆分别代表四个话语，它们彼此之间具有一定的联系，或为纵向联系，或为横向联系，或为历时联系，通过纵向、横向和历时的联系这四个话语形成一个话语互动的立体网络。这与 2.3 中讨论的话语互动凸显话语间相互关联与互动的特性一致，而每个话语中的语言使用与社会因素两个层

面以及二者之间的辩证关系构成话语的社会实践特性，也与 2.1
中对话语的讨论内容一致。在这个"话语互动"过程中，话语之
间的互动体现在话语与话语在"语言使用"层面的互动，但是这
种语言使用层面上的互动又受到相关话语所体现的社会因素的制
约，同时也在互动中形成新的关系。对此，"双层—五步"分析框
架将提供深入探究的具体步骤，而"三维—双向"分析模型则在
整体上体现出话语在社会网络中彼此互动和影响的立体图景。

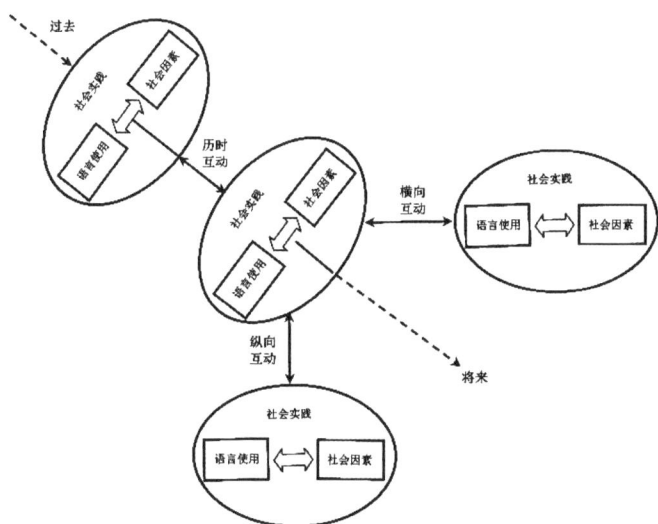

图 5.1　"三维—双向"话语互动分析模型（出处：田海龙 2021a：19）

　　话语间纵向的联系由最下方的椭圆与处于中心位置的椭圆之
间的双向实线箭头表示，称为"纵向话语互动"。这种纵向话语互
动表明：1）处于社会网络中较高层级的话语可以作用于处于社会
网络中较低层级的话语，这种作用具有规范和调节的作用；2）处
于社会网络较低层级的话语也可以作用于处于社会网络较高层级
的话语，这种作用虽然不具有规范和调节的作用，但也可以在一
定程度上影响处于较高层级的话语，形成对较高层级话语的挑战。

话语间横向的联系由处于中心位置的椭圆与最右边的椭圆之间的双向实线箭头表示，称为"横向话语互动"。这种横向话语互动表明：1）处于平行位置上的两个话语源自两个不同的领域，二者之间的互动实际上是两个领域之间的相互影响；2）这种互动是双向的，彼此都可以影响对方，但是，这种影响不一定是彼此的规范和调节，而是更明显地形成彼此杂糅的结果，其中相互杂糅在一起的话语或语体彼此之间的关系也具有等级和不确定的特性。

话语间历时的联系由左上方的椭圆与处于中心位置的椭圆之间的双向实线箭头表示，称为"历时话语互动"。这种历时话语互动表明：1）过去的话语（由左上方的椭圆表示）可以对现在的话语（由中心位置的椭圆表示）产生影响，此时过去的话语相当于是一种"元话语"，对现在的话语起到规范作用；2）现在的话语也同样对过去的话语产生影响，这体现在现在的话语对过去的话语进行修正，进而对过去的事件重新定义和建构。

这样，话语互动体现在纵向、横向、历时三个维度上，是这个话语互动分析模型的"三维"，而这个分析模型的"双向"则体现在话语之间在任何一个维度的互动都是"双向"的，如纵向话语互动体现出"上对下"和"下对上"的话语互动，横向话语互动体现出"左对右"和"右对左"的话语互动，历时话语互动体现为"过去对现在"和"现在对过去"的话语互动。如图 5.1 所示，代表四个话语的四个椭圆之间的双向实线箭头代表话语之间"双向"的时空向度。除此之外，"互动"还表明话语互动不是机械地发生，而是通过被话语影响的一方的内在反应来实现。在"上对下""下对上"和"左对右""右对左"，以及"过去对现在""现在对过去"的话语互动过程中，受到某些话语影响和作用的其他话语之所以发生变化，是因为这个话语的社会主体将与那个施加影响的话语相关的社会因素通过认知内化为自身的某些社会因素，这也导致话语互动结果的不确定性和偶然性。关于这一点，在 3.2 中讨论西医话语对中医话语的殖民互动时有所涉及，并将在第六、七、八章中结合具体案例进一步阐释。

这个"三维—互动"分析模型表明，不论是纵向、横向还是历时的话语互动，均体现在话语的语言使用和社会因素两个层面，通过在语言使用层面的"互文""互语"和"再情景化"体现出社会因素层面在权力关系和意识形态上的相互作用和影响。同时，这个"三维—互动"分析模型还表明，话语互动通过参与互动的社会主体形成一个错综复杂的社会网络，在这个立体的社会网络中话语之间的互动也体现出三维立体的特征。需要说明的是，在随后三章的具体案例分析研究中各章分别聚焦纵向话语互动、横向话语互动、或历时话语互动，这只是分析阐释的需要，在实际的社会网络中，三维的话语互动是交织在一起的，不会如此清晰地分开。

5.2 "双层—五步"分析框架

这一小节讨论"双层—五步"分析框架。"双层"即是体现话语互动的"语言使用"层面和"社会因素"层面。"五步"则是对发生在这两个层面的话语互动进行话语分析需要采取的五个步骤。这个分析框架并非来自"头脑风暴"，而是建立在对具体案例研究的基础之上。

案例研究的基础

"双层—五步"分析框架是对中西医话语互动这一案例研究在方法论方面归纳总结的产物。在 3.2 对话语互动机制探究的过程中，我们将中医话语与西医话语之间相互作用的讨论集中在两个层面，一是语言使用层面，一是社会因素层面。这主要是基于本书关于话语的认识。在 2.1 中，我们认为"话语"包含了"语言使用"和与语言使用相关的多种"社会因素"，二者之间存在着相互作用的辩证关系，因此话语本身也被认为是社会实践。将这样一种关于话语的认识投射到不同话语之间的相互作用上面，仍可以看到不同话语中的"语言使用"与"社会因素"之间存在着辩证关系和相互作用。但是，话语互动涉及的问题比单一话语内部涉及的问题要复杂许多。

首先，话语互动的这种复杂性体现在语言使用层面。不同话语在语言使用层面各自具有特点，如在中医话语中多用"发冷""发热"描述症状，而西医话语中则多为确定的体温（如 38℃）描述症状。这也表现在行医方式上面，如中医诊治多以医生的观察为主（望、闻、问、切），而西医则多依靠"化验检查"，根据医疗仪器提供的精确数据与正常值的比较做出判断。在中医话语与西医话语的互动过程中，这些各具特点的描述病症的语言和诊治行为被应用到对方的行医诊治过程中，成为对方话语的一部分，与对方话语中原有的表述和行为融合在一起，形成一种体现在语言使用层面上复杂的"杂糅"现象。

其次，这种"杂糅"现象因其在语言使用层面形成新的特征，在一定程度上标志着一种"新话语"的产生。就中西医话语互动而言，中医语言与西医语言混杂使用、以及中医诊治方式中夹杂西医诊治方式并形成"混杂"的行医方式，即是一种"新的""中西医结合"话语在语言使用层面的表现。然而，这种语言使用的"杂糅"现象只是"新话语"的一个形成性征状，其动态性体现在这仅是话语互动过程中不同阶段的暂时现象，其复杂性也表明这种"杂糅"具有不对等的特征。话语互动还会继续下去，还会形成另一个新话语，因此，话语互动所形成的语言使用层面的"杂糅"现象不可能是话语互动的最终结果。同时，话语互动具有的动态变化特征也导致语言使用上的"杂糅"并非两个互动话语平分秋色，这也导致在语言使用层面话语互动更具复杂性。

第三，话语互动的复杂性还体现在话语互动在社会因素层面具有不对等的特征。这里"对等"与"不对等"不是一个序列中相对固定的两极，而是这个序列本身。因而"对等"总是暂时的，多数情况下不同话语间社会因素的联系与互动在各自所具有的影响力方面是"不对等"的，用话语研究的术语来表达，就是二者之间存在不对等的"权力关系"。这种不对等的权力关系或体现为一种话语的社会因素服从于另一种话语的社会因素，如中医话语的"不科学"服从于西医话语的"科学"，体现为中医对现代化和国际化的渴望；同时，这种不对等的权力关系也可以体现为一种话语的社会因素对另一种话语社会因素的殖民与统领，如西医话语的"科学"对中医话语的"不科学"进行改造和修正。

第四，话语互动中不同话语之间的相互作用通过社会主体的"意识形态"实现话语互动的结果。就中西医话语互动而言，西医话语是否对中医话语实现"殖民"固然有中西医两种话语在权力关系方面的影响作用，但是这也在一定程度上取决于中医从业人员对这个问题的认识程度。社会实践的主体如果认为中医有必要实现现代化和国际化，有必要引入科学的标准对病症以西医的方式进行描述，那么，西医的语言和表达方式就会占主导地位，而传统中医的语言和表达方式就会在语言使用层面的话语互动中处于次要的地位。可见，社会主体的意识形态成为新产生的"中西医结合话语"的社会因素，而这个新话语中的语言使用则是一种中西医语言的杂糅，二者之间又产生新的辩证关系，构成一种新的话语，新的社会实践。在这样一个动态变化的话语互动过程中，其结果因受话语互动参与者意识形态的影响而具有不确定和动态变化的特征。

因此，有必要进一步分析社会因素与语言使用两个层面之间的互动。不同话语间不对等社会因素之间的互动是一种宏观的社会因素之间的互动，而它们之间的相互影响所形成的后果取决于社会活动者对相关社会因素的认识程度，则是微观的社会因素之间的互动。不同话语间社会因素宏观上和微观上的相互作用表明，社会因素层面话语互动产生的影响对语言使用层面话语互动产生的影响具有调节作用。就中西医话语互动而言，两个话语之间不对等的"权力关系"导致中医的现代化以及西医对中医的全面改造，而这种"现代化"和"全面改造"的程度则因中医行医者（个体、集体和机构）对相关社会因素的认识不同而有所区别，包括是否认为中医"不科学"，是否认为中医需要西医的"改造"，以及在具体的诊治过程中是否认为有必要使用西医的语言，等等。换言之，中医医生的"意识形态"在社会因素层面的话语互动过程中影响并调节"权力关系"对话语互动结果的宏观影响。话语互动中的这些社会因素导致话语互动在语言使用层面产生"杂糅"现象，而"双层—五步"分析框架可以对这个话语互动过程进行抽丝剥茧式的分析，一步一步认识话语互动的内在运作机制。

分析层面与步骤

以上关于中西医话语互动的案例研究表明，这样一个话语互动的过程是复杂的，动态变化的，结果也是不确定的。中医话语和西医话语在"语言使用"层面相互交融和互动，同样也在"社会因素"层面相互影响和互动，而且在语言使用层面的话语互动所形成的结果与社会因素层面话语互动形成的结果彼此仍然存在相互影响和作用的关系。基于 3.2 对话语互动运作机制的讨论，我们可以归纳提炼出一个具体的话语互动分析框架，不仅将话语互动的研究聚焦在语言使用和社会因素的"双层"上面，而且也将两个层面上的话语互动的分析体现在具体的五个步骤上面。

第一步是观察话语互动在语言使用层面的表现。例如，我们观察到中医话语在语言使用层面表现为中医话语具有自己独特的语言表达方式（表现在术语和文本上面），也具有自己独特的行医方式（表现为语体）；同样，西医话语也有自己特有的语言表达方式和行医方式。当中医话语与西医话语相互作用彼此形成影响时，两个话语的互动在语言使用层面体现为彼此术语和语体融合在一起，形成两个话语各自的术语、文本、语体"杂糅"在一起的情况，而各自语言使用成分在这个"杂糅"复合体中所占比例的高低则表明其中一个话语是否有可能替代（殖民）另一个话语。在这一步的分析中，"再情景化"这个工具性概念被用来阐释杂糅产生的过程。

　　第二步是观察在语言使用层面发生的话语互动导致的"新话语"。就中西医话语互动而言，在语言使用层面形成的"杂糅"复合体代表着一个"中西医结合"新话语的产生（参见图 3.1）。对于研究者来说，重要的是观察"新话语"产生的方式。例如，需要确定哪些表达方式是"元话语"，这个"元话语"是如何通过"再情景化"的过程进入到"新话语"之中，并在新话语中体现出哪些新的意义。研究者在这一步还需关注这个"新话语"的不稳定性，借助"互文""互语"等工具性概念指出它从"哪里来"，要到"哪里去"，进而说明这个"新话语"不是话语互动的终结，而是新的话语互动的开始。在这一步的分析中，"元话语""互文""互语"等工具性概念被用来阐释新话语产生的机制。

　　第三步是要观察话语互动过程中两个话语之间不对等的权力关系对话语互动的影响。就中西医话语互动而言，由于中医在西医的语境中被认为具有诸如"旧的""保守"等"指向意义"，其在中医语境中体现"传统"和"辨证施治"指向意义的优势因语境的变化而被忽视。与此形成鲜明的对照，在西医语境中西医的"科学""先进""创新"等"指向意义"则在中医指向意义的衬托下更为强势。因此，在这样一个由多个指向意义构成的"指向秩序"中，两个话语所具有的分量形成明显的差异，造成彼此之间权力关系明显不对等。这方面一种可能的情况是，西医话语所具有的"现代性"和"科学性"指向意义较中医话语所具有的"传统"和"非科学性"指向意义在"刻板印象"的作用下更具文化霸权的地位。研究者在这一步需要关注这种不对等的话语之间的权力关系影响话语互动的过程和结果。这是关注社会因素层面话语互动的一个方面。在这一步的分析中，"指向意义""指向秩序"等工具性概念将被用来阐释特定语境中语言使用与社会因素通过话语互动建立起来的联系。

第四步是要观察社会因素层面话语互动的另一个方面，即不同话语之间不对等的权力关系如何对话语互动产生作用和影响。这里需要借助"语境模型"的概念对"意识形态"这个话语互动社会因素加以考察。不同话语间不对等的权力关系不仅是一种现象，更是一种动因。这种权力关系需要集体或者个体的社会活动者在具体的社会实践中对交际情境的实时认知来实现，或者说通过中医医生依据自己的意识形态来实施。中西医话语互动，体现在中医从业人员自身的行医和研究过程当中，也体现在他们的语言使用当中。如果说中医话语与西医话语之间不对等的权力关系是导致中西医结合新话语形成的宏观社会因素，那么中医执业者的意识形态（如对中医和西医的认识）则是导致中西医结合新话语形成的微观社会因素，它在一定程度上决定着"中西医结合"新话语的走向，也决定了这一新话语的不确定性和偶然性。这一步的分析将应用"语境模型"这一工具性概念阐释话语互动的动态特征及其不确定的结果产生的动因。

第五步是思考社会因素层面的话语互动与语言使用层面的话语互动之间存在的辩证关系。就中西医话语互动而言，我们的初步思考是，社会因素层面的话语互动，如中西医不对等的权力关系以及西医话语所依据的科学理念的主导地位，是导致语言层面话语互动的内在动因，而语言使用层面的话语互动则是表面的、可以观察到的社会因素层面话语互动所带来的后果。但是，中西医话语互动产生的结果并非是彼此相互作用的直接后果，而是中西医话语互动过程的参与者对这两种话语的不对等关系以及对其与自身利益的关系做出主观研判之后所实施的一种话语实践。在这个意义上，话语互动体现出动态变化的特征。

　　以上五个分析步骤并非在具体的案例研究中刻意区分，它们可以结合在一起运用，也可以根据实际研究的需要有所取舍。这在第六、七、八章的案例研究中有所显示。下面用图 5.2 对这个"双层—五步"分析框架做一图解。

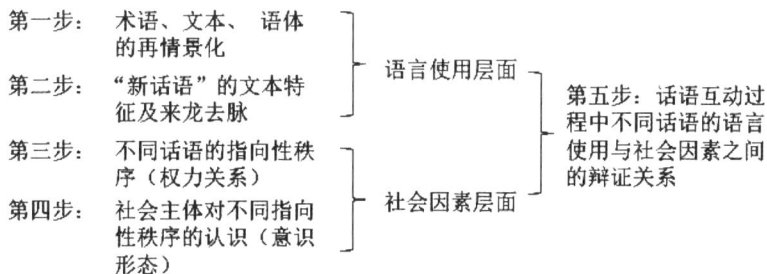

第一步：　术语、文本、语体的再情景化

第二步：　"新话语"的文本特征及来龙去脉

语言使用层面

第三步：　不同话语的指向性秩序（权力关系）

第四步：　社会主体对不同指向性秩序的认识（意识形态）

社会因素层面

第五步：话语互动过程中不同话语的语言使用与社会因素之间的辩证关系

图 5.2　"双层—五步"话语互动分析框架（出处：田海龙 2020：131）

5.3　小结

　　第五章主要阐释本书提出的话语互动研究路径。这个研究路径包括图 5.1 体现的"三维—双向"话语互动分析模型和图 5.2 体现的"双层—五步"话语互动分析框架。话语互动这个概念表明它较话语的概念更加凸显话语与话语之间的关联与互动以及这种话语互动如何在社会网络中运作并促成新话语的形成。体现在话语互动过程中的各种因素彼此相互作用和影响，而且这种作用和影响不是单向的，不是平面的，也不是简单进行的，而是双向互动的、三维立体的，并以一种复杂多变的方式进行着。"三维—双向"话语互动分析模型在宏观上勾勒出话语与话语的系统性联系与互动，"双层—五步"话语互动分析框架则为这个系统性的话语互动网络中任何一个节点上的话语互动提供具体的、可操作的分析方法。以这个分析模型和分析框架为基本内容的话语互动研究路径建立在批评话语研究成熟的学术理念基础之上，同时也以批评话语研究多个工具性概念为支撑。在接下来的三章里，我们将依据"三维—双向"分析模型提供的话语互动的立体图景，分别对纵向话语互动、横向话语互动、历时话语互动进行研究，运用"双层—五步"分析框架对具体的话语互动个案进行深入细致的探究。

第六章　纵向话语互动

　　这一章重点关注话语互动的"纵向"维度，从"自上而下"和"自下而上"两个指向上研究纵向话语互动的运作特征。6.1观察抗击新冠病毒肺炎过程中口罩话语在语体结构上的变化，借此讨论"自上而下"的话语互动；6.2观察天津广播电视台新闻频道播出的《百姓问政》电视节目，借此讨论"自下而上"的话语互动。对于每个指向的纵向话语互动，我们运用"双层—五步"分析框架分别对具体的话语互动案例进行研究。

6.1 "自上而下"的话语互动

"自上而下"的话语互动表明在社会网络中处于较高层级的社会主体及其话语对处于较低层级的社会主体及其话语的影响，包括某种程度的支配和调节作用。下面以抗击新冠病毒肺炎过程中口罩话语在语体结构上的变化为研究对象，讨论自上而下的话语互动。

口罩话语及其语体和文本体现

由于 2020 年冬季新冠肺炎的暴发和流行，口罩这一日常生活中的普通物品一度成为生活的必需品，而且成为人们谈论的焦点话题。在抗击新冠病毒肺炎斗争的初期，人们认识到正确佩戴口罩可以有效阻断病毒的传播，降低病毒感染的风险，因此口罩成为一个人们日常生活中必不可少的抵御病毒传播的装备。伴随口罩的普遍使用，各种关于口罩的文本，以及指导人们如何正确佩戴口罩的语体，在人们的日常生活中大量涌现。例如，在政府部门的公文中有指导公众正确佩戴口罩的行为指南。这些关于口罩的文本和语体，如果依据"宏观主题是话语的基本特征"（Reisigl and Wodak 2009：89）的观点，都可以用"口罩话语"概括之。在这个意义上，下面这个发布在中华人民共和国国家卫生健康委员会疾病控制局网站上的《预防新型冠状病毒感染的肺炎口罩使用指南》[6-1] 就可以被认为是一个关于口罩的话语。

6-1 见中国政府 http://www.nhc.gov.cn/jkj/s7916/202001/a3a261dabfcf4c3fa365d4eb07ddab34.shtml。最近访问：2021 年 5 月 29 日，16：05。

预防新型冠状病毒感染的肺炎口罩使用指南

口罩是预防呼吸道传染病的重要防线，可以降低新型冠状病毒感染风险。口罩不仅可以防止病人喷射飞沫，降低飞沫量和喷射速度，还可以阻挡含病毒的飞沫核，防止佩戴者吸入。根据目前对该疾病的认识，就如何正确使用口罩制定本指南。

一、佩戴原则

基本原则是科学合理佩戴，规范使用，有效防护。具体如下：

（一）在非疫区空旷且通风场所不需要佩戴口罩，进入人员密集或密闭公共场所需要佩戴口罩。

（二）在疫情高发地区空旷且通风场所建议佩戴一次性使用医用口罩；进入人员密集或密闭公共场所佩戴医用外科口罩或颗粒物防护口罩。

（三）有疑似症状到医院就诊时，需佩戴不含呼气阀的颗粒物防护口罩或医用防护口罩。

（四）有呼吸道基础疾病患者需在医生指导下使用防护口罩。年龄极小的婴幼儿不能戴口罩，易引起窒息。

（五）棉纱口罩、海绵口罩和活性炭口罩对预防病毒感染无保护作用。

二、推荐的口罩类型及使用对象

（一）一次性使用医用口罩：推荐公众在非人员密集的公共场所使用。

（二）医用外科口罩：防护效果优于一次性使用医用口罩，推荐疑似病例、公共交通司乘人员、出租车司机、环卫工人、公共场所服务人员等在岗期间佩戴。

（三）**KN95/N95** 及以上颗粒物防护口罩：防护效果优于

医用外科口罩、一次性使用医用口罩，推荐现场调查、采样和检测人员使用，公众在人员高度密集场所或密闭公共场所也可佩戴。

（四）医用防护口罩：推荐发热门诊、隔离病房医护人员及确诊患者转移时佩戴。

三、使用后口罩处理原则

（一）健康人群佩戴过的口罩，没有新型冠状病毒传播的风险，一般在口罩变形、弄湿或弄脏导致防护性能降低时更换。健康人群使用后的口罩，按照生活垃圾分类的要求处理即可。

（二）疑似病例或确诊患者佩戴的口罩，不可随意丢弃，应视作医疗废弃物，严格按照医疗废弃物有关流程处理，不得进入流通市场。

四、儿童佩戴口罩的标准与注意事项

建议儿童选用符合国家标准 GB2626-2006 KN95，并标注儿童或青少年颗粒物防护口罩的产品。儿童使用口罩需注意以下事项：

（一）儿童在佩戴前，需在家长帮助下，认真阅读并正确理解使用说明，以掌握正确使用呼吸防护用品的方法；

（二）家长应随时关注儿童口罩佩戴情况，如儿童在佩戴口罩过程中感觉不适，应及时调整或停止使用；

（三）因儿童脸型较小，与成人口罩边缘无法充分密合，不建议儿童佩戴具有密合性要求的成人口罩。

然而，这个"口罩话语"虽然体现着人们社会实践的特征，表明它是关于口罩使用这一话题、融语言使用和与语言使用相关的社会因素为一体的"话语"，但是，就其在语言使用上的具体存在形态而言，它也是一个文本，由彼此具有逻辑关系的段落章节组成，而且还是一个语体，体现着指导人们如何带口罩这样做事的方式。如我们在前几章关于话语的讨论所示，任何"话语"都以"语体"和"文本"作为其具体存在的体现形态。就语体而言，不同的语体在语体结构上具有不同的特征，形成不同的做事方式。在以上这个"口罩话语"的语体体现形态上，它的语体结构包括一个"语体阶"和四个"语体相"，语体阶表明做事的目的，即表明这个语体的目的是指导公众如何正确佩戴口罩，语体相分别为佩戴、分类、丢弃、儿童佩戴，分别就口罩使用的环境、口罩使用的条件、口罩的品质分类等专门知识对需要佩戴口罩的人进行指导。根据其体现在语体结构上的特征，赵芃（2021b）称其为"程序型口罩指南语体"，并对这个口罩指南语体的结构做了如下的标注（方括号中的信息）：

预防新型冠状病毒感染的肺炎口罩使用指南（语体结构）

口罩是预防呼吸道传染病的重要防线，可以降低新型冠状病毒感染风险。口罩不仅可以防止病人喷射飞沫，降低飞沫量和喷射速度，还可以阻挡含病毒的飞沫核，防止佩戴者吸入。根据目前对该疾病的认识，就如何正确使用口罩制定本指南。【语体阶】

一、佩戴原则【语体相 1】

（一）在非疫区空旷且通风场所【环境信息】不需要【情态信息】佩戴【动作信息】口罩，进入人员密集或密闭公共场所【环境信息】需要【情态信息】佩戴【动作信息】口罩。

……

二、推荐的口罩类型及使用对象【语体相 2】

（一）一次性使用医用口罩【口罩信息】：推荐【情态信息】公众【人群信息】在非人员密集的公共场所使用【环境信息】。

......

三、使用后口罩处理原则【语体相3】

......

（二）疑似病例或确诊患者【人群信息】佩戴【动作信息】的口罩，不可【情态信息】随意丢弃，应视作医疗废弃物【口罩信息】，严格按照医疗废弃物有关流程处理，不得进入流通市场。

四、儿童佩戴口罩的标准与注意事项 【语体相4】

建议【情态信息】儿童选用符合国家标准 KN95 GB2626-2006【口罩信息】……;

（一）儿童【人群信息】在佩戴【动作信息】前，需【情态信息】在家长【人群信息】帮助下，……;

同时，这个语体结构还可以用表 6.1 表示出来：

表 6.1 属于"国家口罩话语"的"指南语体"的语体结构

（出处：赵芃 2021b：55）

语体阶	语体相	语义信息（按出现顺序排列）			
目的：指导公众如何正确使用口罩	相1：佩戴	环境信息（"在非疫区空旷且通风场所"……）	情态信息（"不需要""需"）	动作信息（"佩戴"）	口罩信息（"一次性使用医用口罩"……）
	相2：分类	口罩信息（"一次性使用医用口罩"……）	情态信息（"推荐""可"）	动作信息（"佩戴"）	人群信息（"公众""疑似病例"……）
	相3：丢弃	人群信息（"健康人群"……）	情态信息（"可""不可""不得"）	动作信息（"佩戴""更换"）	口罩信息（"变形弄湿或弄脏"的口罩……）
	相4：儿童佩戴	人群信息（"儿童""家长"）	情态信息（"建议""应""不建议"）	动作信息（"佩戴"）	口罩信息（"国家标准 GB 2626-2006 KN95"）

　　这个体现为口罩指南语体的"口罩话语"是由国家卫生健康委疾控局于 2020 年 1 月 30 日发布的，由于发布者处于社会网络的较高层级，所以从社会实践网络的角度看，这个"口罩话语"在本案例研究中称作"国家口罩话语"，它在形态上体现为"口罩指南语体"，在对需要佩戴口罩的人进行指导的同时，也对基层的卫生健康部门具有指导和规范的作用，即具有纵向话语互动的指导和规范作用。与"国家口罩话语"相对，地方政府部门发布的"口罩指南"在本案例研究中称作"地方口罩话语"，其存在形态也是"口罩指南语体"。接下来，我们通过观察属于"国家口罩话语"的"口罩指南语体"与属于"地方口罩话语"的"口罩指南语体"之间的再情景化，探究"国家口罩话语"与"地方口罩话语"的纵向互动过程，理解其中的话语互动特征。

　　我们将运用第五章提出的"双层—五步"分析框架探究这两个话语的纵向互动。二者在语言使用层面的语体纵向再情景化问题涉及"双层—五步"分析框架中语言使用层面的第一步和第二步分析。权威、意识形态这些社会因素对话语互动的影响涉及"双层—五步"分析框架中社会因素层面的第三步、第四步以及第五步的分析。

语体的纵向再情景化

　　在"国家口罩话语"与"地方口罩话语"的纵向话语互动过程中，语言使用层面的分析将使我们看到，处于社会网络较高层级的"国家口罩话语"的指南语体与"地方口罩话语"的指南语体存在纵向再情景化的现象。

　　首先，属于"国家口罩话语"的指南语体中的"语体阶"（"指导公众如何正确使用口罩"）在纵向再情景化的过程中被"挪用"至"地方口罩话语"的指南语体之中，成为其中的一个"语体相"，这种被"降级""改造"的过程表明语体"再情景化"过程已产生新的特定意义。其次，属于"国家口罩话语"的指南语体中的"语体相"所包含的某些信息（如"情态语义信息"）也在纵向再情景化的过程中被"挪用"至"地方口罩话语"的指南语体之中，被"升级""改造"成其中的一个"语体相"。这种由语体再情景化过程导致的不同话语在语体结构上的变化，是纵向话语互动体现在语言使用层面的一个特征。观察这个现象发生的过程及其导致的结果，是话语互动"双层—五步"分析方法的第一步。

下面以安徽省卫生健康委员会 2020 年 3 月 16 日发布的《低风险地区社会公众口罩使用指南》[6-2] 为例，具体讨论纵向话语互动在语言使用层面的语体再情景化现象。这个《低风险地区社会公众口罩使用指南》我们称之为"安徽口罩指南语体"，在本研究中属于"地方口罩话语"，其主要内容如下所示，方括号中的语体标注源自赵芃（2021b）：

低风险地区社会公众口罩使用指南（语体结构）

根据分区分级差异化管理有关要求，结合对新型冠状病毒肺炎的认识，科学精准指导公众做好自我防护，制定本指南。【语体阶】

一、需要戴口罩的情形【语体相 1】

1. 出现【动作信息】发热、干咳等呼吸道症状【健康信息】的人员【人群信息】。

2. 前往【动作信息】医疗机构就诊或探望【动作信息】病人【人群信息】。

......

6-2 见安徽省卫生健康委员会网站 http://wjw.ah.gov.cn/xwzx/gggs/51934801.html。最近访问 2021 年 5 月 29 日 18:24。

11. 前往【动作信息】展览馆、美术馆、图书馆、博物馆、理发店、美容院、宾馆、招待所等公共场所【环境信息】。

12. 服务型行业公共场所提供服务的人员【人群信息】。

13. 其他需要佩戴口罩的情形。

二、非必需佩戴口罩的情形【语体相2】

1. 个人【人群信息】独处、开车时【环境信息】。

2. 独自【人群信息】在室外空旷且人员稀少地区【环境信息】。

......

6. 空旷地区户外【环境信息】锻炼【动作信息】，且无人员聚集时。

7. 年龄极小的婴幼儿【人群信息】不能戴【动作信息】口罩，易引起窒息。

在这个属于"地方口罩话语"的"口罩指南语体"中，原属于"国家口罩话语"的"口罩指南语体"中的"语体阶"的内容（"指导公众如何正确使用口罩"，见表6.1）变成了"语体相1"（"需要带口罩"，见表6.2），表明国家卫健委疾病控制局发布"口罩指南"的目的是"指导公众如何正确使用口罩"，而这一目的在安徽省卫健委发布的口罩指南中已经降为次要的地位。换言之，安徽省卫健委发布的"口罩指南"是为了"指导公众如何正确佩戴口罩，做好自我防护"（语体阶），需要戴口罩只是其中的一个内容。与此同时，属于"国家口罩话语"的指南语体中的"语体相"所包含的某些信息（如语体相1中的"情态语义信息"）也在属于"地方口罩话语"的"口罩指南语体"中变为"语体相1和2"（语体相1：需要戴口罩；语体相2：非必须戴口罩），不再与动作信息、健康信息、人群信息等信息一起成为语体相的语义信息。我们用表6.2表明属于"地方口罩话语"的"口罩指南语体"

的语体结构，用图 6.1 表明"国家口罩话语"与"地方口罩话语"体现在语体结构上的语体再情景化。

表 6.2　属于"地方口罩话语"的"指南语体"的语体结构
（出处：赵芃 2021b：56）

语体阶	语体相	语义信息			
目的：指导公众做好自我防护	相 1：需要戴口罩	动作信息（"出现""前往""接触""乘坐""购物""办理业务"）	健康信息（"发热、干咳等呼吸道症状"）	人群信息（"具有呼吸道症状的人员""病人"等）	环境信息（"人口密集场所""通风不良或密闭工作场所"等）
	相 2：非必需戴口罩	动作信息（"开车""锻炼"）	人群信息（"个人独处""独自""家庭成员"等）	健康信息（"绿码""无发热、干咳症状"）	环境信息（"间隔距离不少于 1 米""空旷地区""无人员聚集"等）

　　如图 6.1 所示，在"国家口罩话语"体现形态的"口罩指南语体"中，"语体阶"和"情态语义信息"被"自上而下"地纵向再情景化到体现"地方口罩话语"的"口罩指南语体"之中（如图 6.1 中的三条曲线的箭头所示）。通过这种语体再情景化，"国家口罩话语"与"地方口罩话语"形成一种纵向话语互动，而这种话语互动的结果导致社会主体的行为方式从"指导公众如何使用口罩"转变为"规定公众如何正确使用口罩"，体现在语体结构上则是"指南语体"出"程序型"语体向"规约型"语体的发展变化（赵芃 2021b）。所谓"程序型"语体（procedural genre），按照马丁和罗斯（Martin & Rose 2008）的研究，具有指导读者如何在特定地点就特定对象从事一系列专门化社会活动的作用。这些活动序列具有工具性和仪式性的特殊功能，要求执行者对特定对象的品质、使用条件及使用环境等具有专门的知识（Martin & Rose 2008：185-186）。而"规约型"语体（protocol genre）并不

语体阶	语体相	语义信息（按出现顺序排列）			
目的：指导公众如何正确使用口罩	相1:佩戴	环境信息（"在非疫区空旷且通风场所"……）	情态信息（"不需要""需"）	动作信息（"佩戴"）	口罩信息（"一次性使用医用口罩"……）
	相2:分类	口罩信息（"一次性使用医用口罩"……）	情态信息（"推荐""可"）	动作信息（"佩戴"）	人群信息（"公众""疑似病例"……）
	相3:丢弃	人群信息（"健康人群"……）	情态信息（"可""不可""不得"）	动作信息（"佩戴""更换"）	口罩信息（"变形弄湿或弄脏"的口罩……）
	相4:儿童佩戴	人群信息（"儿童""家长"）	情态信息（"建议""应""不建议"）	动作信息（"佩戴"）	口罩信息（"国家标准GB 2626-2006 KN95"）

语体阶	语体相	语义信息			
目的：指导公众做好自我防护	相1:需要戴口罩	动作信息（"出现""前往""接触""乘坐""购物""办理业务"）	健康信息（"发热、干咳等呼吸道症状"）	人群信息（"具有呼吸道症状的人员""病人"等）	环境信息（"人口密集场所""通风不良或密闭工作场所"等）
	相2:非必需口罩	动作信息（"开车""锻炼"）	人群信息（"个人独处""独自""家庭成员"等）	健康信息（"绿码""无发热干咳症状"）	环境信息（"间隔距离不少于1米""空旷地区""无人员聚集"等）

图 6.1　"国家口罩话语"与"地方口罩话语"体现在语体结构上的语体再情景化

是教导人们如何执行活动步骤，而是对人们的活动进行限定和约束，如限定人们在某些特定时间和地点执行（或不执行）某种特定的行为，并阐述由此导致的后果。就属于"地方口罩话语"的"口罩指南语体"的语体结构而言，如表 6.2 所示，语体相 1 和语体相 2 对口罩佩戴条件做了限定，并对口罩的佩戴行为使用情态词"需"进行限定，并以祈使句形式表达"命令"式动作"戴"；在语义信息中也强调了动作信息，如"前往（医院）""接触（病人）""（超市）购物""（户外）锻炼"等，这样使语体相成为约束动作信息的前提，即如果要完成上述动作就必须先戴上口罩，否则无需戴口罩。这样一种语体结构，通过规定"戴口罩"或"不戴口罩"实现对公众以及在公共场所举行的社会活动进行限定和约束。这也表明，属于"地方口罩话语"的"口罩指南语体"不再像属于"国家口罩话语"的"口罩指南语体"那样是指导人们如何从事活动（如何戴口罩），而是对人们的社会活动作出规定并进行约束，限定人们在某些特定时间和地点执行或不执行某种特定的行为（例如，需戴/无需戴口罩），并告知公众由此导致的后果。

以上分析表明，"国家口罩话语"与"地方口罩话语"之间在语体结构上产生了明显的互动结果。这种结果首先体现在话语互动的语言使用层面。处于社会网络较高层级的话语，其做事的方式通过"语体纵向再情景化"的过程被"挪用"到处于较低层级的"地方口罩话语"之中，如属于"国家口罩话语"的"口罩指南语体"的"语体阶"被"再情景化"到属于"地方口罩话语"的"口罩指南语体"的"语体相"之中。这种语体的纵向再情景化过程促进了新的行为方式的产生，如程序型做事的方式被规约型做事的方式所替代。下面我们对这些观察到的纵向话语互动导致的语体结构上的变化，进一步通过讨论权威和意识形态这些参与纵向话语互动的社会因素来深入阐释。

权威、意识形态及话语互动

以上讨论了"国家口罩话语"与"地方口罩话语"之间体现在语体纵向再情景化上的纵向话语互动。尽管这些讨论局限在话语互动的语言使用层面，但是我们已经看到纵向话语互动中较高层级话语对较低层级话语的制约和指导作用。例如，属于"国家口罩话语"的"口罩指南"在指导公众如何使用口罩的同时，其程序型语体已经在属于"地方口罩话语"的"口罩指南"中被规约型语体所替代，其指导公众如何使用口罩的功能也让位于对什么场合必须戴口罩、什么场合可以不戴口罩作出严格规定这一目的。由此可见，纵向话语互动通过语言使用层面的语体再情景化过程已经产生出新的语体（规约型语体），并以此参与新的社会实践，对这个新的社会实践实施进一步的调节和指导。在这方面，纵向话语互动与横向话语互动在语言使用层面产生具有杂糅特征的新话语有所不同（具体见第七章的讨论）。

　　进一步分析这个再情景化的过程，就进入到"双层—五步"分析框架第二层面的分析，即分析社会因素层面的话语互动，包括第三步分析不同话语之间的权力关系，以及第四步，分析社会主体对这种权力关系的社会认知、以及这种社会认知对话语互动后果的影响。这可以帮助我们更深入地认识话语互动的内在机制和动因。

　　反观这个语体纵向再情景化的过程，可以发现一个特征，即被再情景化的语体由具有一定权威的社会主体实施。例如，在我们的案例中，属于"国家口罩话语"的"口罩指南语体"由处于社会网络较高层级的国家卫健委疾病控制局发布。随着这一语体被再情景化到较低层级社会主体发布的"口罩指南语体"之中，如再情景化到安徽省卫健委发布的"口罩指南语体"之中，较高层级社会主体的权威也随其语体一起被再情景化到新语体之中，在语体完成由"程序型"到"规约型"转变的同时，其较高层级的社会主体权威也转移到较低层级的社会主体身上，使地方卫健部门具有对什么场合必须带口罩、什么场合可以不带口罩作出严格的规定。在这个语体再情景化过程中，较高层级社会主体的程序型语体实施的"指导如何带口罩"行为可以说是一种"元行为方式"，而这种"元行为方式"在新语体中的替代性变化，也体现着较高层级社会主体所具有的权威从元行为方式到新行为方式的传递，即元行为方式完全消失，并由新行为方式彻底替代。如果考虑到语体实为话语的体现形态，并且将以上关于语体再情景化中讨论的问题投射到话语的再情景之中，可以认为这个案例中被再情景化的"元行为方式"（元语体）即是一种元话语，或是一种元话语的体现形态，其运作环境是系统性、层级性的社会结构。在这个意义上，这个元话语完全可以被称作"纵向话语"，是一种典型的纵向再情景化。

实际上，我们在前面提到的"纵向再情景化"概念也是借鉴伯恩斯坦（Bernstein 2000）的"纵向话语"概念。伯恩斯坦用"纵向话语"这个术语指自然科学以及人文社会科学中的专业性话语。这里的"专业性"，在自然科学中体现为纵向话语具有内容连贯、结构清晰、系统性强、层级分明的特征，而在人文社会科学中则体现为纵向话语具有一系列专业性语言和专门的研究模式，文本的生产和传播也有特定的标准。伯恩斯坦还认识到"纵向话语"在传播方式上的一些特征，如"纵向话语"的传播不是在不同场景（或语境）之间传播，而是一个不断进行的、程序与程序相互结构性连续的、最后产生意义融合的过程；因此，"纵向话语"的传播虽采取再情景化的方式，但本质上具有机构运作的性质（Bernstein 2000：155-174）。田海龙（2017）依据伯恩斯坦关于"纵向话语"的论述，提出"纵向话语"以及"纵向再情景化"概念中的"纵向"维度在传播的意义上有三个基本的含义：1）"纵向"维度的传播具有机构的性质（并非自然传播），2）"纵向"维度的传播具有等级的性质（并非跨界平行传播），3）"纵向"维度的传播可以产生带有规范功能的抽象理论（并非知识的杂糅）。这样，纵向话语传播过程中的各个步骤分处不同等级，它们彼此关联，实现意义层面的整合统一。在这个纵向传播的过程中，机构对纵向话语传播实施控制，而这种控制则通过话语的系统性再情景化来实现。由此可以看到，在我们的案例中，属于"国家口罩话语"的"口罩指南语体"被纵向再情景化至属于"地方口罩话语"的"口罩指南语体"的过程，实际上并非是一个自然、平行、相互融合的过程，而是一个等级分明、且机构运作其中并产生规范作用的过程。我们已经看到，纵向话语互动的结果不是导致两个话语在语言使用层面的杂糅（如横向话语互动所导致的结果那样，详见第七章的讨论），而是导致一个与原话语完全不同的新话语（新语体）的产生，就像在本案例中新的规约型语体替代原话语中的程序型语体那样。

话语（包括其体现形态的语体）的纵向传播体现着话语纵向互动的特征。在 3.1 讨论批评话语研究在其发展过程中与不同话语相互作用时，我们发现话语互动具有等级的特征。例如，某个学术主体的话语对另一个学术主体话语的作用会因该主体在学术界的地位不同而产生不同的话语互动结果。与此类似，以上运用伯恩斯坦关于"纵向话语"再情景化的论述，观察在抗击新冠病毒疫情初期"口罩话语"自上而下的元语体（元行为方式）再情景化过程，可以发现语体纵向再情景化过程体现的话语互动所具有的等级特征。首先，在属于"国家口罩话语"的"口罩指南语体"被纵向再情景化的过程中，较高层级社会主体的行为方式（语体）作为"纵向话语"的体现形态，其权威性以及与其相关的话语实践的机构性，都被转移到较低层级社会主体的"地方口罩话语"的"口罩指南语体"之中。其次，这个从上到下的"元行为方式（元语体）"的"再情景化"并非混乱无序，而是层级分明，而且这种层级具有等级的性质，使得元语体具有纵向话语的特性，并在纵向再情景化过程中转变为一种体现为"规约型"语体行为方式的新权威。

然而，处于较高层级社会主体的权威并非随其"元行为方式（元语体）"的纵向再情景化自然而然的直接植入较低层级的行为方式（语体）之中。在这方面，如果认为权威的再生产直接由机构的上下等级关系决定，便将复杂的话语互动过程简单化为一种单纯的因果关系。这从话语研究角度看是不可取的。实际情况是，在这个纵向再情景化的复杂过程中，处于较低层级社会主体的主观能动性对于实现权威的转移起到关键作用。换言之，属于"国家口罩话语"的程序型"口罩指南语体"之所以能够转变为属于"地方口罩话语"的规约型"口罩指南语体"，并非是因为较高层级社会主体所具有的权威直接作用于较低层级的社会主体（如上级对下级发布行政命令所导致的后续行为那样），而是因为较低层级的社会主体认识到其不仅需要指导公众如何使用口罩（如借助程序型"口罩指南语体"），而且更需要规定什么场合必须佩戴口罩（借助程序型"口罩指南语体"），只有这样才能做好疫情防范，完美实现程序型"口罩指南语体"所要达到的目的（指导公众如何戴口罩）。可以说，正是处于较低层级社会主体的这种对于相关社会因素的主观认识（或称意识形态）才使得权威的转移成为可能。这也表明，纵向话语互动并非是一个单向决定结果的过程，而是一个通过双方互动产生结果的过程。处于较高层级的社会主体及其话语的权威之所以可以自上而下影响较低层级的社会主体及其话语，并非由前者所拥有的权威和权力直接导致，而是通过较低层级社会主体对相关社会因素的社会认知来间接完成。对此，范代克（van Dijk 2012）提出的"语境模型"概念是一个很有用的分析工具。

在 3.2 讨论西医话语对中医话语的殖民问题时，我们曾经使用过"语境模型"概念，指出这个殖民过程需要中医从业人员的认可才能在一定程度上实现。在范代克（van Dijk 2012）关于"语境模型"的论述中，"语境"并不是时间、地点、场景、参与者性别、身份或社会职位这些与交流情景相关的客观且固定的社会事实，而是参与者个体对与交流情景相关的各方面因素的主观认识和建构。这种被称为"语境模型"的语境建构模式，起到调节社会结构与话语结构之间关系的作用。依据范代克"语境模型"的论述，有理由认为处于较低层级的社会主体（如安徽省卫健委）对疫情的发展作出判断，认为不仅要告诉公众如何使用口罩防范病毒传播的风险,而且需要把公众带口罩的场合做出明确的规定。他们或许认识到,属于"国家口罩话语"的程序型"口罩指南"发布于 2020 年 1 月 30 日,时值疫情的增长期(2020 年 1 月 3—31 日),而他们自己的、属于"地方口罩话语"的规约型"口罩指南"则发布于 2020 年 3 月 16 日,时值疫情的清存期(自 2020 年 3 月 2 日起)[6-3],这时的疫情防控已经成为一种常态。这时,作为地方社会行为主体,他们(安徽省卫健委)会认识到,经过近两个月的抗击疫情过程,人们对于疫情的严重性已有认识,普通民众对如何正确使用口罩防范病毒感染的风险亦有所认识,防范意识也有所增强,对如何正确戴口罩已经非常知晓,因此,他们会认为没有必要再发布以"指导公众如何正确使用口罩"为目的的"程序型"口罩指南,相反,他们会认为更有必要发布具有约束作用的"规约型"口罩指南,对哪些场合必须佩戴口罩、哪些场合不需要戴口罩作出明确的规定。在这样一种被称作"语境模型"的主观认识作用下,属于"地方口罩话语"的"口罩指南语体"不再重复"国家口罩话语"的"口罩指南语体"中关于如何正确佩戴口罩的指导,取而代之的是以指令性佩戴口罩为核心,围绕"戴"的指令对戴口罩行为作出规定,并增加了"不戴"的语体相(如表 6.2 种的语体相 2)。在语义信息方面,"地方口罩话语"的"口罩指南语体"也删除了属于"国家口罩话语"的"口罩指南语体"中与口罩相关的知识信息和操作信息,增加了动作信息和健康信息,表明对于地方社会行为主体而言,"佩戴"口罩的动作意义不仅高于掌握口罩相关知识的意义,而且对其他社会行为(防止病毒传播)还具有保障和限定的作用。

体现为"语境模型"的较低层级社会主体对相关社会因素的

6-3 根据杨晋如等(2020)对我国新型冠状病毒肺炎疫情防控政策的分析,我国疫情防控实践可以划分为四个时期:增长期(2020 年 1 月 3—31 日)、高发期(2020 年 2 月 1—16 日)、平稳期(2020 年 2 月 17 日—3 月 1 日)和清存期(自 2020 年 3 月 2 日起)。

主观认识，在一定程度上解释了为什么较高层级的社会主体及其话语对较低层级的社会主体及其话语的支配、指导和调节作用，解释了自上而下的纵向话语互动运作的内在机制。如果说较高层级的社会主体及其话语对较低层级社会主体及其话语的作用是一种权力关系的作用，那么，较低层级社会主体对相关社会因素的主观认识则是促使这种权力关系发生作用的意识形态。权力关系是一种宏观的、普遍存在的影响纵向话语互动的社会因素，与此不同，意识形态则是因社会主体的社会认知不同而个性化存在的影响纵向话语互动的社会因素。因此，权力关系导致纵向话语互动后果的潜势需要通过社会主体的"语境模型"具体实现。这也促使我们思考话语互动过程中不同话语的社会因素与语言使用之间的辩证关系，也就是"双层—五步"分析框架中的最后一步。就本小节讨论的案例而言，在社会网络中处于较高层级的话语对较低层级的话语自上而下的纵向互动过程中，作为社会因素的"权力关系"虽然起到一定的作用，但是，真正导致语体由"程序型"向"规约型"转换、并最终由后者替代的社会因素却是处于较低层级社会主体对相关语境的主观认识和判断。这样的一种认识可以阐释社会因素在话语互动过程中对语言使用的影响，同时也是我们进行话语互动分析第五步所要达到的共识。

6.2 "自下而上"的话语互动

在 6.1 中，我们讨论了抗击新冠病毒疫情中纵向话语互动的问题，发现处于社会网络较高层级社会主体的权威通过其"元话语/元语体"的纵向再情景化、并在较低层级社会主体的"语境模型"作用下转变为较低层级社会主体的行为方式。与这一"自上而下"的话语互动指向不同，纵向话语互动的另一个指向是"自下而上"，即处于社会网络较低层级的话语对处于社会网络较高层级的话语产生影响。6.2 聚焦"自下而上"的纵向话语互动，具体讨论一个《百姓问政》电视节目中普通民众的诉求如何被地方政府部门重视并得到解决的话语问题。

《百姓问政》中的多元话语

《百姓问政》电视节目是国内许多地方电视台近年来开办的一个节目类别。在这类电视节目中，电视台邀请地方政府部门的领导在电视镜头前直接回答老百姓提出的民生问题，借此助推百姓的话语自下而上与官员的话语实现互动，进而使百拖不决的疑难问题得到解决，同时促进解决可能存在的基层政府部门的懒政问题。例如，天津广播电视台新闻频道自 2013 年起每周四 21:30 分播出的《百姓问政》节目，就用"听民意、汇民智、解民情"来定义这个电视节目的内容，试图通过这个节目达到"加强百姓与政府的密切联系，深入探索解决问题的新手段和新方式"的目的。在其网站的节目介绍中，甚至还有邀请老百姓提供新闻线索的文字："若您遇到行政部门存在执行政策缩水走样、履行职责互相推诿、政府人员脸好看事难办、怕担责不作为等问题，可通过多渠道提供线索。"[6-4]

下面，我们以天津广播电视台新闻频道 2018 年 8 月 2 日播出的《百姓问政》[6-5]这档节目为例，讨论自下而上的纵向话语互动。首先我们确认参与其中的多个社会主体及其话语，并从中找出与我们讨论的纵向话语互动相关的两个话语，即处于社会网络较低层级老百姓的"诉求话语"和处于社会网络较高层级、被邀请来解决

6-4 见天津网路广播电视台网站，http://www.tjbn.net/system/2020/02/15/030009941.shtml。最近访问：2021 年 6 月 2 日 5:54。

6-5 该期《百姓问政》节目见：http://news.enorth.com.cn/system/2018/08/02/035922035.shtml。最近访问：2021 年 6 月 2 日，6:06。

问题的政府部门领导的"解决问题话语"，之后借助"双层—五步"话语互动分析框架探究这两个话语之间的纵向话语互动过程。

在这个电视节目中，电视台主持人邀请河北区委副书记、区长以及天津市国土资源和房屋管理局党委副书记、局长等领导与市民代表面对面，对坐落在河北区光复道的悦海大厦存在的滚梯停运、楼道内公共卫生间漏水、商场基础设施短缺等问题，提出解决方案。这些问题早已存在，而且，商户自 2015 年起已多次向有关部门反映这些问题，但在节目播出前的三年多时间里问题始终得不到解决，以致营业的商铺越来越少，经商环境越来越差。节目一开始，首先播放了一段提前拍摄好的介绍悦海大厦情况的视频，视频中不仅有旁白解读悦海大厦问题的"前世今生"，还采访了商户代表、悦海大厦业主委员会副主任及光复道街办事处所属物业办公室工作人员。下面这些文字是在这档《百姓问政》电视节目中播出的提前录制的视频内容，呈现了商户在经商活动中遇到的一些问题：

（1）商户：这个整个商铺这个楼，它没有暖气。是因为开发商没有交这个配套费。所以我们这个是有接口的，但是没有给我们安。因为所有的一楼都没有上下水，所以装修的话，需要上下水也得自己接。你看它有一个污水道，还有一个可能是自来水道。但你问题是接的对不对呢？都不好说。你接哪儿去了？

（2）商户：所有问题都没有给我解决过，他哪怕就给我打一个电话……但我现在完全没有接到过任何一个解决问题的，哪怕是电话。

（3）商户：如果客户的资金投到这，各项与政府相关的工作都要耗时一年都不见分晓的话啊，对商人来说那是灭顶之灾。

在节目现场播放完这段视频之后，节目主持人代表悦海大厦商户向两位政府部门的领导提问，并敦促他们当场提出解决方案。两位政府部门领导也表示了马上解决问题的态度：

（4）主持人（1）：今天国土房管局的蔡局也来到我们活动的现场。蔡局，您看像悦海大厦这样的问题，能不能给出办法，协助他们解决类似的问题呢？

（5）蔡局：本着首位负责，我们下来就去了解。如果有什么情况，我们主动配合河北区政府，跟相关部门去制定方案。下来以后，马上就办，对症下药。我认为，我们配合着河北区吧，肯定能解决好。

（6）主持人（2）：李区（长），能不能给悦海大厦一个明确的承诺？

（7）李区长：立马就办。我想，这个呢，首先是查明问题，了解情况，第二个呢，我们一定把业主的美好生活期盼转变成我们的生动实践。

这样，在节目的开始部分我们可以看到，至少有四个社会主体及其话语参与到这个电视节目中。一个是商户代表，他们要求政府部门解决营商过程中遇到的一些实际问题，他们表达诉求的言谈依据沃达克（2009）关于"主题是话语的一大特征"的论述，在整体上被认为是一个话语，可称为"诉求话语"，其体现形态是一段事先录制好的视频。这些商户表达的解决问题的诉求，初步具备了安格尼斯·库（Ku 1999：6）所认为的公共话语所具有的一些特征，如"在公共领域中体现为一系列文化和社会实践，形成与国家相对的民众手中的强大政治武器"。在这个意义上，商户的"诉求话语"在社会实践层面具有形塑公共领域文化与政治的话语力量。在下面的分析中可以看到，在其被"媒体化"的过程中"诉求话语"自下而上话语互动的能量也有所增强。另一个社会主体是出现在《百姓问政》电视节目现场的地方政府部门的官员，他们被邀请来参加节目，带有解决问题的使命，他们的言谈可以被称为"解决问题话语"。在这两个话语的社会主体（商户和政府部门领导）之间，还有一个社会主体，即节目主持人，是一男一女，他/她们在节目中起到提问、引领话题、掌控时间节奏等作用，同时还对某些问题进行评论，以突显出节目的主题思想，因此他/她们的言谈可以被称为"主持人话语"。除此之外，参与这个节目的还有第四类社会主体，就是观众，包括电视节目中的观众和节目之外电视机前的观众。这类社会主体虽不直接以言谈的方式参与这档电视节目，但是他们仍然可以在话语层面被认为是电视节目的间接参与者：电视屏幕中的观众对主持人评论的点头认可、对政府部门的解决问题的承诺报以掌声，以及屏幕之外的观众看电视的感受，都是某种意义的表达，因此我们可以将这种"认可"和"感受"称为"观众话语"。

以上我们辨别出四类社会主体，他们围绕这档电视节目讨论的民生问题或提出诉求，或提出解决的方案，或进行评论，或表示赞同，据此我们进一步辨别出四种话语，即"诉求话语""解决问题话语""主持人话语"和"观众话语"。这四种话语中的前两种，即相对处于社会网络中较低层级的"诉求话语"和相对处于主导地位的"解决问题话语"，它们之间相互作用和影响，构成我们将要讨论的"自下而上"的纵向话语互动。至于主持人，他/她们在电视节目中一直站在悦海大厦商户角度，督促政府官员当场提出解决问题的方案，其"主持人话语"与"观众话语"一样，在本案例研究中随"诉求话语"和"解决问题话语"之间的互动一并考察。

话语的媒体化与话题的普遍化

这档《百姓问政》电视节目播出大约一个月之后的，天津广播电视台在 9 月 10 日报道了上述问题已经得到解决，表明百姓的"诉求话语"自下而上地通过地方政府官员的"解决问题话语"使相关问题得以解决。借助在 5.2 提出的"双层－五步"话语互动分析框架我们会发现，在语言使用层面"诉求话语"的社会主体充分利用电视节目提供的不同语境实施"媒体化"策略，对"解决问题话语"的社会主体形成挑战。这同时也导致在社会因素层面将话题"普遍化"，提升自身在"权力关系"中的地位，促进"解决问题话语"的社会主体在"意识形态"方面认识到解决问题的必要性，实现诉求的最终圆满解决。

　　所谓"媒体化（mediatization）"，在我们的案例研究中指在电视这类媒体成为人们日常生活中不可缺少的物品之后，其他社会领域的活动被普遍呈现在电视节目之中这样一种社会现象。以此为基础，可以认为"媒体化"过程出现的前提是各种"媒体（media）"的广泛使用，特别是各种新媒体技术（如博客、微博、微信、推特）在人们的社会生活之中广泛应用（关于微博话语的研究可参考 Myers 2010），同时"媒体化"概念也表明我们的社会生活具有"经由媒介（mediated）"的特征，因此它与"媒介（mediation）"的概念密切相关，是一种特殊的"媒介"（Agha 2011：163）。例如，面对面交谈的人彼此之间的关系需经由各自的言谈确定，时空久远的交流者之间的关系可以由印刷品这种媒体做媒介，而电子技术作为媒介则可以在表明彼此了解的程度、彼此交流的可能性、以及彼此接触的直接程度等方面发挥作用。这种"经由媒介（mediated）"的社会生活在一定程度上就是"媒体化"，特指"能够反思性地将交际过程与商业过程链接在一起的机构实践"（Agha 2011：163）。在这个意义上，被媒体化的信息在本质上是为更多的受众所设计，因此以传播范围更为广泛为目的。

　　"媒体化"除了可以体现交际过程与商业过程的联结，还可以体现交际过程与政治活动的联结。例如，费尔克劳（Fairclough

2006）曾注意到媒体和政治的社会领域边界变得模糊不清，彼此之间形成或是部分、或是实质性的相互交叉，政治辩论和宣教、政策的制定和实施、以及管理的全部内容都在很大程度上从政治领域的专门机构移到媒体领域，呈现在电视屏幕之上。在这个意义上，"媒体化"的概念与前面讨论的"再情景化"概念有相似之处，如果"媒体化"概念与"再情景化"一样表明被"媒体化"的对象是可见的语言使用的某一类别（如文本、语体等）。所不同的是，"再情景化"是将从一个情景移出的某一语言使用类别（如文本或语体）移入到另一个情景之中，是一种产生新意义的社会实践（van Leeuwen 2008），而"媒体化"则是将某一语言使用类别（如文本或语体）移入到诸如电视这样的媒体之中。例如，在我们观察的这档《百姓问政》电视节目中，悦海大厦商户的"诉求话语"就被移入《百姓问政》的电视节目之中。这些被媒体化的内容，当其传播达到一定的广度，就会给再情景化提供大量的并联输入，而接收这些媒体化内容的受众就会以各种方式将其反馈再情景化，进而将这些被媒体化的信息碎片与他们自己要表达的任何意思联系起来（Agha 2011：167）。可见，"媒体化"的概念体现出机构和群体都对实践极为关注，他们希望信息通过"媒体化"可以更为广泛的传播，至少可以引起人们的广泛关注（Androutsopoulos 2016）。田海龙（Tian 2015）也曾通过观察一个法律案件通过新媒体的讨论受到广泛关注，进而使得案件的最终结果向有利于被告的方向发展。

具体来讲，在语言使用层面，"诉求话语"的"媒体化"首先体现在事先录制好的记者调查的视频被再情景化到电视节目之中。这明显体现在人称代词的使用上面。例如，在节目开始时播放的短片中，旁白中的介绍多用第三人称名词，如下面这些带着重号的词汇所示：

（8）据商户们介绍……

（9）这位商户就向河北区光复道街道办事处反映过相关问题

（10）商务代表来到……光复道街物业办的工作人员表示……

（11）这位商人给商户代表发了一封邮件……

这些第三人称的称呼语（"商户们""这位商户""商务代表""这位商人"）不仅表明该短片是事先录制，与现场有一定的时间距离，还代表着一种"叙述"语境，与"现场"的语境形成对照。在看完这个短片之后，话语互动进入到"现场"语境，主持人则使用第一人称代词及第二人称代词（如"我""你""您"）直接与部门领导交谈，例如：

（12）李区长，打造良好的营商环境，全市上下都在加油干。然后我一看悦海大厦，2013 年、2015 年，反正都是陈了好几年的事儿。您觉得，这个干法儿，跟全市上下的节奏现在合拍么？

（13）这个楼的问题您去看。但是我觉得还有一个问题……你比如说从光复街也好，还是说刚刚对双万双服不太了解的基层干部也好，您觉得如果……

（14）我觉得刚才人家信里那段话……

这些代词和称呼语使用上的变化，借助电视媒体技术，将过去的、感觉遥远的"叙述"语境拉近到眼前，使电视观众有身临其境之感。如此将体现在记者调查录制的视频短片中的"诉求话语"通过"媒体化"过程呈现在地方政府负责人和电视观众面前，这档电视节目赋予处于社会网络较低层级社会主体及其"诉求话语"一定的能量，使其具有向较高层级社会主体及其"解决问题话语"挑战的机会。

其次,"诉求话语"的"媒体化"在语言使用层面还体现在双方参与话语互动的社会主体的呈现方式上面。借助电视媒体技术的可视化优势,在节目开始播出的短片中,每出现一个说话人便会标明其身份,如"商户""物业办工作人员""区委副书记、区长"等。如此标明说话人的身份地位,对于表现商户们因问题得不到解决而焦灼的心情、基层工作人员对政策不了解而推诿的责任、以及部门一把手承诺解决问题的决心等信息提供了角色平台。特别是地方政府部门负责人的姓名、职位等信息在电视节目播出时以字幕的形式出现在屏幕上,标明河北区区长和国土房管局局长职位的同时,也将他们的名字写出,这些信息通过电视媒体的"媒体化"过程将传播的更广,无形中增强了政府部门领导承担并解决悦海大厦问题的责任,间接地起到推动悦海大厦问题解决的作用。

除了人称代词、姓名和职位信息可以被"媒体化"之外,我们在语言使用层面还可以看到事先录制好的、反映悦海大厦商户问题的短片(部分内容见上文)也被"媒体化"到播出的《百姓问政》节目当中。这个记者调查录制的短视频的内容包括对悦海大厦商户的前期采访、对其诉求的报道、以及这些问题在两年多的时间里在多个部门都得不到解决的回述,当这个视频短片被"再情景化"到《百姓问政》的电视节目之中时,"诉求话语"的内容便以"媒体化"的方式得到广泛传播。不仅如此,这个"媒体化"过程还产生一个新的媒体视频话语。在这个《百姓问政》电视节目的制作过程中,商户诉求的文本、媒体文本(如新闻、报告、采访等)以及后期制作的版本交织杂糅,不断地经历"媒体化"和"再情景化"的过程,并在这个过程中动态变化形成新的话语(Fairclough 1995b),而这个新话语的能量将促使百姓民生问题的解决。

那么,这个体现在《百姓问政》电视节目中的"百姓问政"

新话语如何获得促进问题解决的能量呢？对此，我们可以借助"指向性"和"媒体化"两个工具性概念来理解。关于"指向性"我们在 4.2 有所讨论。就《百姓问政》这档电视节目的案例而言，记者调查时录制好的关于悦海商厦商户经商过程中遭遇诸多问题的视频短片，在电视节目中播放，使其"再情景化"到电视节目之中，因此，这个短片所具有的意义就从其"记者调查"的情景进入"电视节目"的情景之中，其在"记者调查"情景中所具有的第一层意义（如弄清真相，看问题是否存在）上升至第二层意义，如这些问题真实存在，它们可以唤起不同的人对这些问题的思考。在"电视节目"的语境中，这个视频短片实际上处于一个谈论其功能的情景之中，主持人和电视观众会认为这些问题反应了地方政府部门在社会治理方面的不足之处，地方政府部门的负责人看到这个短片，也会感到责任和压力，会增加解决这些问题的紧迫感。可见，随着这个视频短片被"再情景化"到电视节目之中，其指向意义也发生变化，由"n"转变为"n+1"（见 4.2 中的相关阐释）。而且，这种转变不仅发生在时间先后的顺序上面，而且还导致彼此叠加，形成一个有层级的连续体，即"指向秩序"（Silverstein 2003）。这也预设出，记者调查视频短片的指向意义（n 意义）由于其在社会生活中反复出现而形成一种具有稳定性的意义，即"记者调查的事实都需要解决"这样的"意识形态图式"。这种指向意义就像成年人用"儿语"讲话如果脱离与儿童交谈的情景会被认为是"家长式说教"一样（因为用"儿语"讲话的方式和与儿童讲话的情景联系在一起，已形成一种稳定的"意识形态图式"，见 4.2 的讨论），当其脱离记者调查的情景进入《百姓问政》电视节目的情景之后，主持人、观众、地方政府部门负责人都会在"意识形态图式"的作用下认为记者调查的问题必须得到解决。可见，"指向性"的概念可以深入地剖析话语互动通过语言使用层面的"再情景化"所形成的新话语具有的新意义。从系统功能语言学的角度看，这种新意义也是新话语所具有的新"功能"（Thompson 1996）。

关于"媒体化"，前面的分析已经表明，"诉求话语"与"解决问题话语"自下而上话语互动在语言使用层面的"媒体化"过程，属于"双层－五步"分析框架的前两步分析的对象。这种分析可以帮助发现语言使用层面的一个特征，即不同话语中的语言使用方式被"媒体化"（再情景化）到另一个话语的使用方式之中，并形成一个新的话语，即出现在《百姓问政》电视节目中的话语。然而，更重要的是，"媒体化"的概念表明，在"诉求话语"与"解决问题话语"自下而上话语互动过程中，"再情景化"的过程实际上体现为"元话语"的"媒体化"。"媒体化"作为链接交际过程和商品化过程的一种机构实践（Agha 2011：163），其核心在于媒体所固有的传播机制可以改变和影响传播方式、文化实践及社会变革（Androutsopoulos 2016）。例如，在这个电视节目中，现场语境中面对面交流所使用的第一人称和第二人称称呼语，录制片中使用的第三人称称呼语，字幕中打出的相关人员的职务和姓名，以及提前录制的反映商户民生问题和诉求的视频短片，这些看似是电视媒体技术所要求的、制作《百姓问政》这档电视节目所必须的素材，同时也是电视节目寻常的播出手段，但是，需要认识到，正是这些看似正常的电视播出技术赋予了被"媒体化"的"诉求话语"以一定的权力，使这个草根话语获得能量挑战处于较高社会层级地方行政官员的"解决问题话语"。

与此同时，草根话语的"媒体化"在一定程度上也体现着"诉求话语"在语言使用上的特征与电视媒体技术之间的紧密联系，并在"媒体化"过程中被媒体技术赋予合情合理的特性。电视作为一种技术手段，对人们在语言使用方面进行约束，如电视有特定的符号编码和规范，可以"制约"编排信息的方式和手段；而且，新闻制作者在利用这些编排方式和手段方面也有很大的选择空间，如是选择在演播室录制还是在现场录制；把焦点设定为事实还是注重唤起同情、愤慨或其它感受；使用什么类型的视觉再现方式，是使用图形、照片、档案电影，还是现场直播；就视频影像而言，在角度、距离等方面如何做出选择，如是使用特写镜头还是长镜头；在新闻叙事方式上是采取描写的方式，还是通过故事来讲述，抑或是侧重分析性的阐述；语言与视觉元素的联系是强还是弱，视觉是否需要语言解释，抑或"让其自己说话"，等等（Chouliaraki 2005）。可以说，正是电视技术使得草根话语的"媒体化"成为可能，同时也使其话语表达的内容被"合法化"（赵芃2016），在对"解决问题话语"形成挑战的过程中提升自身的权重。

在完成"双层—五步"分析框架所要求的语言使用层面的分析之后，对《百姓问政》电视节目中"自下而上"纵向话语互动的分析进入第三和第四两个步骤，从社会因素层面讨论话语互动中的权力关系和意识形态。就《百姓问政》这个电视节目中"诉求话语"自下而上挑战"解决问题话语"的话语互动而言，我们会发现，电视节目中的特定话题，如悦海商厦商户经商活动中遇到的具体问题，被赋予了一种"普遍化"的意义，进而与河北区的经商环境、与天津市当时正在开展的提升营商环境的"双万双服"活动联系在一起。这一将具体话题"普遍化"的策略进一步提升了"诉求话语"权重，使其与"解决问题话语"在改善和提升营商环境方面达成一致，进而在权力关系上实现新的平衡，并对"解决问题话语"社会主体在"意识形态"方面形成引力。具体来讲，电视节目将悦海大厦商户的具体诉求与天津市大的营商环境联系起来，赋予"诉求话语"一定的象征性权力，并使"解决问题话语"的社会主体通过自身的社会认知感受到不解决这些民生问题就会有违背政治要求和规范的嫌疑。

例如，商户代表和节目主持人在谈论存在的具体民生问题时，将这些具体的、特定地点发生的特定问题与具有普遍性的其他话语（如"双万双服"话语）联系起来，将特定话语赋予"普遍"的意义，进而推动问题的解决。我们在这个《百姓问政》电视节目开头播放的短片中看到，在介绍悦海大厦存在的问题时便明确指明事件发生的地理环境：

（15）悦海大厦位于天津市河北区，紧邻天津市著名旅游风景区——意式风情街，地理位置优越。

将悦海大厦个案的发生背景明确为天津市河北区，而且强调这一地区"紧邻著名旅游风景区"，就将商户反应的问题设定在了天津市大的营商环境之中。基于这样的背景设置，观众了解这一特定的具体事件也不会脱离天津市的营商环境及政策背景。根据环境设置，招商者、商户代表以及现场主持人在采访和现场讨论中，便充分利用天津市当前整体的政策环境，将悦海大厦的具体问题"普遍化"，上升到一定的政治高度，与当时正在推动的营造良好的营商环境活动联系起来。对此，地方政府部门的负责人也非常认同，他们也是从这个角度谈解决这些民生问题的必要性和重要性。下面四句话是不同社会主体言谈的具体内容：

（16）咱就从"双万双服"的角度讲，能不能帮帮我们？（商户）

（17）打造良好的营商环境，全市上下都在加油干。然后我一看悦海大厦，2013年、2015年。反正都是陈了好几年的事儿。您觉得，这个干法儿，跟全市上下的节奏现在合拍么？（主持人）

（18）这个楼宇，这么好的位置，在我们意风区的旁边，应该说是寸土寸金，这个楼宇还这么低效率的运行，这情况，我个人觉得，我们在政府的相关部门，在如何服务好企业方面，还是存在着认识、本领方面的不足。（李区长）

（19）从光复街也好，还是刚才对"双万双服"不太了解的基层干部也好，他们对这些都不了解不重视，您觉得解决了一个悦海大厦，那河北区整个的问题就都解决了么？（主持人）

从以上各社会主体在电视节目中的言谈内容可以看到，商户代表在给河北区光复道街反映问题时提到天津市当时推出的"双万双服"政策（第（16）句）。该政策是天津市政府2017年2月4日开始实施的一个民心工程，组织万名干部帮扶万家企业，服务企业、服务发展，开展分类帮扶。商户反映的悦海大厦问题并没有得到及时解决，因此在电视节目上提出"双万双服"的政策背景，旨在批评相关公务人员对市政府的宏观政策了解不深入，倒逼这些问题的彻底解决。节目现场，主持人也用"打造良好的营商环境，全市上下都在加油干"这样的句子开头，跳出河北区，将事件置于全市助商扶商的大环境之中，表明悦海大厦的情况不是一个小问题，而是河北区没有跟上天津市的整体步伐的一个大问题（第（17）句）。作为政府部门的负责人，河北区区长也认为悦海大厦的营商环境问题与该区、特别是该地段应有的商业氛围不相称（第（18）句），并在电视上承诺马上解决这些问题（第（7）句）。之后，主持人紧接着提问"河北区的整个问题就都解决了么？"（第（19）句），明显地将悦海大厦的问题当做河北区的典型问题，当作天津市"双万双服"创造良好营商环境工作中的一个重要问题，让相关地方政府部门的负责人作出改进方法，进而更好地推动悦海大厦营商环境问题尽快解决。

费尔克劳（Fairclough 2006）在讨论自下而上的全球化过程时，认为全球化过程中不仅有全球话语对地方话语的影响，而且存在地方组织和个人利用全球话语表达自己观点实现自身利益诉求的现象。这些地方组织和个人将个案置于更广阔的全球图景之中，不仅使这些图景成为个案的背景，而且使个案成为全球化整体过程中的某种类型的代表。费尔克劳借助将特定事件或话题"普遍化"这一概念，讨论全球化过程中处于不同层级的各种话语之间的辩证关系及其相互影响。与此不同，但又受其启发，我们对商户代表及主持人将悦海大厦存在的营商环境这一特定具体问题"普遍化"的讨论，更多的是关注话语互动的结果。这档《百姓问政》的电视节目将这个问题与在当时开展的"双万双服"活动联系起来，也就将悦海大厦的问题建构成与全市打造营商环境背道而驰的大问题，进而通过凸显商户诉求解决的问题对于打造营商环境的重要性提升"诉求话语"挑战"解决问题话语"的权重。

然而，并非"诉求话语"借助"媒体化"和"普遍化"的策略就可以直接实现与"解决问题话语"纵向话语互动所能达到的目的。如果这种自下而上的纵向话语互动能够实现某些社会后果，如在这个案例中实现悦海大厦商户所诉民生问题的解决，还需要"解决问题话语"的社会主体通过自己对相关社会因素的主观认识来间接实现。这就需要依据"双层－五步"分析框架的第四步，分析《百姓问政》这个电视节目将具体问题"媒体化"和"普遍化"之后，现场的政府部门负责人通过自己的"语境模型"（van Dijk 2009a，2012），即自己的"社会认知"，将悦海大厦的问题自觉上升到构建良好营商环境的高度。这种主观认识不难达到，因为现场的地方政府部门负责人都有较高的政治意识，而且，他们也明白自己面对的是媒体以及电视机前的众多百姓，他们会预判出电视观众在看了这档《百姓问政》节目之后会做出什么样的反馈。这种主观认识非常重要，因为有了这种认识，自然就有了解决问题的压力。在这一点上，人们有理由认为，从 8 月 2 日节目播出到 9 月 10 日问题解决，《百姓问政》这档电视节目，起到决定性的作用。但是，同样有理由认为，一个多月的时间解决了之前拖了三年都没解决的问题，话语的"媒体化"和话题的"普遍化"策略在"诉求话语"与"解决问题话语"自下而上互动过程中发挥了重要作用（梁晨阳 2019），而对于这个重要作用的认识，以及对于话语互动机制的认识，"双层—五步"分析框架提供了方法论方面的支撑，特别是这个分析框架的第五步，在前四步分析的基础上对语言使用层面和社会因素之间的关系进行总结性的分析。

6.3 小结

这一章讨论了纵向话语互动问题，包括自上而下的话语互动和自下而上的话语互动。关于"自上而下"的话语互动，我们观察了抗击新冠病毒肺炎过程中"国家口罩话语"与"地方口罩话语"的纵向话语互动，发现语言使用层面的语体纵向再情景化导致处于社会网络较高层级的社会主体对公众正确使用口罩进行"指导"的行为方式转变为较低层级社会主体对观众何时何地带口罩进行"规定和约束"的行为方式。这一纵向话语互动的结果与其说在宏观上与社会主体之间的权力关系有关，不如说在微观上与处于社会网络较低层级社会主体的社会认知更为相关。关于"自下而上"的话语互动，我们分析了一档《百姓问政》电视节目，观察一些久拖不决的营商环境问题如何在电视节目播出之后能够很快得到解决。在这个"自下而上"的话语互动过程中，我们发现话语之所以能够自下而上的产生作用，一些话语策略的实施非常重要，这些策略包括借助电视媒体将草根话语"媒体化"，以及将带有特性和地方特点的话题"普遍化"，这些策略既是话语互动在语言使用层面实现再情景化和形成新话语的不同手段，也是话语互动在社会因素层面改变权力关系和实现社会认知的不同方式，都在一定程度上体现出"双层—五步"分析框架所依据的某些理念和工具性概念。

这一章对纵向话语互动的研究体现在"自上而下"和"自下而上"两个指向上面，体现出"三维－双向"话语互动分析模型在指向上双向互动的特征。讨论话语互动，最重要的是关注话语互动产生的后果，即社会网络中社会主体之间通过话语实现的互动结果，而分析话语互动则要探究这个互动过程及其后果产生的机制，这其中不仅要依据分析模型和分析框架，也要应用工具性概念。这一章从两个指向展开的纵向话语互动分析，应用"元话语""元语体""再情景化""指向意义""语境模型""媒体化"以及"普遍化"等工具性概念展开研究，下一章沿着这个思路讨论横向维度上的话语互动。

第七章 横向话语互动

按照"三维—双向"话语互动分析模型的设计，在上一章分析纵向话语互动的案例之后，这一章分析横向话语互动的案例。"纵向话语互动"的概念借鉴了伯恩斯坦"纵向话语"概念，与此类似，"横向话语互动"的概念也与伯恩斯坦（Bernstein 2000）"横向话语"的概念相关。所谓"横向话语"，依据伯恩斯坦的解释，是人们日常生活中多见的常识性话语。"横向话语"的传播体现在不同节点、片段或场景之间，是一种跨领域的传播（Bernstein 2000）。在不同领域之间传播的"横向话语"彼此之间会产生一种关联，彼此之间会相互影响和相互作用，这与我们所说的"横向话语互动"相吻合。在下面的案例讨论中我们会发现，与纵向话语互动中不同话语之间存在明显的等级关系不同，横向话语互动中不同话语之间的关系是相对平等的，因此，与纵向话语互动中一种话语（如"国家口罩话语"）对另一种话语（如"地方口罩话语"）进行规范和调节不同，也与纵向话语互动中的一种话语（如"诉求话语"）对另一种话语（如"解决问题话语"）的挑战和抗衡不同，横向话语互动更多地体现为话语与话语之间的相互融合，是话语在不同领域之间的跨界，其结果是生成在语言使用方面具有"杂糅"特征的新话语。因此，第七章关于横向话语互动的讨论首先关注跨界话语互动的几个案例，然后借助"双层—五步"话语互动分析框架对中医话语和西医话语之间的互动案例展开深入讨论。

7.1 跨界的话语互动

横向话语互动过程中不同话语的社会主体处于不同的社会领域之中。例如，教育话语的社会主体是教育工作者，商务话语的社会主体是从事商务活动的人员，他们分别处于教育领域、商务领域之中，彼此之间的关系也像其所处的领域之间的关系那样，不具有绝对意义上的相互制约作用。因此，横向话语互动更多地体现为跨界的话语互动。在这个意义上，横向互动的两个话语不是源自单一的领域，而是源自不同的领域，是不同领域之间的话语互动。下面通过三个案例讨论这个问题。

招生简章的语体杂糅

我们讨论的第一个案例是来自商业领域的话语与教育领域的话语之间的相互影响与互动。为此，我们观察下面这个北京大学英语语言文学系 2000 年的本科招生简章。

英语语言文学系

"Enter these enchanted woods ye who dare!"("有勇气者，请走入这片神奇的丛林!")对，请走入英语语言、文学、文化的世界，来到未名湖畔虬枝茂叶中的栋宇，让那如歌的语言韵律织入你自己的心智，让语言中广袤千里，众生纭纭的世界变成你自己的世界(1)。

同学，面对众多的选择，你该着眼何处(2)？理想的英语教育应使人熟悉最细碎的语言现象，重视最基本的使用技能，同时汲取千百年来西方文明长河中沉积下的人文养分，以多重的视角和高超的境界观察和走入现代社会(3)。我们开设英语精读，视听训练，口译笔译，商业英语及计算机等课程，也有一整套文化，文学批评，语言学及电影与戏剧等方面的课程(4)。我们得益于综合大学文理并包的教育环境，浩如烟海的藏书，各学科交叉互补，辅修专业与双学位，国际文化与让你应接不暇的各种讲座与演说，还有时时另人感奋的辩论，演出，竞赛(5)。更何况这所综合大学是中国的最高学府，而本系又是所有综合大学中唯一的国家英语重点学科点(6)。我们请你接受更高更强的挑战，因为在这里就读最终意味着站在文化的前沿，更清楚地聆听五洲四海的风云与潮汐，更准确地理解中国现代改革开放思想的含义(7)。

市场环境更显出北大英语系的优势(8)。仅就毕业分配而言，本系毕业生享有最多的选择，近年来更是供不应求(9)。但毕业生完全可以先行一步，主动去寻找自己喜爱和擅长的职业，或像李肇星奉职外交界，或像田晓菲投入诗歌创作，如马雪松成为国家级翻译，如张隆溪以大学者的姿态致力于东西方思想的研究(10)。哈佛等校聚集着我们在外留学的系友，国内的外资企业，金融及新闻界也活跃着我们众多的毕业生(11)。我们的本科课程可充分保证你适应不同的需要，我们也鼓励你在本系读硕士或博士学位，在迷人的丛林中继续前行（12）⁷⁻¹。

在这个招生简章中，颇为引人注目的是其独特的开场白。它的第一句没有像传统的简章那样对学科性质或专业进行介绍⁷⁻²，而是引用一句英语名言："Enter these enchanted woods ye who dare!"。这句话很能代表英文系的文学特色，同时具有挑战性，通过将年轻学生预设为有勇气者而激发他们迎接挑战的勇气（报考该系）。然而，与其说这个颇具创意的开头体现出教育领域英文系的特色，不如说它更多的代表着商业领域商品提供者对潜在购买者的呼唤。这一点由紧随其后的回应体现得淋漓尽致。由"对，请走入英语语言，文学，文化的世界"引导的回应将英文系和考生置身于一个面对面交谈的语境之中，英文系直接出面"请"考生进入英语语言文学系，其直接的程度无异于商品提供者邀请潜在购买者直接购买商品，而这种推销的急切情态则有过之而无不及。

这个招生简章的第（1）句（也是第一段）所体现的商业领域的推销语体被再情景化到教育领域的特征，在随后的第（2）句和第（3）句中更为明显。这两句以"提问—回答"的修辞手段进一步激发考生的报考热情。这种通过疑问句式引发受众注意的策略应用到招生简章中，不仅能够吸引考生的兴趣，使他们继续阅读招生简章的正文，而且通过引入想象力丰富的听者，把一则独白变为一段对话，把原来的单向交际变成了双向交际。可以说，"提问—回答"这一广告推销语体被"再情景化"到高校招生语体之中，这被徐涛（2004）认为是一个很好的范例。除此之外，这个招生简章大量使用的指示词，如第（6）句和第（7）句中分别使

7-1 转引自"促销文化对机构语言的'殖民化'影响——中国高校招生简章之个案分析"一文（徐涛2004）。

7-2 例如，徐涛（2006）观察的一个传统的招生简章就是以介绍专业开头的。

192

用的指示词"这所"（更何况这所综合大学是中国的最高学府……）和"这里"（……因为在这里就读最终意味着站在文化的前沿……），比使用"更何况北京大学是中国的最高学府"和"因为在英语系就读"这样没有使用指示词的表达方式更具口语化的亲切感，增加面对面交谈的场景感。如此使用口语化的指示词拉近了英语系和未来考生的距离，让本来应该非常正式的招生简章读起来活泼新鲜。这个招生简章的谈话语体还体现在第（5）句中，那一连串名词短语和经过省略的紧凑表达方式（我们得益于综合大学文理并包的教育环境，浩如烟海的藏书，各学科交叉互补，辅修专业与双学位，国际文化与让你应接不暇的各种讲座与演说，还有时是令人感奋的辩论、演出、竞赛），也是谈话语体的一个特点，它给读者以一种印象，似乎英语系在面对面向他们历数北大这座高等学府的优越环境（如果用另一种说法，在第一个分句后添加"其中包括"，那么语篇读起来则显得有些正式了）。如果传统的招生简章是一种中规中矩的陈述风格，那么这个简章中出现的非正式的谈话语体不仅使其风格活泼，而且这种不甚严肃的语体风格也是商业领域话语侵入教育话语的一种后果。

在这个招生简章中，我们看到了商业领域的"语体"在教育领域的渗透。就"双层—五步"分析框架而言，这是语言使用层面的第一个分析步骤，即观察商业推销的语体被再情景化到招生简章语体之中，形成语体的杂糅。一般来讲，不同领域有不同的做事方式，这种做事方式在话语研究领域被认为是一种"语体"，是某一特定社会活动领域被该领域成员认可的语言运用方式（Fairclough 1995a：14），或者是一种带有话语痕迹的行为方式，因而可以被认为是社会事件中各种社会行为的话语表现形式。按照费尔克劳的观点，语体并不是一个独立的类别，而是通过众多社会行为的集合形成语体网络（network of genres），是不同的语体共同"链接杂糅"在一起。我们在 4.2 中讨论的"语体链"概念在一定程度上就属于这样一种杂糅，而在 6.1 讨论的"语体纵向再情景化"也显示话语互动的一个语体特征。

就这个招生简章而言，在辨别出其语体杂糅之后，还需进入到"双层—五步"分析框架的第二个分析步骤，需要认识这个具有杂糅语体特征的招生简章是一种"新"的与以往招生简章不同的话语。就这个招生简章而言，由于商业语体被再情景化到教育话语之中，其结果造成不同领域里社会主体不同做事方式（语体）杂糅到一起，产生"语体杂糅"，进而是不同领域中不同做事方式被杂糅在一起，形成一种混杂的做事方式（语体），如同这则招生简章中出现的大量谈话语体与严肃的教育语体混杂在一起。这是一种新的语体，是语体在不同组合形式上形成新语体的一种形式，是话语实践通常具有的形态，更是横向话语互动的一个特征。正如徐涛（2004）指出的那样，在这个以新语体为特征的招生简章中，"英语系既要做到让自己的宣传吸引'消费者'，同时又要尽可能把某些约束条件降到最低限度，也就是说在包装产品的同时尽量避开某些强制性因素。"可见，这个"语体杂糅"的招生简章，一方面体现出教育者的行为方式（表现为教育语体），如向学生传达信息，另一方面又以"商家"的身份推销自我，劝诱消费者购买其"商品"（也就是教育消费品），表现为促销语体。商业领域的促销语体在被"再情景化"到教育领域的时候，招生简章不仅成为不同语体的汇集点，而且这种"话语跨界"（徐涛2006）也使得发布招生简章的英语系体现出教育者和推销者的双重身份。这种双重身份以语体杂糅的形式出现，是一个领域的"语体"被"横向再情景化"到另一个领域的结果。

经过语言使用层面两个步骤的分析，我们看到在这个招生简章中，商业推销语体被成功地"再情景化"到招生简章这个教育领域里相对正式的语体之中，形成一定程度的语体杂糅。尽管这种语体杂糅采用日常会话的一些特点从而达到推销的目的，如可以打造消费者、生产者、以及他们之间的密切关系（Leiss et al. 2005），其中往往包括谈话式语言的精心模仿，诸如使用口语词、模拟对话、省略的问句形式和祈使语气等等。但是，所有这些并不足以改变招生简章所具有的教育语体的特征。如要究其原因，就需要在"双层—五步"分析框架要求的社会因素层面进行分析。

事实上，这种语体杂糅现象的出现受到社会经济文化因素的深刻影响。这个语体杂糅的招生简章出现的 21 世纪元年，新的全球经济和文化正将其触角伸向社会各个领域，而其中之一就是高等教育领域。与此同时，中国特色社会主义市场经济的体制不断得到巩固，以往不曾有过的市场经济运作模式不断运用到各个领域。在这样的一个大的社会背景下，高等教育的管理体制不可避免地受到商品经济的影响。因此，在市场经济运作模式进入高等教育领域之际，教育话语中也产生出为推销商品和设计企业形象所需的促销话语。这种新的变革要求高校摒弃传统的办学理念，面向市场经营高等教育产业，以实现高等教育机构（包括大学）的"扩张"（如招揽生源、扩大招生）。可见，招生简章中语体杂糅的出现，实质上是市场经济对教育领域"殖民"的结果，是市场竞争带来压力的结果。各高校要想在竞争日益激烈的教育市场立稳脚跟就必须运用各种营销策略把门类多样的教育消费品及自己明显的办学特色呈现并"推销"给广大消费者。因此，在推销和自我推销成为各机构不可或缺的经营手段的同时，这些推销语体进入招生简章就是顺理成章的事了。尽管高校不是以营利为目的的社会机构，但是，在市场经济的新形势影响下，它们也生成了极具特色的促销话语。体现在这个招生简章中，实际上是这两种社会因素（教育的授业解惑与商业的产品推销）之间的较量，而这种较量的动态变化性及其结果的不确定性导致了这两种语体在招生简章中的共存，尽管这种共存尚未打破教育语体的主导地位。

在市场经济的大潮向高等教育袭来之际，在高等教育面临扩招、面对激烈的市场竞争这样的背景下，可以说，就大的社会环境而言，商业话语与教育话语之间的关系是不对等的，教育话语明显处于被动和被殖民的地位。这一点通过"双层—五步"分析框架的第三步分析已经显现。然而，这种宏观上的不对等关系如何体现在招生简章这个具体的文本里面，则需要社会活动者（招生简章的机构作者）通过其对这种关系主观的、具体的社会认知来实现。对此进行分析，进入"双层—五步"分析框架的第四步。

在第一步的分析中我们看到，虽然这个招生简章在迫不及待地推销自己，但是它仍然保持着招生简章介绍专业信息的特色，如第（4）句介绍开设的课程，第（5）句介绍教学资源，第（6）句介绍其重点学科。虽然这个招生简章以毕业生就业标榜英文系的市场环境优势（第（8）—（11）句），但是它也没有忘记提及它可以为学生提供在本系攻读硕士和博士学位的能力。所有这些，保证了这仍然是一个招生简章。而之所以是这样，按照"双层—五步"分析框架的第四步分析，可以认为是由于招生简章的撰写者关于市场经济对高等教育影响这一社会现象的社会认知。这种认知体现为对这种影响程度的主观把握，如认为既要适应这种影响，同时又不能被这种影响所淹没。

将以上体现在语言使用和社会因素两个层面上四个步骤的分析概括起来，实际上是"双层—五步"分析框架的第五步。这个招生简章中在语言使用层面一个突出的特点就是在招生简章这样严肃的语体当中植入谈话语体，通过与考生构建一种熟悉密切的个人关系，达到推销的目的。可见，一些鲜明的推销话语特征正跨越其固有的商业领域逐渐渗透到教育领域的话语当中，这在一定程度上体现出商业领域话语对教育领域话语的殖民。然而，这种殖民性影响并不是直接作用于教育领域，市场经济也不是直接敲开了教育领域的大门。推销语体之所以成为高校这样的社会机构推销自己、招揽学生的资源和手段，是因为教育领域的决策者自己打开了教育领域的大门，请入了商业领域的推销语体。就这个招生简章而言，其撰写者对市场经济影响教育领域这一事实的社会认知间接地导致了推销语体被引入到招生简章之中。认识到这一点，实际上也是承认发生在社会网络之中的横向话语互动看似体现在语言使用层面，但深层次的原因则在于社会生活中不同领域之间的相互影响，以及社会活动者对这种影响的主观认知。这种社会认知是因人而异的，是因各自所依托的不同机构以及所代表的不同经济和社会利益而变化的，因而，横向话语互动的结果是不确定的，具有偶然性，体现出动态变化的特征。

电视节目的话语杂糅

我们讨论的第二个案例是一档电视节目。与前一章讨论的《电视问政》电视节目不同，我们关注这个电视节目不是因为它体现出自下而上的纵向话语互动，而是因为它体现出来自不同领域的话语集中在这个电视节目之中，形成因横向话语互动而产生的话语杂糅。这个电视节目 2015 年至 2016 年间，在天津、江西、甘肃、黑龙江、广东等卫视频道相继播出，名为《科学大见闻》[7-3]。该电视节目时长 28 分钟，配有字幕，转写后共计 6800 多字。节目开始，旁边的声音介绍一位医生饱受肥胖的困扰从而自主研发了快速减肥药"快瘦汤"并减肥成功，然后主持人对该医生进行采访，具体介绍该减肥药的功效，接下来医生回答在场观众的问题，向观众推荐她研制的减肥药。该节目传递出这样一个信息，即遵照这位医生的忠告，喝她研制的减肥药，就可以收到当天瘦身的减肥效果。下面我们基于赵芃（2019）对这个电视节目进行批评话语分析的研究发现，讨论这档电视节目体现的横向话语互动造成的多个话语杂糅在一起的问题。

7-3　关于这个节目，可以在互联网观看，网址：http://www.le.com/ptv/vplay/23282972.html。最近访问：2020 年 2 月 17 日，21:51。

　　这个节目集多个领域的话语于一体，有医学话语、教育话语、以及商业话语，涉及减肥知识的构建；同时，它还融合了不同的做事方式，如访谈的方式（访谈语体）、医生问诊的方式（问诊语体）、教师教学的方式（教学语体）、以及推销产品的方式（广告语体）。这些关于减肥知识的不同话语以及不同领域里不同做事方式的语体杂糅在一起，构成了这个电视节目体现的横向话语互动的整个过程。我们首先看医学话语与商业话语在旁白中的杂糅。

　　旁白在节目的播出过程中反复出现，用男中音的磁性声音叙述以下内容：

　　　　她就是今天的主人公，***大夫，她是北京东城区一家三甲医院的中医科主任，也是中国著名的中西医结合特级专家，从医 30 余年，最擅长中西医结合治疗各种肥胖、大肚子，被称为中医界的减肥快手。但是谁能想到创造了快手奇迹的*医生，过去居然也是一个身材肥胖的大夫，过去的*医生，每天给人看诊治病，经常遇到一些身材发胖的病人，她常劝病人说肥胖是疾病的源头，但是自己的肥胖也十分叫自己难堪，*医生用了半年左右时间，亲自尝试了市面上流行的各种减肥方法，发现这些方法不但减肥慢，而且很快就反弹了。这让她非常气愤，为了研制她的快瘦法，*医生搜集了各种能减肥的天然植物，通过自己专业的医学知识，组合配伍到一起，并结合人体脂肪特点，她大胆独创并自己在自己身上做实验，最终*医生发现了内外脂肪的双向减肥快瘦法。减肥速度比普通减肥方法快 5 倍。传统减肥需要半年，她只需要 2 个月。别人减肥需要 1 个月，她只需要 1 周时间，并创造了当天变瘦的快瘦奇迹，达到了目前国内减肥无人可以比拟的最高级水平。要想瘦的快，就喝快瘦汤。减肥快 4 倍。有双下巴，粗胳膊、大象腿，水桶腰，大肚子的，现在就喝快瘦汤，赶快拨打屏幕上的电话体验快瘦汤吧！

一开始，这段旁白是介绍节目主角。如，"她就是今天的主人公，***大夫，她是北京东城区一家三甲医院的中医科主任，也是中国著名的中西医结合特级专家，从医30余年，最擅长中西医结合治疗各种肥胖、大肚子，被称为中医界的减肥快手。"接下来，这段旁白的话风一转，说起这位医生专家以前也是肥胖，而且吃减肥药都没有效果："但是谁能想到创造了快手奇迹的*医生，过去居然也是一个身材肥胖的大夫，过去的*医生，每天给人看诊治病，经常遇到一些身材发胖的病人，她常劝病人说肥胖是疾病的源头，但是自己的肥胖也十分叫自己难堪。*医生用了半年左右时间，亲自尝试了各种市面上流行的减肥方法，发现这些方法不但减肥慢，而且很快就反弹了。"吃别人的减肥药没有效果这让*医生很生气，于是这位节目主角亲自研制新药，并获得成功："为了研制她的快瘦法，*医生搜集了各种能减肥的天然植物，通过自己专业的医学知识，组合配伍到一起，并结合人体脂肪特点，她大胆独创并自己在自己身上做实验，最终*医生发明了内外脂肪的双向减肥快瘦法。"

接下来，这段旁白从介绍节目的主角转到介绍这个减肥药："减肥速度比普通减肥方法快5倍。传统减肥需要半年，她只需要2个月。别人减肥需要1个月，她只需要1周时间，并创造了当天变瘦的快瘦奇迹，达到了目前国内减肥无人可以比拟的最高级水平。"而且，这种介绍在语言表达上使用五言绝句的形式，语调铿锵有力："要想瘦的快，就喝快瘦汤。减肥快4倍。"说到此，旁白中的男中音语速加快，一刻不容停留，大有让那些肥胖的患者立即就喝该减肥汤的气势："有双下巴、粗胳膊、大象腿、水桶腰、大肚子的，现在就喝快瘦汤，"到了最后，还歇斯底里地呼喊"赶快拨打屏幕上的电话，体验快瘦汤吧！"其推销药品的急迫心情与其开始介绍节目主角时的平静心态判若两人。

在这段旁白中，我们看到来自医学领域的话语与来自商业领域的话语相互融合在一起。在医学领域，介绍医生是一种常态，我们经常在医院的网站或门诊大厅看到对医生的介绍，内容包括医生的姓名、学位、专业特长等。在这段旁白中也有介绍医生的内容，如"***大夫，她是北京东城区一家三甲医院的中医科主任，也是中国著名的中西医结合特级专家，从医30余年，最擅长中西医结合治疗各种肥胖、大肚子，被称为中医界的减肥快手。"同样，在商业领域推销产品也是一种常态，似乎任何一种商品都需要广告来推销。在这个旁白中就有如下对"快瘦汤"的推销："减肥速度比普通减肥方法快5倍。传统减肥需要半年，她只需要2个月。别人减肥需要1个月，她只需要1周时间，并创造了当天变瘦的快瘦奇迹，达到了目前国内减肥无人可以比拟的最高级水平。要想瘦的快，就喝快瘦汤。减肥快4倍。有双下巴、粗胳膊、大象腿、水桶腰、大肚子的，现在就喝快瘦汤，赶快拨打屏幕上的电话体验快瘦汤吧！"

医学领域和商业领域是两个不同的社会活动领域，来自这两个领域的不同话语相互作用，其产生的后果和纵向话语互动不同，不是一话语对另一话语的殖民，或一话语对另一话语的挑战，但是，在这两个领域的不同话语相互作用过程中，其关系也并非完全平等。对于这两种话语之间权力关系的认识在"双层—五步"分析框架的第四步详细论述，这里我们进行第一步分析，即关注两个话语的互动产生的文本和/或语体杂糅。我们已经注意到，医学领域的话语与商业领域的话语之间的横向话语互动使得这两种话语相互融合在这个旁白里，形成一种具有语体杂糅特征的新话语。这个新话语既具有商业领域推销产品的特征，又不丢掉医学领域介绍医生的做法。这种新的、"杂糅"的话语体现出横向话语互动"跨界"的特征。就这段旁白而言，医学领域和商业领域的不同话语被从各自的领域移出，植入到一个新的、二者以其特定的语体形式共存的新语境当中（在这个案例中新语境就是该电视节目），最终被再情景化到一起，形成一个新的、"杂糅"的电视节目话语。在这个新的电视节目语境中，介绍医生的医学话语脱离其原来所处的医疗机构语境，其第一层级的指向意义也随之消失，取而代之的是在新语境中产生的指向意义，即介绍医生的话语（语体）与推销药品的话语（语体）一起推销这位医生研制的减肥汤。

接下来，观察主持人与这位医生的对话，发现教育领域的知识话语与商业领域的推销话语之间横向互动，同样体现出语言使用层面的杂糅。

主持人：*主任，你这脂肪还有内外之分吗？

医生：当然了。那什么是外脂肪，请大家跟我做一下。把自己的手放在自己的肚子上，使劲捏一下，好，你捏到的都是外脂肪，你可以自己感觉一下，如果把这些脂肪全部减掉，你的肚子会不会全部瘪下去呢？

主持人：好像也不行啊。

医生：一定不会，原因是什么呢？原因是你根本就不知道，你体内还藏着很多很多的内脏脂肪。这些脂肪才是造成你胖的根本原因。为了便于大家直观的了解什么是内外脂肪，我们以猪为例，看，这就是皮下脂肪也叫外脂肪，再来看，这是猪的肥肠，这里面就藏着内脂肪，我们将其剪开，看，短短的一小段肠子，居然有这么多内脂肪。想知道自己到底有多少外脂肪有多少内脂肪，那简单地说一下外脂肪和内脂肪的比例，它是1：4。外边是1斤，里面就有4斤。外边如果有10斤，里面就有40斤。

主持人：这内脂肪是外脂肪的4倍了。

医生：对，1：4嘛，我们医学界有一个老话说，只减外脂肪不减内脂肪，减一辈子的肥也是白费。这话的意思呢就是只减外边的不减里面的，这个肥就等于白减。

　　主持人：那么减肥的正确做法应该是怎样的呢？

　　医生：问得好，正确的做法就是，内外脂肪一起减。我的减肥方法之所以快，就是因为我外边的不仅减一斤，最主要的是里面还可以减4斤。所以我才敢在这保证你一个月内快速变瘦，所有的胖人变成瘦人，而且不会再胖。

　　在这段主持人和医生的对话中，我们看到一种讲解知识的话语，医生引入了"内脂肪"和"外脂肪"的概念，告诉人们一个人身上的内脂肪是其外脂肪的四倍："想知道自己到底有多少外脂肪有多少内脂肪，那简单地说一下外脂肪和内脂肪的比例，它是1∶4。"说其是教育话语，还有一个原因，就是医生在讲解这个知识点时采取了举例的方法，如为了让听众相信人体内存在内脂肪和外脂肪，她让听众捏一下自己的肚子，说捏到的都是外脂肪，而且问大家：减掉这些外脂肪肚子会瘦吗？如果不瘦，说明你还有内脂肪。她还采用教具："看，这就是皮下脂肪也叫外脂肪，再来看，这是猪的肥肠，这里面就藏着内脂肪，我们将其剪开，看，短短的一小段肠子，居然有这么多内脂肪。"这一教育话语在语言使用方面体现出两个特点，一个是关系从句，另一个是疑问句。"关系从句"是韩礼德系统功能语言学里的一个概念，指用"是"这样的动词表示主语与其他成分的关系。我们会看到，类似"这些脂肪才是造成你胖的根本原因"这样的句子比比皆是，其中"是"这一动词表示出医生对其陈述的事实非常确信。关于疑问句，我们会看到"你的肚子会不会全部瘦下去呢？""原因是什么呢？"这样的句子。它可以起到启发观众思考的作用，还可以引导观众沿着医生的思路去想问题。这种语言使用的形式在教育领域讲解知识的话语中经常出现。

　　然而，在这段主持人和医生的对话中，我们可以切身感觉到它不是纯粹的教育话语。例如，在说明外脂肪和内脂肪的比例是

1∶4之后，医生用了一种排比递进的句式，说："外边是1斤，里面就有4斤。外边如果有10斤，里面就有40斤。"显然，这种渲染的方法与教育话语传授知识的目的格格不入。这里，医生在用数字形象地渲染肥胖的程度：如果有10斤你看得见的外脂肪，那么，你就还有40斤看不见的内脂肪。这里，医生用40斤这个重量单位描述你看不见的内脂肪并非仅是吓唬你，而是为推销她的减肥药品造势：这么多这么重的内脂肪你无法看见，但是喝她研制的减肥汤就可以去掉。这里，40斤的重量足以让你相信她研制的减肥汤在减掉外脂肪的同时还可以减掉内脂肪："我的减肥方法之所以快，就是因为我外边的不仅减一斤，最主要的是里面还可以减4斤。"至此，商业领域的推销话语横空出世。医生介绍的知识也都成了她推销药品的铺垫。

在上面两个节选中，我们看到医学话语与商业话语的横向互动，以及教育话语与商业话语的横向互动，我们也看到话语的横向互动造成语言使用层面的杂糅。与此类似，下面这段医生与观众的对话，虽然本质上属于一种问诊话语，基本遵循了"询问病情、自述病情、分析病因、（开处方）"的过程，但是也有推销话语的成分被再情景化进来，形成语言使用层面的杂糅现象。

　　1　医　　生：<u>你多大了</u>？

　　2　观　　众：我32。

　　3　主持人：<u>您孩子多大了</u>？

　　4　观　　众：我孩子7岁了。

　　5　主持人：哟，这生完孩子已经7年了，这早就过了哺乳期了。

　　6　医　　生：大家好好看看她的肚子，你看看，撩起来看看啊，其实呢<u>表面脂肪并不是很厚，最多呢也就1厘米，可是她肚子为什么这么突出呢</u>？……脂肪出现了堆积……外脂肪在表面，内脂肪就像是源头，只减外边呢，里面的内脂肪很快就会窜出来了，就会补上了。你所采取的<u>锻炼出汗减肥，完全就是一种表面的单一的只减外脂肪的典型方法</u>，效果可以说是微乎其微。

7 观　众：是，就是<u>运动半天也不行</u>，那怎么办呢。

8 主持人：那像她这种情况，使用快瘦汤可以吗？

9 医　生：你像她这种情况，<u>我建议呢喝三个周期</u>……你这样的体型，最多也就三个周期，这个时间，你就会发现，肚子从里边变小了，这是为什么呢？就是因为我是内外双向的快速瘦身法，我这个方法，外面减的同时，能把藏在你肚子里的肉球给掏出来。

10 观　众：谢谢老师啊！"

在这个节选中，询问病情阶段从话轮 1 到话轮 5，该阶段由医生和主持人共同完成，通过询问观众的年龄和生育状况（"您多大了""您孩子多大了"）来确定该观众是否属于药物适用对象。自述病情阶段从话轮 6 到话轮 7，这个阶段并不是由观众（患者）本人完成的，而是该医生通过电视媒体展示给大众，并用她的语言描述了该观众的肥胖状况，如话轮 6："她肚子为什么这么突出呢？"。分析病因阶段也在这段医生代述的自述病情中完成。在这个阶段，医生不仅指出内脂肪和外脂肪共同作用是形成该患者肥胖的原因，而且还解释了运动减肥无效是因为那是一种"单一的只减外脂肪的典型做法"（话轮 6）。开处方阶段从话轮 8 到话轮 10，主持人在话轮 8 主动提出了用快瘦汤为患者治疗，医生在话轮 9 不仅默认了主持人的提议，同时也给出了药物的服用疗程"三个周期"，在问诊活动中揉进了建议和推销。

在这个问诊过程中，广告推销语体出现在问诊语体的开处方阶段。病人（观众）询问医生运动不能减肥该怎么办时（"就是运

动半天也不行，那怎么办呢。"），医生的回答被主持人的问话插入
（"那像她这种情况，使用快瘦汤可以吗？"），这显得非常不协调，
因为在正常问诊过程中通常只有医生和患者两人进行交流，且开
处方的时候药物的具体名称也应由医生提供。然而，在该对话中
这一信息却被主持人的话语取代。这种话轮转换上的不协调为该
减肥药物打起了聚光灯，将电视观众的注意力集中到主持人以及
主持人口中的减肥药名称上，从而起到一定的宣传推广作用，在
一定程度上造成问诊过程偏离其正常的程序。

　　在广告推销语体被揉进问诊过程的同时，教师教学语体也被
揉进问诊过程。在该对话的最后，观众向医生的问诊以及开药表
示感谢时并没有使用"大夫"或者"主任"这一类机构性称呼，
而是选择了"谢谢老师"（话轮 10）。"老师"的称谓方式改变了
之前医生同病人之间的医患关系以及问诊语体。伴随着电视画面
上那位医生对这个称谓的点头认可，该节目中医生和患者的身份
及其机构性关系被重新确立为师生身份和教学型关系，而寻医问
药的话语活动被转变成为教与学的知识传授型教学话语活动。

　　医学领域的话语与商业领域的话语互动、教育领域的话语与
商业领域的话语互动，体现在这个电视节目上形成各种话语的杂
糅，这或许是由于电视节目的特性所决定。这个电视节目的初衷
或许就是推销这种减肥药，而教育话语、医学话语只不过是为这
种推销话语做掩饰。在这个意义上，借助"双层—五步"分析框
架的第二步分析，可以认为杂糅在这个电视节目中的各种话语和
语体仅是因这个电视节目而产生，其偶然性和动态变化的特征预
示着这个杂糅的语言使用形式不可能造就一个常态的、具有普遍
特征的电视节目。这些不同的话语虽然本质上不具备彼此支配的
作用，但是，当杂糅在一个电视节目中时，彼此也并非平等相处，
其中一种话语（语体）会临时性地占据主导地位，如商业领域的
推销话语较医学话语和教育话语更为明显地体现这个电视节目的

初衷。正如赵芃（2019）的研究发现所示，医药专家在这个电视节目中通过话语技术（如教师上课、医生问诊）使其专家话语（如关于内脂肪外脂肪的阐述）合法化，并借此说服观众购买其药品。

依据"双层—五步"分析框架对体现在社会因素层面的话语互动进行分析，需要关注话语互动的权力关系，这在第三步的分析中体现。例如，在这个电视节目中，主持人和医生通过她们精心设定的技术手段（如访谈、授课、问诊等），成功实施了医学知识从医学领域到大众传媒领域的移位，进而在新的领域形成常规性的话语表达，不仅使其所推销减肥药的功效得以确立，而且也使其表达方式被认为是很自然的，使她们所具有的话语权威得到承认和认可。赵芃（2019）的研究显示了一项网络调查的结果，很多电视观众看了电视节目之后都产生了很强的购买该减肥产品的欲望。这说明，主持人和医生话语对听众话语的控制具有明显的效力。

电视节目是如何对观众产生影响的？回答这个问题进入到"双层—五步"分析框架的第四步。在 6.1 关于"自上而下"的纵向话语互动的分析中，第四步的分析运用"语境模型"的概念，指出较低社会层级中的话语主体对较高层级话语的主观理解和社会认知（语境模型）作为中介体决定着自上而下纵向话语互动的后果。在 6.2 关于"自下而上"的纵向话语互动的分析中，第四步的分析运用"指向性"的概念，指出"诉求话语"的语言表述在脱离原始语境（如记者事先调查）进入新的语境（如《百姓问政》电视节目）之后，这些表述产生了新的、与原始语境中的指向意义不同的指向意义，并因此在自下而上纵向话语互动过程中获得更大的能量。与此类似，在电视节目推销药品的这个案例分析中，第四步的分析会涉及一个称作"话语技术化"的工具性概念。我们会看到，电视节目主持人和医生通过一定的话语技术完成了对电视观众的控制。例如，该医药电视节目首先构建出医生这位医学领域的专家作为话语技术者，之后，这位医生又培训出处于大众媒体领域的主持人成为第二个话语技术者，二者一同运用相关的医学知识和所谓减肥真相将该减肥药从医院这个社会机构移位到大众媒体中进行推广。在电视节目中，这些技术者不仅采用访谈、授课、问诊等精心设计的"话语技术"，而且还通过仿拟的方式将医患问诊和师生授课进行杂糅，进而从多个视角说明减肥活动是社会群体的极大情感渴望以及该减肥药具有出色的治疗效果，最终通过最直白的广告推销语体将披着电视节目的伪装撕下，直接暴露出其广告推销的本质。由于已经有前面几个阶段的铺垫使得电视受众迫不及待地想要了解该减肥药的具体购买途径，从而使受众成为该话语活动中受管控的对象。经过这样一个"话语技术化"（Fairclough 1992）的过程，各领域里的不同话语和语体被杂糅到电视节目中，使这位医生以专家的身份重新建构起与观众之间新的权力关系，而且，由于她采用了更为隐蔽和寻常的话语技术，观众也更易于接受这种权力关系，并对该减肥药产生信赖感和购买欲望。

在当下的社会生活网络中，不同领域中的特定话语之间的互动与关联，已是一个相当普遍的现象。横向话语互动所形成的话语杂糅，也已经打破了特定领域里语言表达方式纯洁单一的局面。接下来进行第五步分析，则体现出横向话语互动在语言使用层面体现出的这种杂糅，实际上反应的是社会生活网络中不同领域相互渗透的程度，而这种"跨界"的社会现象也是造成社会生活网络中话语横向互动的一个重要原因。换言之，正是这种不同社会生活领域之间密切和频繁的接触与相互影响才导致了横向话语互动所形成的话语杂糅。然而，如果话语在一个领域中保持纯洁，不受其他领域话语的影响，是不是就可以避免因话语杂糅而引发的挂羊头卖狗肉的事情发生，如避免这个电视节目中名为科学普及实为商业推销的事情发生？这是一个非常复杂的问题，并非某个特定的答案所能回答，因为话语"纯洁"所体现的一个领域里的社会活动主体对另一个领域里发生的事情一无所知也未必可取。下面我们回到本书开头在第一章引言中提到的某演员涉嫌抄袭的话语事件，寻找获得这类问题答案的线索。

演员"博士"的话语单纯

这是讨论横向话语互动的第三个案例。2019 年二月春节期间发生的"某演员不知中国知网为何物"的事件沸沸扬扬持续了一周多的时间，几乎每天都高居微博热搜的榜首，成为娱乐圈中最受关注的学术事件。该事件最终以该演员退出北京大学博士后流动站以及被取消博士学位，其导师也被取消博士生导师资格而终结。而数月之后的五月底，该演员的名字再次登上热搜榜，原因是二月事件后，各高校都对申请学位的学生所撰写的学位论文加强了审查，这导致毕业生们经常通宵达旦地修改论文，他们"心痛"之余忍不住上微博吐槽，可见该事件对学生写论文的影响和冲击之大。

这起事件从传播学角度看是娱乐圈的网络舆情，但是从横向话语互动的角度看也有一些问题值得学术探究：为什么不知道中国知网（CNKI）就被怀疑学术不端？为什么该演员论文发表数量不够就被取消博士学位资格？为什么其导师也会被连带追责？为什么这样一个事件会引发全社会的热议而成为网络舆情？这些问题的答案可能都与话语是否跨界形成横向话语互动相关。

寻找答案的轨迹可以从中国学术话语体系中的博士生培养实践开始。在中国高等教育体系中，博士研究生这样高端人才的培养占有非常重要的位置。然而，无论在人文社会科学还是在工程和自然科学领域，所有博士生培养实践都围绕以论文写作为主的话语实践展开（即便是以做实验为主的工学研究也需要以研究报告的文字形式呈现实验发现）。因此，博士生论文写作的话语实践成为博士研究生培养的主要表现形式。该话语实践又由多个阶段组合而成，包括博士论文开题报告及开题答辩、博士论文中期检查、两篇核心期刊文章（通常被称为小论文）发表、博士论文预答辩、博士论文重复率检测、博士论文盲审、博士论文答辩。一个博士生如果能够获得博士学位成为一名"博士"，这个博士论文生产过程的各个阶段他都必须参与。

这还仅是博士论文的生产过程。除此之外，博士论文本身也有很多构成要素。博士论文，一般包括以下必要成分：中英文题目、中英文摘要及关键词、引言、文献综述、理论框架、研究方法、案例分析、讨论、结论、正文的文中引用和文末参考文献、致谢，其他还有一些选项也可能会有，如脚注。就论文全文写作而言还需要严格遵循一定的写作格式，包括字体、字号、标题排列，而引用与参考文献也有非常严格的格式规范要求。当然，对论文的字数和篇幅也有一定的要求。一篇论文必须符合并满足这些形式上的要求才有可能被称为博士学位论文。

博士论文在内容和写作水平方面也有严格的要求。就人文学科的博士论文而言，其内容应该体现作者对相关研究领域现状有足够全面的了解，对相关研究所依据的理论有比较深入的掌握，并能够基于这些理论有所创新，或提出新的研究路径和分析框架，或采取新的研究视角和分析方法。博士论文的内容还要涵盖足以支撑研究目的的研究语料，有明确的研究问题和可行的研究方法，要有研究发现，并在相关理论指导下对这些发现进行深入细致的分析，进而得出研究结论。所有这些内容要用规范的语言表述，章与章之间、节与节之间、段与段之间、甚至句与句之间要有逻辑的联系，意义的表达要准确清晰。

满足所有这些要求的论文，还要通过学院和学校的学术委员会审查，才能确保学生获得学位。即使这样，学生在毕业前还需要同学校图书馆签署两份协议，一份是把自己论文的电子版和纸质版授权给学校图书馆进行收藏，另一份是图书馆代替中国知网（CNKI）发放给学生的协议，主要内容是授权校图书馆代替学生把论文电子版上传给中国知网进行网络收藏，这样论文就可以在中国知网被检索、阅读、下载和引用。直到两份授权书全部签署，学生才能够毕业并获得相应的学位。

作为中国学术话语流通的主要平台，中国知网（CNKI）、万方、维普、超星等一系列网络学术检索网站利用互联网技术打破了传统纸媒阅读的时空界限，容纳了包括期刊、会议论文、学术辑刊、学位论文、报纸新闻等各种学术话语形式，让学术文献以最大可能性在学术界内流通，学者（老师、学生以及对学术感兴趣的人）都可以下载、阅读、引用这些文献，并利用平台进行学术研究。这极大方便了学术知识和文献的流通和交流，但这也变成了该事件的导火索。

该演员的一句"知网是什么东西"难免让人产生联想：作为学术话语体系中的博士，他竟然对知网这个广大学者都在使用的学术文献交流平台一无所知？要么，他并没有把他的博士论文通过学校图书馆上传；要么，他没有使用过中国知网进行文献检索。对于博士生而言，这也就意味着他没有通过使用中国知网进行学术文献的收集和写作。就论文构成成分而言，论文中一个厚重和重要的部分就是文献综述，这里论文撰写者要对前人学者在相关问题上的研究进行分析和归纳，同时为自身研究寻找立足点和创新点。撰写这部分内容需要大量阅读他人的研究成果才能完成。该演员天天拍片走场上综艺节目，日程满满，时间非常紧张，中国知网对他获取文献可以提供最为便捷的帮助：试想该演员只需要坐在浙江横店某片场的化妆间里就可以阅读一篇刊登在《新疆师范大学学报》上的文章，而不需要为了这篇文章跑回北京电影学院的图书馆或者跑到乌鲁木齐去新疆师范大学查阅，这该是一件多么惬意的事情。然而，上知网查资料这件便捷而美妙的事情，对该演员来说却是天方夜谭，以至于他发表的一篇论文与别人先前发表的论文在中国知网撞车。可见，他不知道这个"最"便捷的学术资料查找方式，怎能不让人怀疑他的论文综述是否可靠，怎能不让人怀疑他的博士论文创新点是否具有"特别"的新意。

不仅该演员在博士论文写作期间对中国知网的利用率不高，他大概也不知道已经发表的论文可以在中国知网搜索到。这时，在博士论文话语实践中的"小论文"写作浮出水面。如果该演员顺利拿到学位，就意味着至少在中国知网上应该有他署名的三篇学术论文，即两篇"小论文"和一篇博士论文。然而经常使用中国知网的网友们在知网上以他的名字为作者名检索相关学术信息却只搜到一篇 2018 年发表在《广电时评》的题为"谈电视剧《白鹿原》中'白孝文'的表演创作"的文章，该文章主要结构为"一、'白孝文'的角色形象建构"，"二、'白孝文'的表演创作解构"。该文章结构不仅与标准的论文结构相去甚远，而且全文既没有学术引用也没有参考文献，与严谨规范的学术写作格式格格不入。这种在论文结构和写作规范方面的缺陷已经足以受到学术不端的质疑，而更有好事网友将该文章下载后放入"学术不端文献查重检测系统"（由中国知网开发）进行检测，发现在这篇全文 2783 字的论文里，文献复制比竟高达 40.4%，疑似剽窃的文章来自百度文库（文件下载平台）和一篇发表于 2006 年《黄山学院学报》的文章。小论文结构和规范上的缺陷，以及很高的文字复制比，都指向该演员的博士学位论文存疑。

网友们又从博士学位论文联系到了硕士学位论文。根据在中国国家图书馆查阅到的该演员的硕士学位论文，文中不仅仍旧存在格式不规范和不统一问题，甚至在致谢导师时还出现了把老师名字写错的问题。而诸如此类的错误，作为该演员的硕士生导师和博士生导师，这位教授也未给予纠正，这就导致网友质疑他在整个博士学位论文写作过程中存在的失职问题。

最后压倒该演员的一根稻草似乎是博士论文的答辩环节。经历过博士学位论文写作过程的人都知道，从博士论文预答辩到最后答辩，需要近三个月的时间，这期间有查重和盲审等环节。而翻看该演员的微博可以看到，2018 年 4 月 6 日他放出两张和论文草稿的合影，并表示还在赶工论文，而同年 6 月 14 日他的答辩就结束了，这也很难不让网友遐想在这短短的两个月时间里他是如何完成论文修改、定稿、预答辩、修改、查重、盲审等环节的。

如果说以上的所有环节之间的联系与脱节仅仅只发生在学术圈内部，那么充其量被认为是学生心情浮躁不认真导致的结果，然而这个事却发酵为舆情，成为大众在春节期间消费的一个独特谈资，与当事人的身份不无关系。他是博士研究生，在教育领域做着研究工作；同时他也是知名艺人，经常出现在影视作品以及明星真人秀中，拥有大量粉丝。正是这种双重身份使得这个事件具备了从学术圈被移到娱乐圈并被广泛传播的条件。学术圈的世界就好似行星系中的海王星，本是默默无闻的游荡在星系的边缘，由于突然受到某些外力的作用被强大的力量吸引之后撞上了最著名的娱乐地球并被围观。一个由学术不端事件引发的网络舆情便由此形成了。设想，如果该演员知道知网为何物，不仅说着娱乐圈的话语，而且还能说着教育领域的学术话语，或者再提高一下要求，可以说两个领域话语杂糅在一起的"新话语"，人们大概就不会质疑他的学术问题了，当然也不会质疑他的影视表演能力。分析至此，我们可否得出一个初步的结论，即该演员博士学位被收回是因为他的话语太"单纯"，还只是说着娱乐圈内的单一话语，没有掌握教育领域的学术话语，因而也没有实现对教育领域的成功跨界？未必不可以。

"杂糅"中的不对等

对以上三个案例的讨论表明，横向话语互动涉及来自不同领域的话语（包括语体）之间的相互作用。这种作用导致话语（语体）杂糅在一起形成一个新的话语。然而，组成这个"杂糅"话语的不同话语或语体之间的关系是不对等的，这个新的平衡体是不稳定的，其不稳定的程度因社会活动主体的社会认知或"意识形态"不同而呈现出一定的偶然性。对于横向话语互动而言，这一点非常重要，需要进一步讨论。

在横向话语互动中，一个领域的话语与另一个领域的话语相互作用和影响，产生互动，形成话语杂糅。这些话语存在的领域彼此之间没有相互规范和制约的等级关系。在纵向话语互动中，话语或源自相同的领域（如政治领域），或源自彼此具有规范关系的领域（如与政治相关的新闻传播领域）。与此不同，在横向话语互动中，所形成的具有杂糅特征的新话语由来自彼此没有规范和制约这种等级关系的领域里的话语构成。换言之，横向话语互动与纵向话语互动不同，互动过程中来自不同领域的不同话语彼此相互作用并不具有彼此制约的关系。但是，横向话语互动导致不同做事方式的融合，形成新话语中的语体杂糅，也并非表明它们彼此之间的关系一定具有对等的性质。实际上，尽管横向话语互动中的话语源自彼此不存在相互规范和制约的平行领域，话语互动所产生的各种话语（语体）的杂糅还是体现出这些话语（语体）之间存在着主次差异。

例如，在我们分析的招生简章中，两种语体融合在一起，一个是具有谈话性质的推销语体，一个是正式严谨的教育语体。尽管推销语体的特征非常明显，但是教育语体仍然占据主要地位，明白无误地表明这不是商业广告而是招生简章，行使着招生简章所具有的介绍专业的功能。同时，它也作为招生简章进行传播，为考生所消费。就语言使用而言，它仍然保持着大量的陈述句，起到介绍情况的作用。这样，这两个语体同时存在于招生简章之中，它们二者之间的关系就有一个主次的问题，体现为"杂糅"

中的不对等关系，是一个"杂糅语体秩序"问题。

"语体秩序"类似于福柯的"话语秩序"。根据福柯（Foucault 1984）的解释，"话语秩序"的概念体现出社会活动者话语交际过程中存在的等级差异。这可以从本书第二章对话语的定义来理解。话语由语言使用和与语言使用相关的社会因素构成。不同的语言使用方式，体现出一定的社会因素，而这些社会因素（如身份，意识形态）在社会实践中的地位有所差异，形成一定的等级，即社会秩序，因此，与之相关的语言使用方式也构成一定的等级关系，曰"话语秩序"。在这个意义上，费尔克劳（Fairclough 1995：12）将话语秩序定义为"与特定的社会领域或社会机构相关联的话语实践的有序组合（如学术机构中的讲演、研讨、辅导和非正式的谈话）以及这些话语实践之间的界限和联系。"简言之，话语秩序在话语层面体现着社会秩序。

赵芃（2013）进一步分析话语秩序的体现形式，认为话语秩序的体现不是靠诸如词和句子之类的语言范畴来完成，而是由话语、语体和文体来实现。她依据费尔克劳对"话语""语体""文体"三个概念的区分[7-4]进一步指出，话语秩序由在实际生活中处于不同社会地位的社会主体的话语、语体和文体具体体现。由此，我们可以认为，就语体而言，"语体秩序"实际上是体现在语言使用当中的不同做事方式的等级关系。在具有语体杂糅特征的语言使用中，如上文分析的招生简章和电视节目，不同的做事方式（语体）虽经横向话语互动的再情景化过程同处于一个话语之中，但是，它们彼此之间的关系并非是对等的，各自在"杂糅"中所占的比重也不是一样的，相反，它们的等级鲜明，主导与从属的关系明确。在整体上处于主导地位的语体决定了该语言使用形式整

7-4 费尔克劳（Fairclough 2003）参照韩礼德对语言元功能的分类，也将社会生活中的语言使用分为三种，即再现社会事实、参与社会实践、构建个体身份，依次用话语（discourse）、语体（genre）和文体（style）体现。亦见本书第 14 页注释。

体的性质，如是招生简章而不是商业广告，是药品推销而不是科学知识普及，更不是问诊行医。

在语体杂糅的话语中，语体秩序并非总是一目了然。我们分析的电视节目中各种语体杂糅交织在一起的程度使各种语体的主次关系处于一种动态变化的过程中。例如，主持人在电视节目中具有主导地位，在启动节目、推动节目和结束节目等方面都有决定权，因此，她启动节目、推动节目和结束节目的语体在这个电视节目的多个语体中亦具有主导地位。节目中的医生也是如此。她在电视节目中应主持人之邀介绍减肥药的原理和构成，推荐减肥方法，定义适用人群等行为的语体，也相应的具有主导地位。这样，在主持人对医生的访谈形成的访谈语体中，既有主持人的主持语体，又有医生的推荐语体，二者形成一个语体秩序。这两个语体虽都具有重要地位，但因为医生的推荐行为为观众认同医生的"减肥"概念提供了引领，其推荐语体更具主导地位。这也在一定程度上确立了该电视节目具有减肥话语的性质。

在这个电视节目中还存在医患问诊语体和教师教学语体。由于"医生"和"老师"比"患者"和"学生"相对掌握知识比较多，他们在社会结构网络中的地位亦比"患者"和"学生"在社会网络中的地位高。在这样的社会结构网络关系中，掌握知识多的一方就拥有更多的引导性，并能够比较容易地让另一方对其产生依靠和信赖。在这个电视节目中，医生除了询问病人的病情和症状（问诊语体，如"医生：你多大了？观众：我 32。"），还掺杂了教学语体于其中：医生以一种启发式提问的方式对"病人"进行询问，"病人"则是通过举手来回答问题（医生：那么节目开始之前呢，我先问大家一个问题：减肥到底"难"在哪里？有谁说？）；或者由主持人代表"病人"提问用什么药有效，医生作答（主持人：像她这种情况，可以使用＊＊汤吗？医生：你像她这种情况，我建议呢喝三个周期……）。这样，将本应发生在课堂上的教学语体引入医院的问诊室，这两个语体之间的关系呈现出问诊语体为主、教学语体为辅的特征，处于主导地位的问诊语体决定着这是一个看病治病的电视节目，而非一个教授知识的电视节目。但是，之所以教学语体与问诊语体杂糅在一起，也是因为通过这样的话语策略，医生推销药品的行为（推销语体）更具隐蔽性，使其在传授知识行为（教学语体）的包裹下得以顺利实施。

除了访谈语体、医生问诊语体和教师教学语体，这个电视节目中还存在着广告语体（如：要想瘦得快，就喝快瘦汤。减肥快4倍。有双下巴，粗胳膊，大象腿，水桶腰，大肚子的，现在就喝快瘦汤，赶快拨打屏幕上的电话体验快瘦汤吧！）。广告语体通过节奏、韵律以及不断重复的品牌名称迫使观众加深对该减肥药的印象。广告一般以暴力软性为内核，以财富追求为根本，以知识构建为基础（王凤翔 2007），同时包含强烈的意识形态和社会权力关系的印记，通过建立商品与社会间的符号关系来塑造社会意象，描述社会主体及社会关系（杨先顺、张颖 2013）。但是，在这个电视节目中，广告语体与访谈语体、医生问诊语体、教师教学语体交织在一起，在"语体秩序"上形成差异和变化，在行为方式上与其他语体形成互动。

在 3.1 的讨论中我们认识到话语互动具有动态变化的特征。就横向话语互动而言，在其所形成的体现为语体杂糅的新话语中，不同语体之间的等级关系也是动态变化的。例如，在观察这个电视节目不同时刻的语体杂糅时，我们会发现，某个时刻会将某个语体推到主导的地位，如电视节目的旁白将推销语体置于主导地位，而在另一个时刻会把另一个语体推到主导地位，如在医生与观众互动环节将问诊语体置于主导地位。如果聚焦某一时刻的语体杂糅，我们也会发现语体与语体之间的相互关系也不是确定不变的，如问诊语体在医生与观众互动环节比教学语体更为主导，但是在医生与主持人的互动环节其主导地位则让位于教学语体

（"主持人：那么减肥的正确做法应该是怎样的呢？医生：问得好，正确的做法就是，内外脂肪一起减。"）杂糅语体的这种变化的动态关系在一定程度上表明，语体秩序在表明语体间等级关系的同时，也表明这种等级关系是动态变化的，也是不确定的。进一步讲，通过语体秩序体现出来的社会主体的行为方式虽然在一定的时刻存在主导或从属的相对明确的关系之中，但总体上是呈现出一种不断变化、你争我夺的动态特征。

7.2 中西医话语互动

关于中医话语和西医话语互动的问题，3.2 讨论话语互动机制时有所提及。这里再次聚焦中西医话语互动的问题，主要目的是应用 5.2 中提出的"双层—五步"分析框架探讨中医在治疗新冠肺炎中与西医的结合问题，这也是一个话语横向互动的问题。

中医治疗新冠肺炎

讨论中医话语与西医话语的横向互动，我们以中央电视台 2020 年 2 月 24 日《新闻 1+1》节目中主持人白岩松对中国工程院院士、时任天津中医药大学校长张伯礼教授的连线采访为具体分析语料 [7-5]。张伯礼教授是中医内科专家，2017 年还被授予"全国名中医"称号；自 2020 年初在湖北武汉爆发新冠肺炎疫情之后的两个月时间里，他一直作为中央指导组专家在湖北武汉指导救治工作。由于贡献突出，在 2020 年 8 月召开的全国抗击新冠肺炎疫情表彰大会上被授予"人民英雄"国家荣誉称号。这个采访围绕中医药治疗新冠肺炎展开，内容涉及中医在方舱医院治疗新冠

7-5 关于这个连线采访的视频可访问：https://weibo.com/tv/v/IvXUVcOXy?fid=1034:44 76184516296725。最近访问：2020 年 2 月 29 日 18:23。

肺炎的实际效果、中医治疗新冠肺炎的理念、中医能不能治重症
新冠肺炎患者、中西医各自的长处、以及对网上有关中西医争论
的看法，等等。

关于中西医结合治疗新冠肺炎，习近平总书记 2 月 10 日在北
京市调研指导新型冠状病毒肺炎疫情防控工作时就强调，要"坚
持中西医结合"；在统筹推进新冠肺炎疫情防控和经济社会发展工
作部署会议上，又再一次要求要"加强中西医结合"。国家卫生健
康委办公厅和国家中医药管理局办公室联合印发的《新型冠状病
毒感染的肺炎诊疗方案》也在给出西医治疗方案的同时给出中医
治疗方案，并在印发这个诊疗方案第五版的《通知》中强调，"各
有关医疗机构要在医疗救治工作中积极发挥中医药作用，加强中
西医结合，建立中西医联合会诊制度，促进医疗救治取得良好
效果"。

关于中西医结合治疗新冠肺炎的疗效，国家中医药局党组书
记、副局长余艳红用大量的临床实践数据，证实"中西医结合治
疗新冠肺炎的效果是肯定的、有效的"[7-6]。科技部副部长徐南平
也认为"中医治疗有一定疗效，中西医结合治疗，效果十分明
显"[7-7]。在我们的语料中，张伯礼也非常认可中西医治疗新冠肺
炎的效果，他说，

> 中医的效果到底怎么样？我觉得要挑一些核心指标。有
> 说服力的指标是两个：一个是病人痊愈的时间是不是缩短了，
> 因为它是个自限性疾病，它可能经过八、九天自己好了，而
> 通过中药的干预了，可能五天六天就好了，通过中药的干预
> 可能缩短时间。第二个是不从轻症转为重症，这点更关键，

7-6 国务院新闻办公室 2020 年 2 月 21 日新闻发布会：http://www.scio.gov.cn/xwfbh/x
wbfbh/wqfbh/42311/42560/index.htm。最近访问：2020 年 3 月 4 日 22:45。

7-7 国务院新闻办公室 2020 年 2 月 21 日新闻发布会：http://www.scio.gov.cn/xwfbh/xw
bfbh/wqfbh/42311/42568/index.htm。最近访问：2020 年 3 月 4 日 22:20。

晚一天早一天好并不是特关键。我自己在湖北省中西医结合医院观察了一批病例，重症的转化率只有百分之二点几，而这批方舱医院截至目前还没有一例转化为重症的。

在本研究的分析语料中，白岩松对张伯礼的连线采访不仅涉及中西医结合治疗新冠肺炎的疗效，还涉及张伯礼关于中西医之争的看法，呈现出集中医语言表达和西医语言表达为一体的特征。从话语研究的角度看，中西医在医患对话、问诊开方等方面都具有各自的特点，而这些语言使用方面的特点也体现出中西医对人体不同的认知方式。在这个意义上，中西医结合治疗新冠肺炎既是一个医疗实践，也是一个话语实践。下面我们依据"双层—五步"分析框架具体分析治疗新冠肺炎过程中中西医话语互动的问题，具体包括三个研究问题：1）中医话语中的语言使用与西医话语中的语言使用如何互动？2）"中西医结合话语"如何在中西医话语互动的过程中产生？3）中西医结合治疗新冠肺炎的社会实践怎样体现这个"新话语"的特征？

中西医结合新话语的产生

按照"双层—五步"话语互动分析框架，分析中西医话语互动的第一步是观察语言使用层面上一个话语中的词语和语体被"再情景化"到另一个话语中的过程。"再情景化"是一个动态的话语生产过程，话语活动参与者从原有情景中提取一些"文本"并将其再植入新的情景之中，进而形成具有新意义的新话语（van Leeuwen 2008；赵芃、田海龙 2013）。在观察的语料中，我们可以看到，张伯礼在总结中医药治疗新冠肺炎的一些经验时不仅仅使用中医的语言，而且还融入了一些西医的术语。下面这段言谈便是如此：

　　所以，我们也总结了一些经验，像有些病人的氧合水平比较低，血氧饱和度老是在八十上下，这时候，中医的生脉饮、生脉注射液、独参汤用上，往往一两天以后，血氧饱和度平稳了，再过两三天，基本就达标了，这种例子很多。还有像细胞因子风暴来的时候，用血必净，也能强力延缓病情的发展，中医也可以力挽狂澜。

这段话主要是总结中医药治疗新冠肺炎的疗效，按照宏观主题是话语的一个主要特征的观点（Reisigl and Wodak 2009：89），这可以被认为是一个"中医话语"，但是，这个中医话语里引入了一些西医术语词汇，如"氧合水平""血氧饱和度""细胞因子风暴"。经过如此"再情景化"的过程，这个"中医话语"已经不是纯粹的中医话语了，但也不是纯粹的西医话语，而是新产生的"中西医结合话语"。

中医的理念与西医不同。就新冠肺炎而言，如张伯礼所讲，中医认为是"病毒和人体抵抗力之间的博弈"，所以中医遵循"正气存内、邪不可干"的原则，在治疗中"提高人体的正气"。他认为，中西医是"两套医学"。正因为如此，中医话语与西医话语也是两套不同的话语，这种不同从话语研究的角度看必然体现在语言使用层面。这个问题在很多情况下已经不仅是学术问题，而成为常识，所以我们可以看到，这成为白岩松问的第一个问题："从西医角度这是一个新冠病毒，从中医的角度是怎么看和评判这个病毒的？"对此，张伯礼回答道："从这个病的表现，它就是一场疫病，中医讲的疫病就是传染性的一种瘟病。"这里，西医话语里命名为"新型冠状病毒感染肺炎"的疾病在中医话语中则被称为"疫病""瘟病"；西医里的这个疾病是由"新"病毒感染的疾病，在张伯礼看来则是中国三千年历史上有记载、有规模的 300 次疫病中的一次。这足以体现中西医话语在语言使用层面的不同。也正因为如此，不同的表述文本被融在一起时，这种语言使用层面的"杂糅"代表着新话语的产生。在这方面，除了"术语词汇和文本"以外，中西医各自独特的行医方式（诊断治疗方式）作为体现在语言使用层面的"语体"，也会被"再情景化"并体现新话语在语言使用层面的"杂糅"特征。

"语体"作为一个术语，指做事的方式在语言上的具体体现（Fairclough 2003：65）。这个术语在本书中多次提到，就新冠肺炎的治疗而言，中医从业者通过望、闻、问、切（中医称为"四诊"）的方式对病人进行观察；然后对收集的信息进行分析综合，判断病症；接下来实施辨证论治；最后开方下药。这四个步骤构成了中医诊治的特殊方式，形成中医特有的药方"语体结构"：病症描述多用古文句式，"此为"引导判断，"治当"引导论治，"处方"以中药名加数量的方式开药。此外，语体结构还包括"服法"和"剂量"等语步。如下面这个治疗轻症新冠肺炎的一个药方所示[7-8]：

> 发热，乏力，周身酸痛，咳嗽，咯痰，胸紧憋气，纳呆，恶心，呕吐，大便粘腻不爽。舌质淡胖齿痕或淡红，苔白厚腐腻或白腻，脉濡或滑。此为寒湿郁肺。治当化湿解毒，宣肺透邪。
>
> 处方：生麻黄 6g、生石膏 15g、杏仁 9g、羌活 15g、葶苈子 15g、贯众 9g、地龙 15g、徐长卿 15g、藿香 15g、佩兰 9g、苍术 15g、云苓 45g、生白术 30g、焦三仙各 9g、厚朴 15g、焦槟榔 9g、煨草果 9g、生姜 15g。

7-8 此药方主要用以显示中医药方的语体结构，参考吴宗杰、吕庆夏（2006）关于中医药方结构的研究以及《新型冠状病毒感染的肺炎诊疗方案（试行第六版）》中相关中医治疗方案的内容拟就。

服法：每日 1 剂，水煎 600ml，分 3 次服用，早中晚各
1 次饭前服用。

与中医不同，西医对病人的观察不是通过"望、闻、问、切"，
而更多的是利用仪器进行"化验检查"。就新冠肺炎的诊治来说，
就需要依据 CT 提供的影像资料和核酸检查的结果判断患者是否
属于新冠肺炎确诊病例，之后根据病人的血常规、尿常规、氧饱
和度、生化指标进行相应的抗菌治疗和抗病毒治疗，必要时提供
呼吸支持和循环支持。

可见，"中医话语"和"西医话语"在各自的语言使用层面都
体现出各自"表述文本和语体"的特点，而"中西医结合话语"
最明显的特征也体现在语言使用层面。例如，在我们观察的语料
里，张伯礼在回答对方舱医院的病人采用什么方法治疗时说道：

方舱医院里边每个病人都要吃汤药，对有个别需要调整
的药还有配方颗粒。除了服药以外，我们还组织患者来练习
太极拳、八段锦，帮助他们康复，也活跃他们的精神、增强
他们的信心；融入中医的理疗，包括针灸、按摩这些方法。

然而，在谈到疗效时，他又回到西医的诊断标准：

有将近 50 多人已经准备出舱了，两次检测病毒转阴还要
加上肺部的影像，合格以后，才能出舱，总的效果是不错的。

在这段描述中医治疗新冠肺炎方法和疗效的谈话中，既有中
医治疗方式，如喝汤药，针灸、按摩，练习太极拳和八段锦，又
有西医诊断标准，如"病毒转阴""肺部影像"。这种语言使用层
面上中西医词汇、术语、语体的"杂糅"，在一定程度上标志着
"中西医结合"新话语的产生。

中西医话语互动产生的"中西医结合话语"是不稳定的，"双

层—五步"话语互动分析框架中的第二步对此加以确认。中西医不同的表达方式（如术语词汇）和行医方式（语体）"杂糅"在一起，产生新的"中西医结合话语"，但是，这个新话语因"杂糅"程度的不确定和杂糅成分之间关系的不稳定而呈现出动态变化的特征。如上所示，用西医的诊断标准（病毒转阴、肺部影像）来判断中医的疗效，这在一定程度上表明西医话语对中医话语的主导。这种情况并不少见。吴宗杰、吕庆夏（2006）考察某省立中医院中医医生诊治的过程，发现中医运用了西医病理学来阐述病症，进而使中医处方与西医病理之间产生某种语言联系或混杂，导致中医的行医过程逐渐离开其传统语言和语境，与西医的诊治过程形成"杂糅"：询问病人、西医检测、确立西医病名、输入病名、电脑生成药方、四诊、辨证、论治、修改固定药方。在这种行医方式中，中医话语的语言使用已经在"语体结构"上发生变化，以实证分析为特点的语体进入传统中医话语之中，并处于概括性的主导地位，而体现传统中医行医方式的语体（四诊、辨证、论治）则处于一种被包围、被殖民的尴尬境地，最终导致中医的行医方式产生重大变化。

"中西医结合话语"体现在语言使用上的"杂糅"也确确实实体现出其不确定的特征。在某种情况下中医话语处于主导地位，在另一种情况下西医话语又处于主导地位。在本语料中，白岩松就问："网上很多网友也在争论中医强还是西医强，您关注这些争论吗？"虽然张伯礼回答"我真不关注"，但作为中西医话语互动的结果，"中西医结合话语"也毕竟不是中医语言和语体与西医语言和语体达成的一个平衡点。相反，"中西医结合话语"仍然体现着中西医两种话语之间的较量。为什么会这样呢？

回答这个问题，进入话语互动分析的第三步，涉及话语互动的社会因素层面。在中西医话语互动过程中中西医两个话语之间的关系是不对等的，这种不对等的关系影响着新的话语。具体来讲，由于中医通常指向"传统"，具有诸如"旧的""保守"等"指向意义"，而西医通常指向"科学"，具有诸如"先进""创新"等"指向意义"，因此在这样一个由指向意义构成的"指向秩序"当中，两个话语所具有的分量是不同的，换言之，彼此之间权力关系是不对等的。一种可能的情况是，西医话语所具有的"现代性"和"科学性"指向意义较中医话语所具有的"传统"和"非科学性"指向意义更具文化霸权的地位。这种情况下产生的新话语就体现出西医在表述文本和语体方面占主导地位。处于强势的"现代化"力量以其科学的合理性论证了中医话语的不科学性，使得中医话语处于需求这种科学性语言的境地。其结果便是，中医话语在文化霸权的社会条件下接受这些科学术语以实现自身的现代化和国际化。正如甘代军、李银兵（2018）分析指出的那样："西医之所以能够在近代实现对中医的话语压制，是建立在其不断的知识权力生产基础之上的，它不断塑造西医的知识权威、科学地位和话语优势。"

可见，中医话语中的语言使用与西医话语中的语言使用之间的关联与互动，实际上是这两种话语间以"权力关系"为体现形式的社会因素相互作用的结果。这些"社会因素"在宏观层面体现为西医科学话语的强势与霸权，也体现为中医实现现代化和国际化的趋势与要求。西医借助于新技术和新仪器，对人体和疾病的认识深入到细胞和分子水平，不但能做到定性定量分析，而且还能做到精确定位，使诊断和治疗更为准确、有效和易见，因此也更具科学性和权威性。这些科学知识被制度化和机构化，形成权力，迫使中医在诊治过程中采用西医的语言，接受西医的标准和检验，否则就会在"不科学"的名义下被排挤出局。在这种不对称的中西医互动过程中，尽管可以产生"中西医结合话语"，这个新话语也不是稳定和确定的，无法具有确定的意义。因此，正如张伯礼在采访中所讲，争论西医强还是中医强是"无聊的，没有什么意义"，有意义的则是"治好病是真的"。"中西医结合话语"的这种动态变化特征，用张伯礼的表述，就是"各自医学都有自己的长处，也都有自己的短处。西医急性重病抢救的时候，那些手段谁也替代不了，对改善功能性疾病的慢性病，中医的优势也很突出。"

　　处于话语互动过程中的中西医两个话语不对等，是话语中体现为"权力关系"的社会因素的具体表现。这种权力关系相互作用之所以能够产生"中西医结合话语"则是中医从业人员对中医自身发展认识的结果，包括对他们自身身份的认识，对他们与患者的关系的认识，以及对他们服务的机构对他们的要求的认识。这些"认识"在一定程度上可以用"意识形态"这个概念体现出来。这是分析的第四步。

　　"意识形态"在话语研究领域最基本的含义是社会活动主体对世界的主观认识（Woolard 1998：5），或特定社会群体对于社会的信念和认知，是一种心理框架（van Dijk 1998：9），而且"意识形态"所体现的主观认识是关于公共领域里权力关系的认识（Verschueren 2012：9）。在本文的分析语料中，张伯礼作为"全国名中医"接受采访，总结中医药治疗新冠肺炎的经验，但是，如前所示，他的采访中也夹杂着西医的言语表述，如"氧合水平""血氧饱和度""细胞因子风暴"。他要说明中医药对新冠肺炎治疗有效，但是评价这种疗效的标准却还是要借助西医的标准，看病人的核酸检测是否转阴，CT 检查的肺部影像是否正常。在他的"中西医结合话语"中，"中医药完全可以把它（轻症新冠肺炎）拿下来"，而对于重症患者，中医虽然是配角，"但是有时候又不可或缺"。他的所有这些表述体现出中医在他的"中西医结合话语"中处于主导地位，这不能不归之于他对中医疗效的深信不疑和对中医中药的专业认知。从话语研究的角度看，这就是他关于中医药的"意识形态"。与这种中医占主导的"中西医结合话语"相对，在其他"中西医结合话语"中即使西医处于主导地位，其原因也是由中医从业人员的"意识形态"所致。例如，谢苑苑（2017）在自然情境下对浙江中医药大学附属医院的一名专家坐诊现场进行录音，并对13例医患对话录音进行分析，发现这位坐诊中医与患者的对话交流中，虽然使用大量具有"不在场"性质的中医语言，如使用与西医以实证科学话语为代表的技术化语言不同的、中医特有的、以启发、暗示为特点的诠释性语言，但是，多处对话内容还是有以具体数值为体现形式、带有实证分析特点的西医语言。这种体现为中西医语言杂糅的"中西医结合话语"，按照谢苑苑（2017）的分析，更多的包含了西医的成分，或者说西医占有主导地位。其原因在于这位坐诊中医非常在乎他与患者之间的关系，如谢苑苑（2017）所指出的那样，这位坐诊专家是为了"便于医患交流"。

可见，相互作用的话语在因话语互动而产生的"新话语"中的地位如何，是社会活动者对相关社会因素主观认知的结果。运用范代克（van Dijk 2012）提出的"语境模型"来看中医和西医谁在"中西医结合话语"中占主导的问题，可以认为并不是中医所处的社会语境（如中西医之间不对等的权力关系）直接导致西医的殖民性侵入，而是中医从业人员对这种社会语境的主观认知间接导致了这个结果的发生。换言之，如果西医在"中西医结合话语"中占主导，或者在中医对疾病的医疗实践中采用某些西医的诊治做法和说法，则是因为中医从业人员认为西医的科学性可以弥补中医的某些欠缺。这种依不同语境和因素而变化的个体或集体认知，在我们的话语互动研究中被认为是一种"社会因素"，如对中医的认识属于中医话语的社会因素，对西医的认识属于西医话语的社会因素。这些社会因素（对中医或西医的认识）通过中医医生在行医过程中对与中医相关问题的实时认识和判断具体体现出来，一种认识为主导时另一种则处于从属地位，而这些认识的相互作用影响着中医话语和西医话语之间语言使用的交融程度。在西医话语对中医话语进行殖民性现代化改造的时候，它也会遇到不同程度的抵制，用伯恩斯坦（Bernstein 1990）的话来说，就是"挪用（appropriation）"。"殖民"与"挪用"各自的程度如何，彼此较量的结果如何，这在一定程度上取决于社会活动者对这两种话语的认同程度，即作为社会因素而存在的"意识形态"间接地决定着话语互动的走向。

以上在语言使用和社会因素两个层面对中西医话语互动进行了分析，下面进入"双层—五步"分析框架的第五个步骤，审视这两个层面之间的辩证关系。中西医相互影响首先反映在语言使用层面，各自的术语、表述文本、语体被"再情景化"到对方的话语之中，造成语言使用的"杂糅"，并以此为特征形成新的"中西医结合话语"。这个新话语因中西医语言使用层面"杂糅"成分的不对称而体现出意义的不确定，这是因为在社会因素层面存在中西医之间不对等的权力关系，而这种不对等的权力关系之所以影响中西医话语互动的结果，影响"中西医结合话语"所具有的新意义，是因为中医从业者对诸如西医的科学性、中医的国际化、中医的专业性这些与中医话语相关的社会因素实时进行着个体或集体的主观判断。在这个意义上，体现为"权力关系""意识形态"的社会因素层面的话语互动对体现在语言使用层面的话语互动起到制约作用。

以上依据"双层—五步"话语互动分析框架，探究中西医话语互动的内在机制，发现中西医话语中不同特点的语言使用成分被"再情景化"到一起，形成语言使用上具有"杂糅"特征的"中西医结合话语"。这个新话语的产生过程充满着"权力关系""意识形态"这些与语言使用相关的社会因素的作用和影响，因而"中西医结合话语"的意义不是确定不变的，而是动态变化的。就中西医结合治疗新冠肺炎而言，如观察的语料所示，中医药对轻症患者具有明显的疗效，对重症患者具有辅助的疗效，而且这种疗效还需要以西医的标准进行确定。这些都凸显出"中西医结合话语"意义的不确定性、阶段性、以及偶然性。

"中西医结合话语"的不确定特征还体现在强调中西医结合治疗新冠肺炎的社会主体更多的是中医医生，而不是西医医生。例如，《新闻1+1》这个电视访谈节目介绍中西医结合治疗新冠肺炎的情况，主持人选择访谈了张伯礼这位"全国名中医"，而不是某位西医医生，这本身就预示出在中西医结合治疗新冠肺炎的医疗实践中中医所处的地位与西医不同。这种不同在一定程度上体现出"中西医结合话语"所具有的意义是不确定的，而这种不确定也是中西医话语互动的结果。运用"双层—五步"分析框架对中西医话语互动过程进行分析，认识到这个动态变化过程中相关因素之间相互影响导致"中西医结合话语"的动态性和不确定性，在一定程度上体现出该分析框架的可行性。同时也表明，批评话语研究需要超越那些比较和对比不同话语中语言使用静态特征的研究，将研究的关注转向不同话语之间的动态互动过程。这也代表着批评话语研究发展的新方向。

7.3 小结

第七章讨论的重点是横向话语互动，即不同社会活动领域中的不同话语之间的互动，也称为跨界的话语互动。横向话语互动导致以语体杂糅为体现形式的新话语，正如我们观察的那个电视节目显示的那样，来自医学领域的话语（语体）、来自教育领域的话语（语体）、以及来自商业领域的话语（语体）混杂在一起，出现在一个电视节目当中，形成一个语体杂糅的新话语。从另一个角度来讲，如果没有这种语体的杂糅，话语还停留在某个领域中的"纯洁"话语当中,如那个影视演员不知知网为何物的话语那样,则说明没有实现社会不同领域之间的跨界。

话语中的语言使用可以表达社会主体对客观世界和主观世界的看法,此为"话语",也可以体现社会主体的行为方式,此为"语体"。根据费尔克劳(Fairclough 2003)的这个观点,在我们观察的案例中,如果将语言使用体现行为方式作为观测的重点,那么话语的杂糅也就体现为语体的杂糅。7.1 在讨论了三个跨界话语互动的案例之后,专门讨论了语体的杂糅及杂糅在一起的语体之间彼此的关系,这种关系总体上体现为主导和从属的等级关系,而且,处于主导地位的语体决定着语言使用的整体行为方式,如推销语体在电视节目中处于主导地位则表明这个电视节目的行为方式总体上是推销药品。然而,杂糅于一体的不同语体之间的关系虽在某一时刻是相对具体和明确的,但总体来看是不确定且动态变化的,这也是这一章所表达的一个观点。

话语互动的具体案例分析需要依据一定的分析步骤展开,分析中还需要借助相关的工具性分析概念。7.2 以一位中医专家就中医药在抗击新冠病毒肺炎过程中的作用接受电视访谈为语料,分析中医话语与西医话语之间的话语互动问题,即是应用了我们提出的"双层—五步"分析框架。从案例分析的角度看,"双层—五步"分析框架可以清晰地揭示横向话语互动过程不同话语相互作用的内在机制;从分析框架的角度看,这个案例分析可以说是"双层—五步"分析框架的一个释例,体现出这个分析框架的潜在阐释力。因此可以说,3.2 中关于中西医话语互动的讨论与7.2 对中西医话语互动案例的分析,从不同的侧面揭示出话语互动跨界影响的内在机制。

第八章　历时话语互动

这一章继续依据第五章提出的"三维—双向"话语互动分析模型，对社会结构网络中的话语互动通过具体的案例进行阐释，在第六章和第七章分别阐释话语的纵向互动和横向互动基础上，阐释分析话语历时互动的问题。8.1集中分析过去某一历史时刻的话语对后续话语的影响和作用，8.2集中讨论从当下话语的立场出发对过去发生的历史事件的重新界定问题。在"过去"对"现在"的历时话语作用方面，我们将以20世纪60年毛泽东"向雷锋同志学习"的题词和雷锋日记为例，讨论当其被历时再情景化到后续的学雷锋话语中时所产生的新意义和新作用。关于历时话语互动的另一指向，即"现在"话语对"过去"事件的再建构，我们将以20世纪70年代在我国农村合作医疗中发挥重要作用的

"赤脚医生"为例，考察"现在"话语与"过去"话语的历时互动，以及"赤脚医生"形象的再建构问题。

8.1 "过去"对"现在"的话语互动

在这一小节我们讨论学雷锋活动中的话语互动。"学雷锋活动"起源于 20 世纪 60 年代，一直在中国社会延续至今。之所以以学雷锋活动为观察的对象讨论历时话语互动，是因为 2016 年春节期间在互联网上流传的一段视频引发的思考。那是广东卫视播放的 2016 年中国文学艺术界春节大联欢"百花迎春"中的一个片段——郁钧剑、孟可、丁纪改编的音乐组合"北风吹随想"[8-1]。视频中，盛中国、俞丽拿、吕思清、刘云志四位小提琴家娴熟的演奏，在朱亦兵领衔的大提琴乐队的衬托下，将我们耳熟能详的"北风吹"旋律演绎得典雅悠扬。随后，古筝、二胡、横笛在锣鼓的伴奏下将刚刚欣赏了西洋典雅的观众带入东方神韵的欢快之中。在这段视频的最后，一段在男生合唱烘托下清澈透亮的女声独唱，将北风吹的旋律定格在"欢欢喜喜过个年"的高亢与兴奋之上。看着艺术家们的精湛演出，以及不时出现在画面中的年轻艺术家漂亮的笑脸和老年艺术家那满意的面容，听着这首不能再熟悉的曲调，哼唱着这些不能再熟悉的歌词，忽然有一种陌生的感觉涌上心头——这是我们 50 年前听到的《北风吹》吗？……那应该是 1967 年或 1968 年，也是春节，小孩子们都围在收音机旁，听着里面传出的喜儿唱的北风吹，凄惨，悲伤，看不见，但感觉得到，喜儿很想欢欢喜喜过个年，可是，她的这个现在看来非常简单的期盼，在那个寒冷的"北风吹、雪花飘"的除夕晚上彻底

8-1 可见 http://tv.cntv.cn/video/VSET100261528294/fa406861577e46c3809fba8c01094a7f。最近访问：2017 年 11 月 22 日 19:05。

破灭了——不仅没有欢欢喜喜过个年，而且爹爹被地主逼死、自己逃往深山，以致多年后变成"白毛女"。旧社会这种将人变成鬼的故事不知在那个"过去"的时代唤起了多少人要为喜儿报仇的冲动……

如果说"北风吹"这部音乐作品在不同历史时期带给人们的感受虽大不相同，但其旋律毕竟优美，因而经久不衰也在情理之中，那么，在中国大地延续50多年的学雷锋活动，这段具有不同时代烙印的历史，其经久不衰的内在动因是什么呢？如同《"学雷锋活动"历史变迁的话语研究》（赵芃 2017）这部专著观察的语料所示，50多年前学雷锋是要不忘阶级苦、牢记血泪仇，而50年后的学雷锋则是要建设社会主义精神文明，弘扬"正能量"。半个世纪的历史经历了太多的变化，学雷锋活动也经历了不同的主题，这些主题体现在各个历史时期的"元话语"里，并被再情景化到后续的话语之中。正是由于对历时话语互动过程的深入探究，这部著作被称为"批评话语分析的一种标杆性尝试"（田海龙 2018）。由于是过去的元话语被再情景化到后来的社会情景中的话语里面，在下面的讨论中我们用"过去"对"现在"来表示这一时间指向上的话语互动。

所谓"元话语"，正如4.2所讨论的那样，在将话语视为社会实践的批评话语研究领域，不是话语的组织结构或作者对话语内容的看法和态度，也不是那种描述和评价其他话语的"元符号话语（metasemiotic discourse）"，而是话语所具有的"基本或原始的话语"的特性，它们以直接引语、间接引语或自由间接引语等文本形式内嵌于派生话语之中，且不停地被派生话语所重述和评论（赵芃 2017：22）。这里的"内嵌""派生"在一定程度上体现着"再情景化"的过程，是话语主体通过把元话语／话语从旧情景中提取出来，并把这一元话语／话语转移到新情景之中的一种话语实践。在这种"再情景化"的过程中不仅需要话语策略的参与，还需要通过互文性、互语性、再情景化等话语手段将话语以文本的形式（语言使用）进行提取，更需要通过由各种语体之间以及各种文体之间的相互杂糅确立的话语秩序给予这种提取和转移行为以权威的力量。这样的"再情景化"过程不仅产生新的话语，也创造新的意义。就"学雷锋"活动这一波澜壮阔的社会实践而言，这些具有元话语性质的话语体现在"领袖话语"之中，在语言使用层面具体体现在领导人题词、雷锋日记、领导人著作、重要会议文件等文本和语体之中。下面我们以领导人题词和雷锋日记的历时再情景化为例，阐释"过去"对"现在"的历时话语互动过程。

领导人题词的历时再情景化

关于学雷锋活动，我国几代领导人都非常重视并亲自题词。这些题词，正如李长春同志 2003 年 3 月 28 日《在纪念学雷锋活动 40 周年大会上的讲话》中指出的那样，"为学雷锋活动的开展指明了方向"。下面是一些领导人的题词，借用话语研究领域的学术术语，我们称之为学雷锋活动的"元话语"。

毛泽东题词："向雷锋同志学习"。

周恩来题词："向雷锋同志学习：憎爱分明的阶级立场，言行一致的革命精神，公而忘私的共产主义风格，奋不顾身的无产阶级斗志"。

朱德题词："学习雷锋，做毛主席的好战士"。

刘少奇题词："学习雷锋同志平凡而伟大的共产主义精神"。

邓小平题词："谁愿当一个真正的共产主义者，就应该向雷锋同志的品德和风格学习。"

陈云题词："雷锋同志是中国人民的好儿子，大家向他学习。"

"题词"在中国社会科学院语言研究所词典编辑室（2016：1286）编的《现代汉语词典（第七版）》中的解释是，"为表示纪念或勉励而写下来的话"。然而，上面这些领导人为学雷锋活动写的题词已不仅仅是文字，它们通过被刊载在 1963 年 3 月 2 日出版的《中国青年》杂志，之后又被 1963 年 3 月 5 日《人民日报》转载，完成了被"再情景化"于新的、具有权威性的报纸杂志的情境之中，进而被赋予了"为学雷锋活动的开展指明方向"的意义和作用，成为向雷锋同志学习的"元话语"。

如果说这些题词被刊登在报纸杂志只是当时（1963 年）的一种"再情景化"过程，那么，当这些题词被重新刊发在 1977 年 3 月 5 日的《人民日报》时，这种"再情景化"则可以被认为是一种"过去话语"在"现在话语"中的"历时再情景化"，即将过去的语言使用（领导人题词）从当时的情景移出，然后被移入一个新的后续情景之中，进而在"过去"（1963 年）话语与"现在"（1977 年）话语之间形成历时互动，产生影响，进而形成"历时话语互动"。如图 7.1 所示，毛泽东的题词被重新刊发在 1977 年 3 月 5 日的《人民日报》第一版，便是领导人题词历时再情景化的一个例子。

按照田海龙（2016b）提出的再情景化分析模式（亦见本书4.2），我们可以确定，毛泽东 1963 年号召向雷锋同志学习的领导人题词即是被移动的、体现在题词中的学雷锋活动的元话语，这些元话语所具有的号召全国人民向雷锋同志学习的意义也随之被移动。那么，它的原始情景是什么？又被移入什么情景之中了呢？

毛泽东题写"向雷锋同志学习"是在 20 世纪 60 年代初，当时国内外形势严峻而复杂。在国内，我国刚经历了三年自然灾害，国民经济发展遭遇严重困难。在国际上，苏联撤走专家，以美国为首的西方帝国主义国家仍然对新中国实行包围、封锁、遏制和威胁的政策，战争的威胁依然存在。在这样的背景下，社会主义

图 8.1　毛泽东题词的历时再情景化

中国需要一种精神来鼓舞和激励全国各族人民，而雷锋作为一名普通的人民解放军战士，他在参军前就三次被评为先进生产者，十八次被评为标兵，五次被评为红旗手。参军后，他又多次立功，被评为"五好"战士，节约标兵，学习毛主席著作标兵，并荣获模范共青团员的称号。雷锋那勤俭节约的生活作风，认真学习毛主席著作的劲头，都是人们在当时国内外严峻形势下所需要的精神作风。1962 年 8 月雷锋牺牲后，国防部于 1963 年 1 月 7 日命名雷锋生前所在的班为"雷锋班"。同年 3 月 2 日，《中国青年》杂志首先刊登了毛泽东"向雷锋同志学习"的题词。3 月 5 日，《人民日报》《解放军报》《光明日报》《中国青年报》等都刊登了毛主席的题词手迹，党和国家领导人也为雷锋题词。从此掀起了全党、全军和全国各族人民向雷锋同志学习的热潮。

毛泽东"向雷锋同志学习"的题词被移出这样一种元话语存在的原始情景，重新刊登在十四年之后 1977 年 3 月 5 日的《人民日报》。1977 年的背景与 1963 年完全不同。正是在百废待兴的社会历史背景下，毛泽东"向雷锋同志学习"的题词重新刊登在《人民日报》头版头条，体现出我们党"正本清源"的决心和信心。

那么，是谁导演了这个"历时再情景化"呢？回答这个问题，是"再情景化"分析模式（田海龙 2016b）的重要一步。其实，答案很明显。因为毛泽东的题词被历时再情景化到 1977 年的《人民日报》，这一定是《人民日报》编辑部的决定。众所周知，《人民日报》是中国共产党中央委员会机关报。这也预示出中国共产党中央委员会是这个历时再情景化过程的操作者。在这个百废待兴的历史时刻，通过将毛泽东向雷锋同志学习的题词重新刊发在党中央的报纸上，就是要向世界表明中国共产党要在正本清源上开始新的征程，就是要树立起共产主义远大理想和艰苦奋斗的精神，就是要坚定全党全国人民建设社会主义的信心。

毛泽东的题词"向雷锋同志学习"最初是号召全国人民向雷锋同志学习。在被重新刊登在《人民日报》时，时过境迁，其最初的意义在外延上也随之发生变化。它所具有的"新意义"是它被植入新情景之后所生成的"新话语"所具有的意义。按照田海龙（2016b）提出的再情景化分析模式，这个新意义可以从三个方面观察：a）对再情景化的操作者而言：他的目的是什么？是否实现？b）对元话语而言：元话语与新场景其他构成成分有什么新关系产生？这种新关系产生什么新话语？c）对新话语的接受者而言：他对再情景化的反映是什么？他认定的新意义是什么？他接受还是拒绝他所认定的新意义？下面我们重点讨论其中的第一和第三个方面，将第二个方面的问题留在讨论雷锋日记再情景化时再述。

首先，对《人民日报》编辑部来说，将毛泽东在 1963 年的题词重新刊登在 1977 年报纸的头版头条，体现出党中央对"学雷锋活动"的肯定。可以说，当毛泽东题词被重新刊登在党中央的机关报上面，这一"学雷锋"元话语已演变成一个新的话语，其意义不仅仅是弘扬雷锋精神这样一种文化意义；这一新话语的意义还体现在政治方面。联想起一批新中国成立后创作的文艺节目，如大型音乐套曲《长征组歌——红军不怕远征难》，歌剧艺术电影《洪湖赤卫队》，这些"历时再情景化"赋予新话语的新意义更多的是政治意义。在这一点上，可以说"再情景化"的操作者充分利用了这一话语策略以实现其"正本清源"的社会实践目的。

其次，再情景化产生的新话语所具有的新意义还可以从新话语接受者的角度界定。在当时的历史条件下，《人民日报》的读者对这份党中央机关报所传递的信息是绝对相信和服从的。一方面，读者了解中央精神的渠道比较单一，这份报纸可以说是重要的渠道；另一方面，毛泽东题词被重新刊登，在同一版面的下方还有在当时最具权威的"两报一刊"（《人民日报》《解放军报》和《红旗》杂志）社论。所有这些都在很大程度上保证了读者接受这一新话语的新意义。

可见，1963 年 3 月 5 日《人民日报》刊登的毛泽东题词"向雷锋同志学习"被重新刊登在 1977 年 3 月 5 日《人民日报》这一历时再情景化，实际上是以元话语"再情景化"的形式体现的历时话语互动。与纵向话语互动和横向话语互动一样，历时话语互动也体现在语言使用层面和社会因素层面。以上讨论的领导人题词的再情景化可以说是体现在语言使用层面的话语互动，属于"双层—五步"分析框架的第一、二两个步骤的分析内容。接下来我们以雷锋日记的再情景化为例进一步深入讨论语言使用层面的历时话语互动，之后以这两个再情景化过程为基础讨论社会因素层面的历时话语互动，涉及"双层—五步"分析框架的后几个分析步骤。

雷锋日记的历时再情景化

雷锋从 1957 年秋天开始写日记，记录下每天的事情和感言，内容涉及方方面面，有学习毛主席著作方面的感言，如：

> 毛主席著作对我来说好比粮食和武器，好比汽车上的方向盘。人不吃饭不行，打仗没有武器不行，开车没有方向盘不行，干革命不学习毛主席著作不行！（1961 年 4 月某日）

有涉及为人民服务的感言，如：

> 人的生命是有限的，可是，为人民服务是无限的，我要把有限的生命，投入到无限的"为人民服务"之中去。（1958 年 6 月 7 日）

还有关于学习要发扬"钉子"精神的内容，以及集体主义精神、共产主义精神、阶级立场的内容，还有把自己比作一颗永不生锈的螺丝钉的内容，等等。

雷锋日记的这些内容，于 1961 年 12 月 1 日在原沈阳军区机关报《前进报》上首次以一个整版的篇幅摘录发表，作为体现雷锋先进事迹的一个形式，供部队官兵学习。雷锋牺牲五个月后，他的日记被进一步整理出来，于 1963 年 4 月冠以《雷锋日记》的书名由解放军文艺出版社正式出版，在全国发行。这一本正式出版的《雷锋日记》一共选择编辑了 121 篇雷锋日记，约 4.5 万字，满足了当时人们学习雷锋先进事迹的需要。

雷锋日记以直白的方式记录事件，抒发感想，不仅反映出雷锋先进的思想，成为人们了解雷锋生前思想的最直接的方式，而且通俗易懂，有助于生动、具体地了解雷锋这位榜样的内心世界。在学习雷锋活动的半个世纪里，雷锋日记的文本也不断被引用和阐释，形成历时再情景化的过程，在被赋予新的具有时代气息的新意义的同时，也成为"过去"话语对"现在"话语历时互动的案例。

例如，1981 年 3 月 5 日《中国青年报》刊发题为"八十年代更需要雷锋精神的大发扬"的社论，其中在反驳"雷锋太左了"的错误观点时指出：

> 在我们社会主义的旗帜上，的确写着"按劳分配"四个字，但是决不要忘了在这前面还有四个字："各尽所能"。这四个字同共产主义旗帜上写的"各尽所能，按需分配"的前四个字是一样的。这说明社会主义是共产主义的初级阶段，两者的道德基础是相通的。如果只讲按劳分配，不讲各尽所能，就会滋长"按酬付劳"、"向钱看"、斤斤计较的思想。给多少钱干多少活，这同旧社会的劳动态度还有什么区别，哪还有国家主人翁的思想呢？贯彻社会主义的原则，决不是要提倡奖金挂帅，而首先要教育群众各尽所能。雷锋把自己"有限的生命，投入到无限的为人民服务之中去"的这种精神，不正是为"各尽所能"树立了最好的榜样吗？

在这段 1981 年的社论文字中，引用了雷锋 1958 年 6 月 7 日日记里的内容，构成了一个显性的历时再情景化。类似的情况在领导人纪念雷锋活动的讲话中也有出现，如李瑞环 1990 年 3 月 5

日"在全国学雷锋先进代表座谈会上的讲话"和胡锦涛1993年3月5日"在纪念毛泽东等老一辈革命家为雷锋同志题词三十周年大会上的讲话",都引用了雷锋日记的这部分内容。

　　——我们学习雷锋,就要像他那样,"把有限的生命投入到无限的为人民服务中去"。全党同志、全体干部都要时刻牢记党的根本宗旨,真心实意地、尽心竭力地、坚持不懈地为人民群众办实事、办好事。要大力发扬公而忘私、先人后己的奉献精神和关心国家、关心集体、助人为乐的高尚风格。坚决抵御和克服损公肥私、损人利己的极端个人主义。(李瑞环,载《人民日报》1990年3月6日)

　　发扬光大雷锋精神,就要像雷锋那样把有限的生命投入到无限的为人民服务中去。历史在前进,社会在发展。虽然今天我们所处的改革开放时代与雷锋成长的五六十年代相比,已经发生了很大的变化,但是,我们几代人为之奋斗的共同理想和目标始终矢志不移。全心全意为人民服务,仍然是我们每一个共产党员所必须遵循的根本宗旨,仍然是我们这个社会所需要大力倡导的价值观念和道德风尚。发展社会主义市场经济,根本目的是要解放和发展社会主义社会的生产力,……最终达到共同富裕。这和为人民服务在根本上是一致的。社会主义市场经济越发育,就越要求我们牢固地树立为人民服务的思想,具有高尚的职业道德。……这就要求我们大力弘扬为人民服务的思想,进一步树立社会主义的价值观念和道德风尚。(胡锦涛,载《人民日报》1993年3月5日)

　　然而,雷锋日记的同一个内容,在这些新的情景中所具有的新意义却有所不同。在1981年《中国青年报》的社论中,雷锋的"把有限的生命投入到无限的为人民服务之中"这一感想与社会主义"各尽所能、按劳分配"的原则和共产主义"各尽所能、按需分配"原则联系起来，用以传递不能只强调"索取"还要强调"贡献"的信息。在 1990 年的领导人讲话中，雷锋的"把有限的生命投入无限的为人民服务之中"这一感想与党的全心全意为人民服务的宗旨联系起来，用以传递"坚决抵御和克服损公肥私、损人利己的极端个人主义"这一信息。而在 1993 年领导人的讲话中，雷锋的"把有限的生命投入到无限的为人民服务之中"这一感想与改革开放、发展社会主义市场经济的新形势联系起来，传递"进一步树立社会主义的价值观念和道德风尚"的决心。可见，同一个雷锋日记的内容，当被再情景化到不同的情景之中后，它与所处新情景中其他语言运用成分之间形成新的关系，进而产生新的意义。这种新意义在一定程度上也是这一再情景化过程的操纵者赋予的。同一个雷锋日记的内容，在新的情景中与其他语言运用的成分发生互动，形成新的话语，其新意义也是语言运用与新的、更宽广的历史情景中社会因素之间发生联系的结果。

那么，这些不同历史阶段中与再情景化催生的新的语言运用相关的社会因素是什么呢？根据邓小平（1993/1984：62-64）的论述，我们党从 1979 年召开十一届三中全会开始，制定了正确的思想路线、政治路线、组织路线和一系列的方针、政策。同时，明确了社会主义阶段的最根本任务就是发展生产力，指出社会主义要消灭贫穷。贫穷不是社会主义，更不是共产主义。在改革开放大潮来临之际，社会上也出现了另一种极端倾向，只讲按劳分配，不讲各尽所能。这种倾向助长了诸如"按酬付劳""奖金挂帅""向钱看"这些不正确思想，助长了给多少钱干多少活的雇佣思想，在一定程度上削弱了国家主人翁的思想。在这样的历史背景下，《中国青年报》1981 年的社论重提雷锋日记中的脍炙人口的"把有限的生命投入到无限的为人民服务之中去"这一名句，唤起人们对雷锋精神的怀念，同时号召人们用雷锋精神武装自己，勇于奉献，自觉抵制拜金主义的诱惑。

历史进入 20 世纪 90 年代，社会上产生了对社会主义缺乏信心、对改革开放产生疑问、对党的基本路线产生动摇的倾向。由于精神信仰的迷失和缺乏，以及对权力和金钱的崇拜和追求，以权谋私、权钱交易、享乐主义甚嚣尘上，严重败坏了社会风气。而对这样一场"全民族的精神危机"（汤一介，2012），一方面要继续增强 20 世纪 80 年代开展的精神文明建设力度，另一方面也要进一步加强共产主义思想教育。要有效地把建设精神文明与建立社会主义市场经济体制结合起来。在这样的背景下，重提雷锋日记中"把有限的生命投入到无限的为人民服务之中去"的经典语句，不论对于"抵御和克服损公肥私、损人利己的极端个人主义"还是对"进一步树立社会主义的价值观念和道德风尚"都具有一定的作用。可以说，雷锋日记的历时再情景化不仅赋予雷锋日记以新的意义，而且这种被赋予的新意义作为新话语也是一种新形势下的新的社会实践，对于新的社会风气来说不仅是一种引领，更是一种话语建构。

历史情景与话语互动

结合在我国开展半个多世纪的学雷锋活动，我们在上面初步讨论了话语的历时互动问题。具体来讲，我们观察了 1963 年毛泽东"向雷锋同志学习"的题词被重新刊登在 1977 年的《人民日报》的再情景化问题，以及"把有限的生命投入到无限的为人民服务中去"这一雷锋日记被 20 世纪 80 年代的《中国青年报》引用和 20 世纪 90 年代的领导人讲话引用的再情景化问题。讨论表明，这些再情景化的过程实质上是历时话语互动在语言使用层面的具体体现。

然而，话语互动因其发生在社会网络之中，也必然体现在各种社会因素上面。就我们讨论的学雷锋活动而言，毛泽东题词也好，雷锋日记也好，都是出自 20 世纪 60 年代，都具有那个时代所赋予的具体含义，而且这个含义和意义只属于那个时代。毛泽东"向雷锋同志学习"的题词和那个时代的社会因素共同构成了"领袖话语"（赵芃 2017），成为号召全国人民学习雷锋的有力号角；同样，雷锋日记也和它产生的社会时代因素一起构成"雷锋话语"，成为激励那个时代的人民艰苦奋斗的精神力量。不仅如此，"领袖话语"和"雷锋话语"之间相互影响和支撑，共同在全国发起了轰轰烈烈的学雷锋运动。例如，"雷锋话语"构建出努力学习毛主席著作、全心全意为人民服务、甘作一颗永不生锈的螺丝钉的毛主席好战士形象，形成对毛泽东"向雷锋同志学习"题词号召的有力支撑；而以毛泽东"向雷锋同志学习"题词为核心内容的"领袖话语"则以话语主体自身的身份和地位指引学雷锋活动。如果说这是一种发生在 20 世纪 60 年代的话语间的横向互动，那么毛泽东题词 14 年后被重新刊登在《人民日报》，雷锋日记被 18 年后的《中国青年报》和约 30 年后的领导人讲话所引用则是一种话语与话语的历时互动，这种历时话语互动与这两个话语所处的历史时期的社会因素有着千丝万缕的联系。

以"雷锋话语"的历时互动为例。在语言使用方面，"雷锋话语"体现为"日记语体"，被再情景化后进入的话语体现为"社论语体"和"讲话语体"，这些也可视为"文本"；就社会因素而言，这两个语体或文本所涉及的内容都与当时的中国社会形势相关（如上面的讨论所示）。《中国青年报》的社论要鼓励人民"各尽所能"、这两个讲话要"抵御和克服损公肥私、损人利己的极端个人主义"和"进一步树立社会主义的价值观念和道德风尚"，可见，在社论和讲话中引入雷锋日记的内容，一方面正面回应当时的形势，另一方面引导人民用雷锋精神武装头脑，自觉抵制与雷锋精神不符的错误认识。这是一个历时再情景化的过程，在这个过程中，雷锋日记被移出 1963 年的社会情景，同时被移入 1980 年和

1990—1993 年的社会情景，雷锋日记的意义也随之发生了变化。从语言符号的指向性角度来看，雷锋日记（"把有限的生命投入到无限的为人民服务中去"）在 1963 年指向严峻的国内外形势下我国经济建设需要劳动者的无私奉献这样的社会语境，其指向意义是要鼓励人民参与建设社会主义。同样是这一条日记，在 20 世纪 90 年代初则指向拜金主义有所抬头的社会语境，其指向意义是全心全意为人民服务，抵制拜金主义、树立社会主义价值观念这类新的意义。这种新的意义不仅是再情景化的产物，而且是在不同历史时期的社会语境中产生的。在这个意义上，社会因素在历史话语互动中起到举足轻重的作用。

就"领袖话语"而言，其体现在语言使用层面的"话语互动"也与不同历史时期的社会因素有着密切的联系。如果说毛泽东的题词从 1963 年的《人民日报》移出，并被移入 1977 年的《人民日报》，是一种显性的、发生在语言使用层面的再情景化性质的话语互动，那么，1963 年的历史情景和 1977 年的历史情景之间的联系则可被视为一种社会因素层面的话语互动。具体来讲，毛泽东题词与其所处的社会情境一起共同构成一个"话语"，这一话语因其被再情景化到后来的话语之中而被称为"元话语"，当这个题词被移动的时候，这个话语及其所带有的意义也被移动。当这个"元话语"被移入新的情景之后，它与新的情景之中的语言使用和社会因素结合，构成新的话语，产生新的意义。这些新的意义，如上所示，远远超过其"元话语"所具有的意义，在一定程度上更体现出这一再情景化过程的操纵者所要实现的目的和意义。

话语互动体现在语言层面的再情景化与各个历史时期社会因素之间的辩证关系，一方面体现为再情景化可以赋予被再情景化的"语体"和"文本"以新的意义，另一方面再情景化也体现出新的历史特征。就后者而言，领导人题词的历时再情景化本身就是一个社会实践，受不同历史时期社会因素制约，同时也体现各个历史时期的特征。这些题词的重新刊发，在话语的语言使用层面是一个历时再情景化，而在话语的社会因素层面则是一个社会网络中话语互动的生动案例，体现出社会网络中各种话语之间纵横交错、动态变化的联系与互动。

由此，展现在我们面前的学雷锋活动是一幅立体的社会网络中的话语互动。尽管这里有横向的话语互动，如 20 世纪 60 年代"领袖话语"（领导题词）与"雷锋话语"（雷锋日记）的互动，有纵向的话语互动，如 20 世纪 60 年代"领袖话语"对"学雷锋话语"（当时的报刊社论）的话语互动，但是，在这一小节，我们重点考察了话语的历时互动，它体现出话语与话语之间的互动关系通过再情景化实现，而话语的再情景化则是一个动态变化的过程，不仅受各个历史时期社会因素的制约，同时也建构和引导各个历史时期社会因素的发展变化。对于社会因素层面的历时话语互动，"双层—五步"分析框架的第三、四两个步骤提供了分析视角和方法，这其中涉及的工具性概念包括元话语、再情景化、指向意义等等。这个分析框架的最后一个分析步骤从整体上阐释语言使用层面的话语互动和社会因素层面话语互动之间的相互作用。

8.2 "现在"对"过去"的话语互动

在 8.1 我们考察了毛泽东等老一辈革命家在 20 世纪 60 年发出的向雷锋同志学习的号召和雷锋自己在那个时代的日记如何被再情景化到以后的各个历史时期，借此我们讨论了在我国开展的学雷锋活动持续半个多世纪（而且还要继续持续下去）的话语问题。这是一个典型的产生于过去某个历史情景中的话语（元话语）被再情景化到以后的新的历史情景之中，进而产生新的话语意义，导致新的社会实践的历时话语互动案例。与此案例在指向上形成补充，历时话语互动还体现在当下的话语，或在历史轴线上相对靠近当下的话语，对发生在过去某一历史情景中的话语进行的解读和建构上面，即"现在"话语与"过去"话语之间的历时互动。为了阐释这一指向的历时话语互动，8.2 以曾经活跃在我国广大农村的"赤脚医生"为例，考察其在 20 世纪 70 年代话语中的形象，并以此为参照考察其在当下话语中的形象以及这两种形象的不同，探究新的历史情景下"现在"话语对于"赤脚医生"重新定义的话语互动。

"赤脚医生"的初始话语形象

"赤脚医生"是一个具有特定含义的历史概念，特指 20 世纪 60—70 年代中国农村基层不脱产的初级卫生医疗人员。尽管"赤脚医生"的说法与 1958 年建立起的全国性乡村卫生保健系统有一定的关联，甚至可以说是红军时期一些做法的延续（杨念群 2013：502），但是，"赤脚医生"作为那个特定时代乡村医生的代名词却是始于 1965 年上海市川沙县江镇公社举办的医学速成培训班。参加培训班的学员来自农村，需要经过一定的选拔，选拔的标准包括其家庭出身、个人表现和文化程度，之后经过大队和公社的批准，被送往初中级医药卫生教育机构（包括培训班）或县级及以下医疗机构接受短期培训。培训结束后，这些"赤脚医生"回到所在生产大队一边参加农业生产劳动，一边为社员防病治病，并担负农村基层卫生防疫和计划生育管理等职责（孙梦 2018）。

"赤脚医生"的出现，并成为当时我国农村医疗保健中的一支重要力量，有着种种历史原因。新中国成立后，从 20 世纪 50 年代开始，在中国广袤的乡村，各种有利于方便农民治病的方式都在尝试，如巡回医疗队，联合诊所，以及"农村小医院"；然而，或许是由于中国乡村的地域太过辽阔，或是因为人口太过众多，各种设计和实践都没有真正使乡村社会的农民长期享受到医疗方面的便利。

　　对于我国农村广大农民的医疗问题，毛泽东非常关心并一直在考虑两个大的实际问题，一个是流动性的医疗资源如何在乡村发挥固定的作用，另一个是如何使乡村保健员的"在地化"真正实现制度化（杨念群 2013：513）。1968 年夏天，上海《文汇报》发表"从'赤脚医生'的成长看医学教育革命的方向"一文，介绍了上海市川沙县江镇公社 1965 年举办医学速成培训班的情况。其中包括在第一批学员中，有一名叫王桂珍的学员，来自江镇公社大沟大队。结业后，她被安排在江镇公社当卫生员，但王桂珍结业后却没有选择待在卫生院等农民上门治病，而是背起药箱，走村串户，甚至到田间地头为农民治病。农忙时，她也参加农业劳动。这样的做法，深受农民的欢迎。当地农民因多种水稻，平时劳动时是赤脚下水田。他们见王桂珍在为农民看病之余也经常赤着双脚参加一些劳动，就称她为"赤脚医生"。

　　1968 年 9 月出版的《红旗》杂志第 3 期和 9 月 14 日出版的《人民日报》全文转载了这篇调查报告，毛泽东在仔细阅读之后作出"赤脚医生就是好"的批示。随着这一批示的传达，以及转化成各级党政部门的行动，全国各地在县一级已经成立人民医院、公社一级成立卫生院的基础上，在大队（相当于现在的村）一级都设立了卫生室，构成农村三级医疗体系。在大队一级卫生室工作的医务人员，都是"半农半医"的"赤脚医生"。与此同时，各级卫生部门开始下大力气，按照上海市川沙县江镇公社的做法，开始大批培训"半农半医"人员。当时，恰逢知识青年上山下乡的高潮，一批下到农村的初中生、高中生，由于文化水平较当地青年农民要高，也自然成了培训的主体。这促使中国的"赤脚医生"队伍在短期内迅速形成，农村医疗状况迅速改观。与此同时"赤脚医生"也成为我国农村半农半医的乡村医生形象，"赤脚医生"赤着双脚一边下地劳动一边为农民看病的形象便被构建出来。下面这两张中国人民邮政当时发行的邮票很形象地表现出"赤脚医生"的这些形象（见图8.2）。

图 8.2　邮票中的"赤脚医生"形象：在田间给贫下中农看病

可以说，"赤脚医生"的形象与"赤脚医生"诞生的历史情景密切相关。没有毛泽东的批示，没有各级卫生部门贯彻执行这个批示，没有农村的三级医疗体系，一言以蔽之，没有"赤脚医生"产生的历史条件和"赤脚医生"这个社会现象，就谈不上"赤脚医生"的形象。如果从话语的角度来看，"赤脚医生"作为个体行医人员大规模的出现，也是语言使用受社会因素作用的结果，特别是话语自上而下互动的结果。毛主席的批示"赤脚医生就是好"是具有权威的社会主体的话语，对基层话语实践具有规范和指导作用。在这种社会背景下，"赤脚医生"的形象问题才有可能成为讨论的话题。可以看到，这个形象是体现在"赤脚医生"这四个字之中的，尤其是"赤脚"二字具体地体现出"赤脚医生"不脱离劳动的一面。

"赤脚医生"除了具有"赤脚"的形象特征以外，还有一些较深层次的社会特征，体现出赤脚医生"赤脚"以外的其他形象。例如：

1）"赤脚医生"是本村人。在农村，所谓"医疗"并不仅仅就是一种技术行为，它还是"人情网络表达的一部分"（杨念群2013：503）。"赤脚医生"掌握了来自村外的医疗技术，但是他没有脱离乡里乡亲的人情伦理网络，没有转变他的"本乡本土"身份。

2）"赤脚医生"是医疗者。尽管是土生土长的本村人，"赤脚医生"还是和普通种地的农民有所不同，尤其是1970年以后，他们不再像以前那样参加农业生产劳动，而是专门在合作医疗站给人看病，成为"职业化的医疗者"（方媛、董国强2017）。

3）"赤脚医生"属于贫下中农阶层。由于成为"赤脚医生"的一个条件是家庭出身，所以只有那些贫下中农的子女才可以被选拔进入医疗速成培训班。这就决定了赤脚医生具有道德拯救感，具有强烈的爱憎和感情倾向性。这种感情也决定了他们要为农村那些和他们一样的贫下中农服务和治病，并在这个治疗过程中表现出"无私"的品格（杨念群2013：530）。

4）"赤脚医生"是西医的推行者。尽管赤脚医生被塑造为善于利用"一把草药一根针"的中医，但是在日常医疗实践中赤脚医生更多的是运用西医的诊疗方法，如用听诊器而不是诊脉，给病人输液而不是针灸，给病人开西药而不是中草药（方媛、董国强2017）。

5）"赤脚医生"是乡村社会医疗领域的垄断者和权威者。尽管他们依然是"农民"身份，但是，相对于从事农业生产的农民来讲，依然具有一定的专业优势，他们掌握的一些医学知识使他们与农民区分开来，相对于后者他们也在农村地区具有一定的话语霸权。

这些反映在"赤脚医生"身上的形象、特征，也是"赤脚医生"的历史身份。这样的身份体现在对"赤脚医生"事迹的报道中，也存在于他们的实际生活之中。从历史的角度看，这些身份是当时那个历史阶段"赤脚医生"的实际工作和生活，也是由那个历史阶段的话语建构而成。

根据杨念群（2013：534）的统计，《人民日报》1966—1968年只有26篇关于赤脚医生的报道，1969—1971年就上升到了454篇，1972—1974年则达到563篇，1975—1977年更是达到了627篇，平均一天就有1～2篇有关赤脚医生的报道。在这些报道中，"赤脚医生"也不免带上那个时代的历史烙印。因此，可以说，在以上讨论的"赤脚医生"所具有的诸多身份和形象中，"赤脚"是一个根本和核心的具体形象，这个形象又代表着他们与城里医生完全不同的抽象形象。这是一个鲜明的阶级对照，塑造了"赤脚医生"为贫下中农无私服务的政治形象，也构成了"赤脚医生"在其初期的话语形象。

"赤脚医生"形象的历时再建构

在政治经济制度方面，20 世纪 80 年代初，我国农村开始实行家庭联产承包责任制，支撑农村医疗卫生网络的人民公社体制逐步瓦解，因而农村合作医疗也随之衰亡。在这样的历史形势下，"赤脚医生"也不再获得生产大队的"高工分"，他们在乡村社会医疗领域的权威地位亦不复存在，这使得他们不得不开始脱离原有的医疗岗位，加入寻求发家致富新途径的大军之中。在"赤脚医生"大量流失的同时，1985 年原卫生部规定，所有农村卫生人员一律进行考试，考试合格后授予"乡村医生证书"，取得从医资格后可以继续行医。这一规定进一步加剧了农村医疗人员的减少。根据孙梦（2018）的介绍，由于考试通过率低，农村卫生人力资源开始大幅度减少。在这种情况下，国务院 1985 年提出"允许多种形式行医，可以实行看病收费制度"，农村合作医疗制度快速萎缩衰败，农民普遍开始自费看病。自此，乡村医生被纳入市场经济轨道之中，"赤脚医生"退出历时舞台。

家庭联产承包责任制作为农村改革开放的新举措，打破了人民公社的集体所有制，调动了农民的生产积极性，解放了农村生产力。1981年国务院首次提出用"乡村医生"代替"赤脚医生"的问题。在1985年1月24日举行的全国卫生厅局长会议上，正式提出停止使用"赤脚医生"这个名称。次日，《人民日报》发表"不再使用'赤脚医生'名称，巩固发展乡村医生队伍"一文，标志着"赤脚医生"正式退出历史舞台，取而代之的是"乡村医生"的名称。在这个意义上，"赤脚医生"退出历史舞台也有着在语言使用方面的话语因素。

"赤脚医生"早已成为历史。但是，从当下（21世纪20年代）的历史情景回过头去看40多年前为广大农民防病治病的"赤脚医生"时，我们会发现"赤脚医生"的形象虽仍然存在于人们的记忆中，但是她在当下话语中的形象与40多年前在话语中的形象相比已发生了很大的变化。例如，在"赤脚医生"消失30年之后，2018年1月16日的《广州日报》刊登了"粤7位'赤脚医生'获卫生部表彰"的文章，一下子把很多读者的记忆拉回到了那个"一根银针治百病，一颗红心暖千家"的"赤脚医生时代"[8-2]。在这篇报道中，人们记忆中的"赤脚医生"，已不是40多年前的"本村人""医疗者""贫下中农""西医推行者"，或"医疗话语霸权者"，而是在你患普通的伤风感冒、咳嗽、以及常见的外伤时，"赤脚医生"能够几分钟内为你提供医疗服务[8-3]。换言之，"赤脚医生"为群众提供全天候即时的、不需要排队的贴身医疗服务，这

8-2 见《百度百科：赤脚医生》，https://baike.baidu.com/item/赤脚医生/1328452?fr=aladdin#4。最近访问：2019年6月20日，19:20。

8-3 同上。

种形象更多的成为当下人们对 40 多年前"赤脚医生"的印象。如此对"赤脚医生"认识的变化，也是源于人们对于当下历史情景的认识。例如，当人们看到当下豪华的医疗模式不仅超出了农民的支付能力，也超出了普通人群对常见病和多发病治疗的需要，形成了新的医疗资源浪费时，当人们看到这种浪费是出于医疗机构的利益需要时，人们便更多地将"赤脚医生"建构成当今普通患者的悬壶济世之人 8-4。

在上面的讨论中，我们看到，"赤脚医生"的诞生有其深刻的历史原因，它退出历史舞台也是因为历史情景发生了变化。不认识这一点，就不是历史唯物主义。同时，我们也发现，"赤脚医生"的诞生也有领导人批示产生的影响，其形象的建构也是通过当时的新闻报道来实现。在这个意义上，"赤脚医生"的产生及其形象建构亦与话语密切相关。然而，与 8.1 关于"学雷锋活动"的讨论略有不同，8.2 的讨论表明"赤脚医生"的原始话语形象并没有像"雷锋"的形象那样全部留存在当今人们心中，或者说，"赤脚医生"所具有的优良品质并不是全部都为现在的人们所怀念。这正是话语历时互动的另一个指向——从现在到过去的指向——所要阐释的问题。

在 8.1 的讨论中我们认识到，毛泽东"向雷锋同志学习"的题词被重新刊登在（再情景化到）后来的《人民日报》，进而产生新的话语意义，并以此推动"学雷锋活动"继续开展下去。这种"过去"话语对"现在"话语的作用是历时话语互动的一个指向。与此相对，8.2 讨论的"赤脚医生"形象在当下的变化，则是"现在"话语对"过去"话语的作用，是当下的社会实践活动者依据对当下政治经济形势的认识对过去发生的事情的重新定义。用巴赫金（1998：370）的话讲，就是"解读者根据自己当下的关切和

8-4　见《百度百科：赤脚医生》，https://baike.baidu.com/item/赤脚医生/1328452?fr=aladdin#4。最近访问：2019 年 6 月 20 日，19:30。

价值观来解读过去的文本。"

对历史上发生的事件重新认识,一个动因是现在的社会情景发生了变化,这种变化可以深化和拓展对历史事件的认识。这种新认识可以体现在一种新话语之中。就"赤脚医生"而言,其初始形象体现着"赤脚医生"的朴实、诚实和无私奉献。尽管"赤脚医生"为贫下中农提供方便快捷、价格低廉的医疗服务,但是在当时的政治话语中这一形象特征并不是呈现的赤脚医生的关键形象。与此形成对照,当今对"赤脚医生"的认识则突出了他们这种服务病患的及时快捷和成本低廉特征。例如,在袁敏(2019)的一篇关于赤脚医生的纪实文学作品中,对"赤脚医生"有这样的描述:

> 此时夜已深,天黑路远,送公社卫生院肯定时间来不及了,我只好根据自己的判断,先给小女孩消炎退烧,注射抗生素。我将针筒在锅里用开水煮代替消毒,给小女孩打了青霉素。几个小时以后,女孩呼吸平稳了,烧得也没有那么烫手了。天亮时,我又陪着老孙家的走了几十里地,将女孩一路护送到公社卫生院。

在上面这段当下(2019年)对"赤脚医生"的描述中,"赤脚医生"的形象已不是1972年《人民日报》报道中的与城里医生对立的形象 8-5,而是一种全新全意为农民服务的形象:"不管谁有病,她都是随叫随到,哪怕是半夜里她也会摸黑出诊。她有一颗仁慈的心,大家都离不开她。"(袁敏 2019:69)之所以有这种新的认识,是因为人们认识到新的历史条件下医疗服务的烦琐与昂贵。例如,对上面这个"赤脚医生"的描写正是出于作者对为什么"我们这个社会从上到下几乎都被金钱绑架"的质问,也

8-5 如1972年3月24日《人民日报》发表的关于"赤脚医生"的报道。在该报道中,赤脚医生满足于简陋的医疗设备,并认为这可以与城里大医院的奢华划清界限。

是对"从前那种人与人之间的美好情感、无私奉献,都去了哪里?"的感叹。

> 就在我开始收集兴隆公社"赤脚医生"名单,着手准备采访时,突然在微信中收到一段视频。视频的标题很惊悚:央视沉痛播放,一段震惊的暗访。
>
> 我打开视频,是央视的《新闻直播间》播放的对上海某知名医院的一段暗访。这家医院每天近下班的时候,都会出现一些奇怪的"病人",他们彼此熟悉,相互用眼神交流,……他们进诊室做的都是同一件事,给医生送信封。信封里装的什么,双方心照不宣,业内叫"份子钱",更通俗的说法是"回扣"。……
>
> 后来我才了解到,给我发这个视频的人也是一个下过乡的知青,她的先生……还是一个至今仍被东北老乡心心念叨、口口夸赞的赤脚医生,……

上面这段对当下昂贵医疗原因的描述(袁敏 2019)构成了采访那个深夜抢救小女孩的赤脚医生的背景。可以说,正是因为对当下医疗环境的这些认识才使人们进一步认识到以往没有认识到的那些早已存在的"赤脚医生"形象。如果说对当下医疗服务烦琐与昂贵的认识是一种"话语",那么,将"赤脚医生"的形象再建构为与过去主流形象不同的"便宜快捷的医疗服务提供者"便是话语互动的结果。这种"现在"话语对"过去"话语的互动,其产生的结果与福柯所说的"将文献转变成遗迹"(Foucault 1972:7)异曲同工。这里的"文献"可以说是历史学在过去某一时刻对历史"遗迹"阐释,而"将文献转变成遗迹"则表明现在对这些过去的"阐释"进行重新阐释以使这种新的阐释(话语)与"遗迹"的(理想的)真实面目相一致。"现在"话语对"过去"话语的互动便是这样一种还"遗迹"以本来面目的"文献"解读;但是，我们的历时话语互动分析表明，之所以有可能将文献变成遗迹，其前提是"现在"话语的存在，换言之，是现在的语境催生了新的"现在"话语，而以这种"现在"话语为基础重新阐释"过去"话语，才有可能重新阐释"过去"话语与其所阐释的过去的遗迹之间的吻合度。

以上关于"赤脚医生"形象的话语再建构表明"赤脚医生"的形象不是固定不变的。从话语的角度来看这种动态变化的形象，可以发现两个基本原理。第一，话语建构的形象之所以变化是因为建构者的认识（或知识）发生了变化。这种认识或知识不仅是关于"赤脚医生"的，也是与"赤脚医生"相关的任何知识相关，如是关于医疗条件、医患关系、以及医疗费用等的综合认识。正是这种"语境模型"（van Dijk 2012）发生了变化才导致对历史上发生的事件有了重新的定义。第二，话语建构的形象之所以发生变化是因为这一形象的存在是相对于其他事物在话语中的形象而言的。20 世纪 70 年代"赤脚医生"的形象是相对于当时的城市医院里的医生而存在的。当把城市里的医生建构成为资产阶级服务的"老爷"医务人员时，那么"赤脚医生"就被建构成为贫下中农服务的农村医生。而当现在报纸和网络充满了医生拿"回扣"和看病难、看病贵的报道时，"赤脚医生"那种及时为百姓治病的无私奉献的形象则被明显地突出来。"现在"话语对"过去"的话语互动从一个方面表明了话语建构的形象具有动态变化的特征，它不仅与其他话语建构的形象相关，而且也与话语本身具有的动态性相关。

8.3 小结

第八章讨论了历时话语互动的问题。历时话语互动有两个指向，一个是"过去"话语对"现在"话语的作用，另一个是"现在"话语对"过去"话语的作用。就前者而言，我们通过讨论毛泽东"向雷锋同志学习"的题词和雷锋日记这两个"元话语"分别被再情景化到后来的《人民日报》和领导人关于学雷锋的讲话之中，认识到"过去话语"对"现在话语"的作用。就后者而言，我们通过讨论人们对当下医疗条件和医患关系的认识所导致的对"赤脚医生"形象的再建构，认识到"现在话语"对"过去话语"的作用。这种"双向"的作用是话语互动的一个显性标志。不论是毛泽东"向雷锋同志学习"这一发生在过去的"过去话语"，还是表达对现在医患关系和医疗条件认识或知识的"现在话语"，都与其他话语产生互动，形成新的意义，影响新的社会活动。

话语互动除了具有显性标志以外，还具有不明显的隐性标志，即这种互动还体现在它们需要通过社会活动者的主观认识（意识形态）这一中介体来实现。换言之，"过去话语"对"现在话语"的影响需要通过后来的社会活动者将"过去话语"植入新的社会情景，而"现在话语"对"过去话语"的影响也需要现在的社会活动者对当下的社会情景有一个不同的认识。话语互动的这些隐性特征在一定程度上也属于话语的社会因素。对话语互动隐性特征的认识进一步表明话语互动不仅仅体现在语言使用层面，而且体现在社会因素层面。在这两个层面分析话语互动，包括"双层—五步"分析框架的前四个步骤，而对这两个层面之间关系的分析则是"双层—五步"分析框架的最后一个步骤。话语互动是一种系统性的立体全方位的社会网络中的话语互动，所以"双层—五步"分析框架中的各个分析步骤也可以相互渗透地综合运用在一起。对此，本章讨论的"现在"对"过去"、"过去"对"现在"这两个向度的历时话语运动案例都有不同程度的涉及。

第九章　话语互动的交际属性

至此，我们讨论了纵向话语互动、横向话语互动、历时话语互动；通过案例分析，我们认识到话语互动的一些基本特征和内在机制。这些观察尽管涉及与话语互动相关的各种因素，但是主要聚焦在话语互动过程及其内在运作机制上面。在这一章，我们的讨论转向话语互动所具有的交际属性，以便在认识话语互动本身具有的特征和机制基础上，将研究的视野扩展到跨文化交际和学术交流层面，进而认识话语互动在广义上也是一种交流方式。

9.1 交际、互动、话语互动

2.2 在界定"话语互动"的概念时曾讨论了它与"符号互动"

概念的异同，并简单提到它与"言语互动"概念在学科上的关联。
9.1 将继续 2.2 中关于"话语互动"与"言语互动"以及"言语交际"的讨论。我们会认识到"话语互动"的概念不仅与"言语互动"这个概念相关联，而且在复杂程度上超越后者；同样，"言语互动"的概念也较"言语交际"的概念含义更为深厚。

从"交际"到"互动"

"交际"在语言学的许多分支学科中成为研究课题，尤其是在语用学和社会语言学研究领域，当其宣称与结构主义语言学分庭抗礼之时，后者研究的抽象语言结构被社会活动者具体使用的"言语"所替代，言语传递信息这样的"交际"行为就成为一个重要研究课题。因此，对"交际"的研究一般都以"言语交际（verbal/speech communication）"[9-1]为重点，以社会活动者通过言语传递和接受信息的过程为研究的对象。例如，在语用学领域，斯珀伯和威尔逊（Sperber and Wilson 1995/2001）认为在交际过程中，说者试图将信息意图明白地展现出来，而听者则要尽最大努力将这些信息准确无误地接受过来；因此，如果说交际对于说者是一个明示过程，那么对于听者就是一个推理过程，他需要根据说者的明示行为（言语），结合语境假设，求得语境效果，获知说者的交际意图。基于对"交际"过程的这种认识，斯珀伯和威尔逊认为交际是一个涉及信息意图和交际意图的"明示—推理"过程，说者所要传递的意义、观点、思想、信仰、态度、情感等信息，都需要听者通过推理获知，因此，他们的研究重点落在推理过程上面，并在相关研究的基础上提出关联理论（relevance theory）。

9-1 言语交际在语用学领域的英文表示一般是"verbal communication"，指借助语言这一不同于其他表意符号和模态的载体进行的交际活动。在社会语言学领域，言语交际的英文表示为"speech communication"，在一定程度上表明社会语言学的研究对象是作为语言变体的实际运用的语言。这里的"speech"除了指口语外，也指书面语。

　　语用学领域对交际的研究，以言语交际为重点，而在跨文化交际领域，学者更多地关注人与人之间的交际（interpersonal communication）。例如，斯科隆和斯科隆（Scollon and Scollon 1995/2000）认为，跨文化交际实际上是以人际交往为体现的，也就是说，笼统的文化与文化之间的交流，需要以个体与个体的交际来具体实现。他们以一个刚出校门的年轻人如何融入一家公司为例，呈现出个体与个体之间的交际过程，借此阐释跨文化交际。这个年轻人刚进入公司时会感到陌生，她会接触到不同的表格，不同的公文，这些都是这个公司特有的具体运用语言的形式，她必须学习。她可以通过向同事学习或参加公司组织的培训课程学习这些具有该公司特点的语言运用方式；在这些正式和非正式的学习过程中，她慢慢开始融入这个公司。在这个学习语言运用的过程中，她还接触到这个公司的文化，即这个公司的指导性思想，例如，她会了解到公司职员对待客户的态度是平和礼貌还是盛气凌人，而这个公司的文化也会影响到她的行为，影响到她与同事相处的方式和关系，以及她对待客户的方式和态度。她慢慢地学会了如何对待上级公司，如何对待下属公司，以及如何称呼年长的员工，哪个可以直呼其名，哪个不能。最终她可以在与人交往的过程中熟练使用各种语言表达方式，娴熟地处理各种人际关系，既有炉火纯青的真功，又有游刃有余的灵活，以至于她可以顺利从一种文化进入另外一种崭新的文化之中（同上：95-97）。

　　从这个研究案例来看，跨文化交际对于"交际"的研究已经不仅仅拘泥于言语交际过程中的信息传递和接收，而是把交际视为一种社会活动的过程，一个处于不同文化背景中的个体通过使用语言的不同形式达到相互融合的过程。这与社会语言学中的交际民族志（ethnography of communication）研究传统将言语交际视为"言语事件（speech event）"具有异曲同工之处。言语事件是"一种具有文化特征、基于语言运用的交际活动"（Coupland and

Jaworski 2009：576），这种发生在特定环境中的交际活动，可以是"教堂里做礼拜、拍卖行里做交易、教室里上课、酒会上交谈"，等等（祝婉瑾等 2013：166）。一个言语事件可以是一个言语行为（speech act），也可以由多个言语行为构成。海姆斯（Hymes 1986/2009）认为，研究一个完整的言语事件，应该观察 8 个方面的内容，包括场所和场景、参与者、目的、行为序列、基调、媒介、交往规范和解释规范、交际类型。这 8 个方面的英文第一个字母合在一起构成一个英文单词：SPEAKING，形成海姆斯提出的描写言语事件的框架，并可进一步细分为 16 个方面的内容（见 Hymes 1986/2009：589-596）。"言语事件"的概念，以及海姆斯关注的"言语社区"的概念，实际上体现出海姆斯的社会语言学思想，即他不是将社会语言学关注的"社会"和"语言"在概念上加以清晰的区分，而是在拉波夫认识二者之间存在关联关系的基础上，将语言范畴与社会范畴两方面的内容集中在言语事件上面，强调交际过程中的"文化意义在互动中被创造出来并保持下去"（Coupland and Jaworski 2009：577）。

基于海姆斯的这一思想，甘柏兹（Gumperz）的"互动社会语言学"最终将"交际"的概念化作"互动"，体现出社会语言学从社会的角度研究语言与从语言的角度研究社会这两个研究路线在"社会活动"上的交汇。对此，卡博兰德和吉沃斯基（Coupland and Jaworski 2009）曾指出，一方面，社会语言学对言语运用的研究不断加深，逐渐认识到语言运用所具有的社会意义在人际交往中的重要，因此也赋予言语以"社会活动"的性质；另一方面，社会语言学对社会范畴的研究，如对身份如何在语言运用中产生的研究，也凸显了社会语言学对"社会活动"的关注。可见，社会语言学对语言变异的研究发展到互动社会语言学这个阶段，其中的一个重要贡献就是将研究的对象转向"社会活动"，提出"言语事件""言语社区"等概念，将"交际"的含义从单纯的意义传递发展为交际双方之间的"互动"。在互动社会语言学看来，"互动"的体现形式是"会话"（conversation），会话过程中交际的双方在言语事件中的交际不仅仅是意义的传递，而且还形成彼此之间的相互影响，并据此维持会话的顺利进行。

那么，会话参与者如何实现互动？甘柏兹的互动社会语言学对此做出了具有创新意义的解释。他（Gumperz 1982/2009：598）认为，在会话交际的过程中，说话的一方需要对另一方给出的"语境化提示"不断地做出判断，以决定自己下一步需要做出什么言语反应；而听的一方也要运用一些会话策略（如会话推断）来理解对方给出的语言信息，进而推断讲话人在采取某个言语行为时所遵循的语境规约，并检验相关的语言信号获得了怎样的理解，了解交际是否成功，如果不成功，要判断问题出在哪里，如何调整，等等。这里，"语境化提示"是甘柏兹提出的一个重要概念。语境化提示可以是出现在会话过程中的一个插曲，如在严肃的场合讲了一个笑话，这说明说者试图调整一下严肃的气氛；也可以是会话交际过程中出现的手势和面部表情，还可以是会话过程中出现的具有边缘语言特征的表现形式，如音高、节律、非音位性发音特征、程式化表达，等等。语境化提示作为会话策略凸显了言语交际中会话双方彼此互动的特征，表明会话的顺利推进不是依赖于事先认可的社会范畴，而是取决于会话双方对交际内容阐释的协商这一互动过程。

超越"互动"与回归"交际"

在互动社会语言学中，我们已经看到本书中关于"互动"概念的基本认识。例如，"互动"预设出不确定和动态变化的含义，会话交际的双方彼此之间的影响（如采取什么言语回应对方）取决于对语境化提示的不同理解，等等。"互动"在互动社会语言学中明白无误地表明，在特定的情景中选择什么语言形式进行交际

是一个因人而异、因景而定的偶然事件，在语言与社会以及语言
选择与语境之间并不存在固定的、必然的联系。在这个意义上，
互动社会语言学不仅将社会语言学的研究对象集中在"实时发生
的特定情景中以会话为体现形式的言语互动"上面，而且将"民
族志、民俗方法学、语言学、认知科学、话语、会话分析深度且
灵活地融入社会语言学研究之中"（Rampton 2016：307），形成一
个与先前注重研究语言变项和社会变项之间相关性的社会语言学
传统相区别的"新的阐释学方向"（di Luzio 2003：3）。然而，互
动社会语言学所关注的言语互动（verbal interaction）与本书探索
的"话语互动（discursive interaction）"还是有很大的不同。

　　首先，互动社会语言学关注的"互动"发生在特定社会情景
之中，而且是这些社会情景中个体与个体之间的会话。关于互动
社会语言学，很多学者都指出其研究对象是具体情景中的会话，
并借助会话分析的方法描述交际双方如何彼此相互影响、进而使
会话成功进行下去。例如，维索尔伦（Verschueren 2010/2014：171）
列举了互动社会语言学的许多案例研究，包括对法律诉讼、工作
面试、医患会话的研究，以及在服务场所、工作场所、教育场所
进行的会话研究，还包括对男女之间、不同文化背景的人之间、
以及陌生人之间的会话进行的研究。这些研究所观察的社会情景
无一例外地都与话语互动所涉及的语境不同，而这些研究所分析
的语料也都是社会个体之间的会话，与话语互动所涉及的依托一
定社会机构的社会主体之间的交流完全不同。如前几章的研究所
示，我们提出的话语互动概念指发生在大的社会语境中的社会主
体之间的相互影响，它所处的社会语境不是一个小的言语交流的
情景或场所，参与其中的互动主体也不是会话活动中的个体。因
此，对于话语互动的研究，如本书的研究所示，也不是仅仅关注
可以使言语交流成功进行的语境化提示，而是不同社会领域中不
同话语之间体现在纵向、横向、历时维度上社会主体相互作用的

内在机制。可以说，话语互动的概念在研究内容上超越了"言语互动"的概念。

其次，"互动"在互动社会语言学中的含义相对集中在意义产生的方式上面，一方面表明特定情景中的会话含义产生于会话双方的互动与协商，另一方面表明会话所依赖的情景也通过会话双方的意义互动和协商构建出来。正如甘柏兹（Gumperz，见Prevignano and di Luzio 2003：9）自己所讲，"我目前对会话的研究主要目的就是说明诸如音调、语码及语体转换、程式化表达这些指示性符号如何与象征性符号（如语法词汇这些符号）、交谈的次序、文化及其他相关的背景知识实现互动，借此构成社会活动。"可见，互动不仅体现在参与会话的双方之间，还体现在会话（语言使用）与会话发生的情景（社会语境）之间，而这两个层面"互动"的结果则构建出社会活动。换言之，社会活动中的语言使用通过会话参与者关于会话意义的互动与协商又反过来建构出社会活动。在这个意义上，互动社会语言学将语言与社会"互动性地"捆绑在一起，正如迪鲁兹欧（di Luzio 2003）所指出的，言语互动的规则在互动社会语言学中不再被认为是反映独立存在的社会规范，相反，这些规范被认为是通过在交际情景中的互动重新产生出来。然而，通过"互动"所构建的"社会活动"在互动社会语言学中还仅是特定情景中的交际活动，这与话语互动所关注的社会活动完全不同。在前几章的研究中，我们看到，话语互动所关注的社会活动也是通过话语以及话语之间的互动体现出来，但这种社会活动是在社会大的背景中发生，参与其中的社会活动者依赖于不同的社会机构，并体现不同的价值观和意识形态。因此，话语互动的概念在认可互动社会语言学关于会话意义产生于双方的互动以及交际情景也由会话意义构建的同时，也表明其所关注的由话语体现的社会活动及其互动是发生在大的社会文化情景之中。

第三，就"互动"的后果而言，互动社会语言学所关注的是会话双方如何通过意义协商与互动将特定情景中的会话顺利进行下去，而话语互动所带来的后果远不是这种特定情景中个体与个体之间的会话是否能够顺利进行。在本书前面几章关于话语互动的案例研究中，我们可以清晰地看到，"话语互动"对社会活动产生的影响都具有深刻的社会意义。例如，在第八章关于历时话语互动的研究中，"过去"的话语与"现在"的话语之间的互动，其结果不仅是构成了社会活动（社会活动本身就是话语和话语互动），而且，更重要的，是前一个话语对后一个话语产生实实在在的影响，带来实实在在的社会后果，如"学雷锋活动"持续开展半个多世纪。在这方面，话语互动有着比言语互动更为广泛和深刻的含义。

可见，尽管互动社会语言学通过"互动"这个概念提出会话意义的确定需要会话双方的互动与协商，但是，就"互动"这个概念本身而言，互动社会语言学所关注的仍然是"言语互动"。与此不同，本书提出的话语互动概念中的"互动"则是一种"社会互动"，是社会活动的参与者之间的相互影响和作用。毋庸置疑，在这种社会互动中不可避免的要以语言使用为体现形式，所以，这种社会互动也是"话语互动"。在这个意义上，或许"言语互动"和"话语互动"只是一个侧重点的不同：在二者共同强调互动的同时，前者凸显社会活动中的言语，提示言语和会话构成社会活动，而后者则凸显话语中的社会活动，提示社会活动的后果皆通过话语的方式形成。这种侧重点的不同，在一定程度上体现出话语互动对言语互动的超越。在言语即是社会活动这一认识越来越被学界理解和接受的时候，人们更多关注的问题已不是会话意义如何产生，也不再是特定情景中微观的言语事件；相反，人们面对社会生活中各种新的社会变化，各种新媒体技术带来的交际手段的更新，人们关注的问题更多地转向社会活动之间的相互影响，以及社会活动所带来的后果。这之中有语言使用的因素，但较之社会活动之间的相互影响与作用而言，语言使用已是这些社会互动的资源和手段，成为探索这些社会互动后果的一个窗口和观测点。在这个意义上，话语互动的概念与批评话语研究的理念一致，并构成批评话语研究的一个课题。正如费尔克劳和沃达克（Fairclough and Wodak 1997/2012：16）指出的那样，批评话语研究的对象是"实际发生的社会互动，它借用某种语言形式，至少部分地借用这种语言形式"，而话语互动则正是这样一种以语言运用为体现形式的社会互动。

以上讨论表明，话语互动是对言语互动的一种超越。这种超越一方面预设出话语互动与言语互动的渊源关系，另一方面也体现出学术研究因回应现实社会问题所引发的研究重心的转变。话语互动即体现出这样一种研究重心的改变。首先，话语互动与言语互动一样，本质上都是交际，但是它是一种更高层级的交际，是与个体交际不同的社会主体之间的交际，而且是超越特定情景在更广阔的社会语境中的交际。其次，话语互动与言语互动关于社会意义产生方式的认识也有共识，都认为意义（不论是互动社会语言学关注的会话意义还是话语互动关注的互动结果）是在互动的过程中产生的，但是话语互动更多的关注社会活动之间的相互影响和由此造成的社会后果，而不是像互动社会语言学那样只关注互动对理解会话含义造成的影响。可见，这种研究重心的改变也在一个方面构成了话语互动对言语互动的超越。

话语互动的概念对言语互动概念的超越，体现了研究的深入，以及研究侧重的不同。这种超越对于言语互动的交际本质并没有改动。事实上，不仅互动社会语言学，很多关于言语交际的研究都曾采用"互动"的概念，将"互动"与言语交际混合使用。这或许说明"互动"这个概念与"交际"在本质上有一定的关联。"话语互动"也不例外。如果说本书对于话语互动在纵向、横向和历时三个维度上的运作机制进行的考察是出自一个观察者的视角，那么，当我们作为"话语互动"的参与者，当我们认识并掌握了话语互动的一些基本规律，并运用这些知识实施话语互动，以期通过话语互动来为我们的目标服务时，或许就可以发现话语互动所具有的交际属性。

9.2 交流中的话语互动

下面我们将研究者与社会活动者融为一体，讨论两个案例，观察话语互动如何惠及话语互动的双方，借此讨论话语互动在其参与者看来所具有的交际属性。

学术交流中的话语互动

我们讨论的第一个案例是从话语互动的角度看学术话语交流。依据我们对话语的认识，话语一方面体现为具体使用的语言，一方面体现为与语言使用相关的社会因素。从话语互动的角度看，成功的学术话语交流除了使用语言之外，还要考虑一些约定俗成的语言使用规约，包括交流双方的地位和身份、交流的场合及时间、谈论的话题、以及对交流另一方的了解程度，等等。因此，从话语互动的角度看学术话语交流，需要从两个方面讨论，既要注重学术交流所采用的语言形式，更要注重交流双方的价值取向和交流目的等社会因素。参与学术交流的双方均有着不同的学术背景，或是其受教育的背景不同，或是其研究领域不同，抑或是其学术范式各异，而且这些学术交流的参与者所依托的机构也不尽相同，研究兴趣以及交流目的也各有不同，所有这些使得交流的双方有着自己独特的语言表达方式，同时具有与众不同的、决定其语言表达方式的价值取向和知识结构。因此，从话语互动角度看学术交流，如果这种交流获得双方都满意的交流效果，就需要交流的双方掌握语言运用和社会规约两个层面的话语策略，并从这两个方面促进交流的成功进行。

然而学术话语互动并非仅是为了获得交际的成功。因为学术观点的不同，发生学术交锋的情况也是比比皆是。因此，从话语互动的结果来看，学术交流可分为两种情况：学术交融和学术交锋。

所谓学术话语的交融，指的是不同学术话语之间彼此在内容上的相互补充，而且这种相互补充是建立在相互尊重、取长补短、互通有无的基础之上。例如，第七章讨论的中医话语与西医话语之间的互动就达到了这样一种交融的效果。交融式的学术交流可以促进相应学科的发展，也可以促进学科之间的合作和跨学科研究的形成。与此相对，学术话语的交锋指的是不同学术话语之间由于各自的学理和学科基础不同而导致各说各的理、彼此无法相互认可、但又相互以对方的理论为自己存在的前提和条件的学术论战。在这方面，形式主义语言学与功能主义语言学之间的交锋可以说是一个恰当的例子。由于各自在所依据的学理和范式、研究的对象以及使用的方法方面存在着巨大差异，这两个语言学流派之间的交流实际上是一种学术的论战，彼此都无法说服对方采用或接受自己的主张，更谈不上彼此从对方的研究中汲取营养（田海龙　2015a）。

不论是学术话语之间的交融还是交锋，学术话语之间只要有交流就一定涉及语言表达的问题。就某一特定的学术话语而言，由于其研究对象的特殊性以及研究者进行研究的特殊经历，这个学术话语体系里充满了具有自身特点的概念和术语，也有其自成体系的表达方式，在术语词汇、文体语域，以及格式体例等方面形成一定的规约。这时，当这个学科领域的话语与另一个学科领域的话语进行交流时，如果是彼此互利的交融，就需要这个学科领域的学者在一定程度上使用在另一个学科领域通用的术语和表达方式，而不是一味地强调自己学科领域表达方式的特殊性。下面我们以"科研项目申报"这样一个中国语境中学术话语之间交流的话语实践为例，讨论成功的学术话语交融所要考虑的社会规约和言语表达两个层面上的话语互动问题。

科研项目申报是学者经常要从事的一项工作，在某种意义上说，它是一种申报者与评审者之间的学术话语互动，是一种话语实践。科研项目申报成功固然有申报者前期成果和研究团队的实力作为基础，但就学术话语互动而言，申报者的学术话语与评审者的学术话语之间的交融程度也起着重要作用，因此，我们更倾向于这是一种学术话语之间的交融，是一种话语互动。

从学术话语互动的角度来讲，科研项目申报成功与否取决于申报一方的话语是否为评审一方所接受和认可；换言之，取决于申报者的话语与评审者的话语是否能够最大限度的交融。这首先体现在申报者的学术话语要满足学术话语交流的规约。就科研项目申报而言，这些规约至少包括（但不限于）以下两点：

首先，项目的选题要符合项目发布机构的要求。一般来讲，项目发布机构都要发布一个项目申报的通知，公布项目申报的指导思想和目的原则，如国家社科基金项目规定所申报的项目要服务国家需求，等等。同时，项目发布机构还要公布一个项目指南，列出一些急需研究的课题供申报者参考。这些要求和原则，可以被看作是申报者必须考虑的、在选题等方面具有指导意义的框架性规约，而在其他一些方面（如经费预算、申报条件）这些框架性规约更具有权威性。

其次，课题论述要符合规范要求。在这方面，不同的基金项目有不同的规定，如有的要求供匿名评审的申报书活页里不能出现申报者的个人信息，有的要求博士论文作为项目申报要经过一定时间的修改和完善，还有的在经费预算方面有具体的要求，在具体内容的论述方面也会有一定的字数要求。就课题论述而言，申报者要严格遵守项目发布者的要求，提供规范的申报书。有的项目发布机构要求申报者填写所在单位的全称，有的在这方面没有具体要求，这些都应该纳入项目申报者考虑的范围，不能无所顾忌，随意发挥。

要达到学术话语交融的目的，除了要满足交流的规约，申报者还需要在言语表达方面使用评审者熟悉的表达方式，这样才可能增大申报成功的概率。在这方面需要考虑的因素有许多，以下两点从话语互动的角度看非常重要。

1）对研究现状的评论和表述要恰当。一般来讲，项目申报书都需要对所申报课题国内外的研究现状进行评述。这个评述既要体现申报者对研究现状的了解和掌握，又要说明申报课题对研究现状的补充和延伸。在语言表述层面，如果申报者的话语与评审者的话语实现深度交融，那么，申报书中的言语表述就不要出现与评审者可能产生不一样认识的表达方式。例如，与其说"目前的研究在某一方面还是一个空白"，就不如说"到目前为止，还没有发现对这个问题进行系统的研究"，或者表述为"目前的研究已取得一定的成果，这些成果在为本研究提供依据的同时，也为本研究在某个方面进一步展开提供了空间。"

2）使用评审者的话语表述。评审者的话语表述，如使用的概念术语和定论定义，一般是该学科公认的学术语言。使用评审者的话语表述方式就意味着在申报书中要避免使用不易为人接受的表达方式。例如，与其说用"我们很早就对这个问题发生兴趣……"这样的表述来表达对研究课题有很长时间的关注，就不如写成"申报者对这个问题有了一定的研究积累……"。同时，申报者在努力接近评审者学术话语的语言表达时，也需要放弃一些自己学科领域里的专业术语，或者避免对这些术语进行过分专业的界定，以便和评审者达成最大限度的学术交融和共鸣。

学术交流中除了为了达到学术交融的目的之外，还有学术交锋的存在。在不同学科从事研究工作的学者，甚至同一学科但不同学派的学者，在进行学术交流时更多的则是一种学术交锋，而不是学术交融。用通俗的话来讲，这些来自不同学术背景的学者要么彼此之间相互争论，要么在交流过程中各说各的道理。然而，从话语互动的角度来看，这种不同学科之间的学术交锋却是不同学术研究领域中不同话语之间相互作用的一种形式。从学术规约和语言表达两个方面来分析这些学术话语交锋的话语实践，可以发现其中的一些特点。下面我们从 20 世纪 90 年代围绕批评话语分析的原则和方法展开的一场争论（Widdowson 1995/2012；Fairclough 1995c/2012）来讨论学术话语交锋中的话语互动问题。

在学术规约方面，与学术话语的交融需要遵循共同的学术规约和规范不同，学术话语之间交锋所遵循的学术规约更多地体现为彼此共同感兴趣的话题。当然，学术交锋也是要遵循学术规范，如将争论性的文章发表在相关的学术期刊上，并与相关领域的相关作者展开讨论。但是，更主要的，能够使学术交锋得以发生的是不同领域或流派的学者对相关主题的关注，以及在交锋中使用双方认可的术语并引用相关的文献。正是这些共同的主题、术语和文献构成了潜在和无形的框架，将学术话语交锋这样的话语互动限定在一定的范围之内，并构成其基础。

在唯窦森（Widdowson 1995/2012）与费尔克劳（Fairclough 1995c/2012）的争论中，唯窦森首先对批评话语分析关于"话语"这个概念的定义提出质疑，认为这个概念在批评话语分析中的含义太"虚渺和模糊（in vogue and vague）"。之后，他的质疑落到批评话语分析的"解释（interpretation）"和"行动（commitment）"等概念上面，认为批评话语分析本身就是矛盾的。尽管唯窦森和费尔克劳在争论中各自的理据不同，但"话语"等概念构成双方谈论的主题，成为这个学术话语交锋赖以发生的基础，并划定出话语交锋的范围。

学术话语交锋赖以发生的另一个基础是双方都认可并使用的相关术语和文献。和争论的主题不同，双方使用的术语和文献不是构成争论的基础，而是表明各自在这个领域掌握的信息量，进而体现其权威程度。例如，在谈论"解释"这个概念时，唯窦森使用了言语行为理论中的"（言中）指向""（言语）力量"以及"（言后）效果"等术语，费尔克劳在他的反驳文章中同样也提及这些术语，这一方面体现出他的反驳具有很大的相关性，也体现出他的权威性。双方引用文献的相关度也可以达到彰显权威的目的。

在学术交锋的言语表达方面，与以交融为目的的学术话语交流不同，学术话语的交锋不会去使用对方的语言来表达自己的观点。相反，在言语表达方面，交锋的双方为了更明显的表达出自己的观点和态度，更多的会使用"评价状语（Comment adjunct）"（Halliday 1994/2000），以表示说话者对所说内容所持有的态度。例如，在谈到话语的种类时，唯窦森（同上）在指出费尔克劳把话语分成"批评性"和"非批评性"两种之后，写道：

> Fairclough, of course, favours the critical: the approach which not only describes discourse but interprets it as social practice（费尔克劳当然喜欢批评的那种话语，这种观点不仅描述话语，而且把话语说成是社会实践）。

这里，"当然"这个词作为"评价状语"，不仅表达出唯窦森对自己判断的信心，也体现出他对费尔克劳所持观点的不屑。在学术话语交锋中这种明朗的态度是不可或缺的。

如果把使用评论状语理解为在学术话语交锋中阐明自己观点或批评对方观点的话语策略，那么，另一个可以使用的话语策略则是"让步状语"，这可以在交锋中更好地保护自己，一来免受对方挑战，二来也显示出学者的谦逊。费尔克劳（同上）在反驳了唯窦森的观点之后，在文章的最后写道：

> The "interest" for linguistics of this move within CDA, if I can put it that way, is that it helps establish the case for textual analysis and therefore linguistic analysis having a substantial role in social scientific analysis.（批评话语分析的这种进步对语言学的"好处"，如果我可以这么说，在于它帮助建立起文本分析的案例，因此语言学分析可以在社会科学分析中发挥实质性的作用。）

这里，费尔克劳在理直气壮的陈述了自己的观点之后，使用"如果我可以这么说"这个具有让步功能的句式，不仅表示出谦虚的治学态度，而且也为所主张的论点留有余地。

从话语互动的角度看学术交流，不论是交流双方为达到交融的目的还是交锋的目的，学术话语交流都需要在本书第二章讨论的话语的语言使用和社会因素两个层面展开，这也是"话语互动"的概念在超越"言语互动"之后回归"交际"的焦点所在。如此从"话语互动"的角度看"交际/交流"使我们更清晰地认识到交际的内涵和机制。这似乎像威廉姆斯所讲的"向后迈向未来"（Williams 1989）。他所说的"后"，即是"过去"，他认为将来总是和理想化的过去相联系，一个美好的未来或是对过去的修复，或是对过去的重新发现，或是对过去的重新建构。简言之，对美好未来的追求与回归过去紧密相连。在我们从话语互动的角度讨论"交际/交流"的过程中，我们看到，这一讨论赋予"交际"这一已经存在很久的概念以不同的解读，不仅重新发现"交际"的内涵和机制，而且这一"回归"也实现了对其"传递信息"含义的超越，甚至是与其相关的"言语互动"概念的超越，这也在一定程度上构成"话语互动"的学理基础。这一讨论对学术话语的交融和交锋都有意义。就学术话语交融而言，不论在学术规约还是在言语表达方面，都需要交流的双方向对方靠拢，尤其是处于弱势的一方（如研究项目申报者）向处于优势的另一方（如研究项目评审者）靠拢，包括适应对方的规约及采用对方的表达方式。换言之，学术话语交融一方面体现在不同的话语所遵循的社会规约方面的交融，另一方面体现在不同话语所固有的语言表达方式的交融。就学术话语的交锋而言，在学术规约方面虽然不会适应对方的规约，但还是要关注共同的主题及使用共同的术语和文献，以建立起交流的基础；在言语表达方面，就本研究的观察而言，可以尽情地使用体现自己观点的评论状语和表达谦逊态度的让步状语，做到进退自如。

文化交流中的话语互动

我们观察的第二个案例是从话语互动的角度看跨文化交流。在 9.1 中我们讨论过斯科隆和斯科隆（Scollon and Scollon 1995/2000）研究跨文化交际（交流）的话语分析方法。他们认为文化与文化之间的交流，需要以个体与个体的交际来具体实现，因此他们将"文化"限定在一个"话语体系"的范畴内，这个体系包括意识形态（如包括信仰、价值、宗教等内容在内的世界观）、社会化（如通过教育和学习融入一个文化之中）、话语形式（包括传递信息、建立关系、协商、妥协这些语言功能的实施以及手势语、时空概念的使用这些非言语交际）、面子系统（如亲属关系、自我概念、以及亲近与疏远关系的认知，等等）。他们将一个商业公司作为文化单位，观察个体如何通过使用特定的语言形式进入该公司的文化之中，接受并适应这个文化中的价值取向，学会这个文化中的交际策略，最终融入该文化之中。

文化与话语有着千丝万缕的联系，这一点在文化研究学派对意义与文化的关系解读中也有体现。当社会活动所具有的意义成为这些活动的中心之时，这些社会活动便具有了文化的含义，正如霍尔（Hall 1997：2）指出的那样，说两个人同属一个文化即是说他们解释世界的方式相似，他们表达自己以及他们关于这个世界的思想和情感的方式也可以相互被理解。在这个意义上，霍尔声称，文化的参与者解释其身边发生的事情的意义以及解读世界对他们的含义的大致相同的方式即构成文化的概念。因此，文化与特定社会群体中成员之间意义交流与生产的过程相关（Hall 1997：2）；如果理解文化，那么就要探索意义是如何通过表达能指意义的活动象征性地创造出来（Barker and Galasinski 2001：4）。以此为基础，探索跨文化交流实际上是一个探索意义在不同文化中被认可的过程，而且因为"意义和表达意义的实践活动通过话语本身构成"（Hall 2001：73），话语互动就成为探索跨文化交流的一个不可或缺的观察对象。

在这方面，田海龙和威廉姆森（Tian & Williamson 2012）跨文化交流的研究案例在一定程度上阐释了文化交流中的话语互动问题。"跨文化交流"在这个研究案例中，一方面表明处于不同文化背景的社会主体将其具体使用的言语（如表达某一概念的术语）"再情景化"到另一个文化之中，另一方面，文化交流也体现着权力关系和意识形态充斥于"再情景化"过程之中。下面先讨论跨文化交流中的言语再情景化问题。

就这个跨文化交流研究案例而言，言语再情景化问题体现在第二作者（威廉姆森）于 1997—1998 年对两个跨国公司（Cox, Coy）在英国伦敦和中国北京的工作人员进行的访谈之中。由于访谈者相信童年是获得某一国家文化的重要阶段，所以他在选择受访者并对其分类时主要考虑受访者的国籍；如果他/她在童年时期离开自己的祖国 10 年以上就不再被列入属于这个国家文化背景的受访者之列。可见，跨文化交流在这个研究案例中主要是不同国籍（英国和中国）受访者之间的交流。这些受访者是公司的管理人员（部门经理），威廉姆森对他们的访谈围绕公司管理中的

"信誉控制"话题展开，也涉及"控制保证"的话题，使用的语言是英语，这也是这两个公司在伦敦和北京两地的工作语言。在访谈过程中，威廉姆森会引入一些概念术语，如"accountability（问责）""responsibility（责任）""role（角色）""empowerment（赋权）""information（信息）""hierarchy（等级）"，等等。这些概念也是别的受访者在访谈过程中提及的，重新把这些概念引入访谈之中主要是观察不同国家文化背景的受访者如何理解这些概念在其公司管理过程中的意义。下面是威廉姆森观察到的一些现象。

在英国文化背景的受访者看来，他们中的大部分人认为"问责"与"责任"是两个不同的概念，而且他们认识到，在解释"信誉控制"方面"问责"对于获得"控制保证"非常重要，特别是在讨论更广义的"管理控制"时，他们更是认为"问责"非常重要。例如，有 17 个英国文化背景的受访者认为"问责"很重要，其中 6 个认为"问责"的概念与"责任"的概念相同，其余 11 个认为"问责"的概念包含"责任""角色"和"信息"，而且他们认为"问责"的概念由"责任""角色"和"信息"共同构成。具体来说，他们认为"问责"的概念包括一个人在其角色岗位上被期待完成的"责任"，也包括公开透明并得到监控的"信息"，和下属被赋予职权以使其能够做出超过其岗位职责的贡献（Tian & Williamson 2012：8-11）。

与此相对，中国文化背景的受访者在用中文表达"accountability"的概念时意见并不一致，有的用"信任"，有的用"可靠性"，有的用"可依靠性"，还有用"解释""辩护"等词翻译"accountability"的。这表明中国文化背景的受访者对"accountability"这个西方的概念非常陌生。甚至有几个受访者都无法将其译成中文，或干脆承认不知道"accountability"表达何意。在 14 个受访者中，仅有 3 个可以区分"问责"和"责任"，其中有的认为"问责"是责任与信息的结合，或是责任与信息关系的结合，有的认为"问责"是组织而不是个人的责任。更有甚者，有的受访者表示，"问责"如果意味着对个人追责则与中国人看重的秘密和信息保密格格不入（Tian & Williamson 2012：11）。

这个访谈的上述发现表明，不同国家文化背景的人对一些概念的理解存在明显不同。这些受访者虽然在相同的跨国公司工作，甚至从事相同的管理工作，但是在跨文化沟通方面仍然存在障碍。他们因具有不同的国家文化背景，对特定概念（如"问责"）的理解不能完全吻合，甚至存在本质性的差异。这些差异对不同国家文化背景的受访者之间跨文化交流是一种障碍，但跨文化交际过程也不是表现为简单地克服这些障碍，而是一种不同国家文化背景的人将自己对"问责"概念的理解移入一个新语境并使其产生新意义的"再情景化"社会实践。例如，在这个研究案例中，在跨国公司北京分公司工作的英国籍经理就试图将他们对"问责""透明"等概念的理解再情景化到北京的分公司中，而中国籍经理也试图将其对"责任""信息"等信息的理解再情景化到他们工作的坐落在伦敦的跨国公司场景之中。研究发现，在伦敦工作的两个中国籍经理对"问责""责任""透明"的理解似乎融合了英国籍经理的理解，是对英国经理关于这些概念的某种"挪用"。这个再情景化过程的结果一方面是由于中国籍经理在英国受到高等教育，另一方面也是由于中国籍经理有长期在西方跨国公司工作的经历（Tian & Williamson 2012：17-18）。

与中国籍经理的"再情景化"过程形成对照，英国籍经理关于"问责"及其相关概念的理解在北京分公司"再情景化"的过程就不十分顺利。例如，一个新任命的信誉控制经理非常在意他所在的部门提供的服务和信誉控制的水准，他在楼道里大声谈论这些内容，强调他的设想，并通过邮件散播，或者在会议上直陈。这种交流方式在他原先工作的英国总部没有问题，但是在北京分公司就将其下属和其他部门经理置于"如果不能实现他设定的信誉控制标准就会被问责"的境地。因此，他也遇到了麻烦，因为北京分公司各部门都不愿意在信息交流方面过于透明，同时在给员工指令时大家也都希望上下级的个人关系得到照顾。英国籍经理在交流中试图建立"问责"的机构性特征，他认为"问责"话语具有权威是必要的，但是他所处的语境却是一种推崇"个人关系"和"信息保密"的文化，二者的不协调导致了交际的不成功（Tian & Williamson 2012：18）。

可见，跨文化交流首先需要不同文化背景的社会主体将其对一些概念的理解"再情景化"到另一个文化之中，这种对某一概念的"理解"即是一种意识形态，同时表达"意识形态"的方式也是一种"意识形态"，因为这种表达方式也体现着社会主体对于某种文化的认识。例如，在上面分析的研究案例中，中国籍经理和英国籍经理对"问责"及其相关概念的理解是一种"意识形态"，体现着文化的差异。与此同时，他们谈论这些概念的方式，也体现着他们对这些概念如何被"再情景化"到另一情景的理解，因此也是一种"意识形态"。在这个案例中，英国籍经理在北京分公司将"问责"概念机构化的谈论方式收效不佳，其原因就是他违背当地文化普遍推崇的对"信息透明度""人际关系"等概念的认识，而这些概念与"问责"的概念密切相关。

因此，从话语互动的角度看跨文化交流，可以发现其"再情景化"过程不是一个简单的语言使用和交流方式的问题，相反，跨文化交流的再情景化过程也体现着权力关系和意识形态。这便是我们所关注的跨文化交流的另一方面。

首先，跨文化交流体现着交流双方彼此关系的不对等。在我们的研究案例中，英国籍经理试图将他对"问责"及相关概念的西方式理解通过机构化的表达"殖民"到北京分公司，体现出他在跨文化交流过程中对交流对象和交流方式具有选择和决定的权力。中国籍员工也具有如何给出反馈、给出什么反馈、以及对交

流对象是否接受和信任的权力。其次，跨文化交流过程中双方不
对等的关系需要彼此在交流过程中相互调节。英国籍经理如果能
够将他的"意识形态"在北京分公司"机构化"，形成稳定的"规
范"，他便可以获得交流的成功，但这需要得到北京分公司员工的
认可。新概念的意义在新情景中被认可是一个"挪用"行为，既
包括认为这个新概念具有实际意义和在实践中具有重要性，也包
括对这个新概念进行新的解释并赋予其新的意义。然而，新概念
被"殖民"和被"挪用"这个再情景化过程是漫长的，跨文化交
流的结果也是动态不定的，具有一定的偶然性。就"accountability"
这个西方概念而言，直到这个访谈结束 10 多年之后的 2009 年，
在英国的中国留学生还将其翻译成 15 个汉语术语之多，并认为
"问责"只对公共部门，而非个人（Tian & Williamson 2012：21）。
就我们的研究案例而言，"问责"这一西方概念在北京分公司并没
有得到理解和接受，但同时也没有被"责任"这个中国的概念所
替代。西方概念没有明显被"挪用"，也没有被"殖民"到中国的
文化情景之中，但是我们也发现，在英国工作的中国籍经理也在
主动地推广这个西方的概念。这与话语互动所导致的话语"杂糅"
有异曲同工之处，都体现出交流与互动所导致结果的不确定性和
偶然性。

9.3 小结

在这一章我们讨论了话语互动的交际属性。这个问题的提出
源于研究话语互动视角的转变。当研究者作为局外人客观地审视
发生在社会生活中的话语互动时，会发现话语互动发生在纵向、
横向、历时三个维度上面，而且在任何一个维度上话语互动都是
双向的；分析这些实实在在发生在社会网络中的话语互动，我们

提出了"三维—双向"的话语互动分析模式，以及分析具体话语互动过程的"双层—五步"分析框架。如果研究者是话语互动的参与者，通过话语互动实现一定的目的或达到某种目标，那么，话语互动则凸显出交际的属性。

为了阐释这个问题，在 9.1 中我们讨论了"交际"这个概念传递信息的含义，并以此为基础讨论了"互动"的概念。这方面的讨论涉及语用学、跨文化交际学、以及互动社会语言学的相关研究，表明"互动"的概念代表着对"交际"这个概念认识的加深，也代表着学术研究的发展。同时也表明，互动社会语言学关于"互动"概念的认识也存在一定的局限，而"话语互动"的概念则是在克服这些局限的基础上提出的一个新概念，是"向后迈向未来"的新成果。这个新概念在继承"符号互动"关于互动双方通过对互动意义的认识体现互动具有动态变化特征的基础上，对"言语互动"关于互动是特定情景中社会个体之间的交流的认识有所突破。在这个意义上，本书提出的"话语互动"概念超越了互动社会语言学有关"互动"的认识，但却保留了"交际"的本来含义。这些概念性的梳理阐释了"互动"对"交际"的发展、以及"话语互动"对"互动"的超越和对"交际"的回归。

在 9.2 中我们简要讨论了案例，涉及学术话语交流和跨文化交流，旨在说明本书中关于话语互动的认识同样适用于社会文化交流的研究。对于斯科隆和斯科隆（Scollon and Scollon 1995/2000）的跨文化交际话语分析框架而言，话语互动可以提供一个不同的研究视角；对于甘柏兹的互动社会语言学来说，从话语互动视角所观察的交际已经超越了言语互动（言语交际）赖以发生的微观的特定情景。

第十章　结论

本书从"话语"的概念出发，在认为话语即是社会实践的基础上，向外延伸探究不同社会活动领域中不同话语之间在纵向、横向、历时三个维度上的彼此互动，向内深入研究不同话语在语言使用和社会因素两个层面上的彼此互动。如此对话语互动的探索，均以社会生活的结构性网络为背景，视话语互动为社会网络中社会主体之间的相互作用，它不是一个简单、平面的语言使用问题，而是一个复杂、立体、受社会因素影响和制约的话语实践过程。这一观点在宏观上体现为社会网络的一个立体画面，在微观上体现为再情景化的一个多层图景。

从观察社会网络中的话语互动入手探究话语互动的特征，并非是一个轻而易举的工程，而是一个要遭遇许多困难和挑战的艰苦努力。这不仅是因为对于"话语互动"的探究还刚刚开始，而且也是因为研究话语互动需涉及诸多问题，它们彼此之间的联系也很不确定。因此，我们顺水推舟，在承认其复杂性和不确定性的同时，将话语互动视为社会主体通过语言使用彼此相互作用的一个动态开放的复杂过程。这样一种关于话语互动的认识在一定程度上是基于我们始终将辩证唯物主义的理论作为研究的基础和出发点。因此，在完成既定研究任务之后的最后一章，我们首先回访元点，再叙本书关于话语互动的研究源自事物是彼此联系动态变化的观点。这不仅是对本研究所依据的哲学基础的回顾，而且是对读者全面理解本书观点提供的一点帮助。在此之后，我们总结一下本研究的主要观点，并对三个需要说明的问题做些补充。

10.1 回访元点

所谓"元点"，在这里被认为是研究的出发点，也是研究的理论基础。本书之所以将话语互动作为社会网络中的话语互动进行研究，并将话语互动视作话语之间的相互作用与影响，根本的原因是始终坚持以马克思主义的观点看待研究课题，以辩证唯物主义观点解释和分析问题。具体来讲，就是坚持物质第一、精神第二的原则，坚持辩证统一和事物是动态联系的观点。

唯物主义的思想基础

在第二章，我们将"话语"视作一种社会实践，体现为语言使用与社会因素之间的辩证互动，同时我们认为话语与话语之间的联系也不是一个孤立静止的联系，而是凸显话语与话语之间的动态联系以及彼此之间的相互作用和影响。在第三章，我们进一步探究话语互动的特征与机制，在认为"话语"既是一个语言使用的问题，又是语言使用与社会因素互动的问题基础上，认识话语互动具有的动态变化特征。具体来讲，话语与话语彼此之间的联系虽然可以构成一个系统性网络，但是，这个网络不是静态不变的；相反，话语与话语之间的互动是新话语产生的动力源泉，这既涉及语言使用层面的话语互动，也涉及社会因素层面的话语互动，而且这两个层面的话语互动之间也具有相互影响和制约的作用。在第六、七、八章对具体案例的研究中，我们进一步认识到，话语互动发生在社会结构网络的纵向、横向和历时三个相互联系的维度上面，而且在每个维度上都存在双向的话语互动。

所有这些认识，源自马克思主义哲学关于语言与社会之间关系的论述。马克思主义哲学的唯物主义思想一方面坚定地认为"语言是从劳动中并和劳动一起产生出来"（见卫志强 2015：3），另一方面也从语言与思维及意识的关系上对此进行论述，提出"人们的想象、思维、精神交往在这里还是人们物质行动的直接产物。表现在某一民族的政治、法律、道德、宗教、形而上学等的语言中的精神也是这样"（同上，19），并强调，"语言也和意识一样，只是由于需要，由于和他人交往的迫切需要才产生"（同上，20）。这样，通过回答"语言是如何产生的"这样的问题（Holborow 1999：16），马克思阐述了语言的本质，使马克思主义哲学的唯物主义思想体现在语言与社会的关系上面，正如霍尔博罗（Holborow 1999：16）引用马克思、恩格斯下面这段话所要说明的那样：最初"精神"是依附在"负载"的事物上面，这些事物使精神以语言的形式出现。马克思主义这些关于语言与社会关系的论述，奠定了我们研究话语不能离开社会这一基本的出发点。

然而，在语言与社会的关系这一问题上面，坚持唯物主义的哲学思想并非是一件容易的事情。例如，受后现代主义的影响，语言学领域近年盛行的批评话语分析在承认语言反映社会的同时强调话语对社会的建构作用，认为话语就是社会现实的"替代品"（Fairclough 2006），或者说，"社会就存在于话语之中"（Kress 2001），就有走向极端的倾向。如果说代表后现代主义思想的法兰克福学派发现，在新资本主义时代统治阶级借用通俗文化的话语使被统治者在茫然而又无可奈何的感觉中认可这种统治，那么批评话语分析则是把话语的这种统治作用以论述"话语对社会的建构作用"的方式精辟地阐述出来。批评话语分析如此从社会的视角解读语言，如此强调话语对于社会生活之重要，虽然相对于将语言视为一个封闭系统的索绪尔结构主义语言学和将语言视为一个纯生物产物的乔姆斯基生物语言学是一个进步，但是，我们（如田海龙、赵芃 2017）也必须指出，将话语与社会等同起来，甚至将话语视作社会现实存在的基础，认为社会现实完全是话语建构的结果，如果不是滑入了唯心主义的泥坑，至少已是带有唯心主义的色彩。

　　说批评话语分析过分强调话语的建构作用有唯心主义的嫌疑，并非没有道理，因为，如果像批评话语分析那样认为话语可以建构社会事实，那么也可以认为，改变话语以及解释话语势必会成为启动社会变革的前提和方式。然而，这种对话语形式变化的过分强调，在一些情况下将会导致政治内容为话语形式所决定的后果。试想，如果社会现实都是话语建构的结果，那么，我们对社会现实的改变则只需要改变话语就可完成，而一切社会活动都将成为次要的、从属于话语的活动。在这样一个"形式决定一切的世界里"，霍尔博罗（Holborow 1999：195）担忧"产生社会变化的动力将无从而生"，甚至感叹，在这样的世界里，"人怎么可能脱离话语？他又怎能超越话语？"（同上：195）

　　可见，批评话语分析过于强调话语建构作用将导致社会事实被规避并被置于不重要或不显现的位置。费尔克劳（Fairclough 2006）对新资本主义自由经济的发展及全球化问题的研究曾明确表明，话语建构的全球化与实际发生的全球化是两种不同的全球化。然而，批评话语分析的任务在于，在对此区分的基础上探索话语如何构建出一种存在于话语中的全球化以及建构全球化所需的话语策略。批评话语分析如此在研究中对社会实在的忽视在某种程度上会导致一种偏见，即社会事实在这种对现实形成认识的过程中不再起着主导和决定的作用，而是一种可有可无、无足轻重的作用。对现实的认识和表述不是因为现实的存在而产生，而是因为对现实表述的不同而形成对这个现实的不同认识。如此对话语建构作用的过分强调，在脱离唯物主义世界观的同时，也给人留下"似乎语言有和战争、瘟疫和疾病一样巨大的物质力量"（Holborow 1999：14）的印象。

　　本书对话语互动的研究，借鉴批评话语分析的研究成果，但十分谨慎地将这些成果的应用限定在唯物主义哲学思想的范畴之内。换言之，我们对话语互动的研究既承认话语对社会现实具有一定的建构作用，同时也认为这种建构作用是在社会网络之中运行的，受到各种社会现实存在的制约，而这种制约也是一种联系和互动。唯有对话语互动的研究坚持辩证统一和运动联系的观点，才可取得贴近实际的研究发现。

辩证法的研究方法

　　对于马克思主义哲学来说，唯物主义关乎世界观，而辩证法则关乎方法论。因此，本书对语言与社会关系的研究在坚持唯物主义原则的同时，还坚持辩证的研究方法。在这方面，批评话语分析的一些观点是值得借鉴的。例如，在批评话语分析看来，"语言与社会之间的关系"是一种辩证关系，其最经典的表述是费尔克劳和沃达克的名句："话语不仅反映社会，而且建构社会"（Fairclough and Wodak 1997/2012：16）。然而，虽然批评话语分析承认话语是社会的反映，但是，如上文所述，它更关注的是话语对社会的建构作用。在批评话语分析看来，话语对社会的建构作用既可体现在对情景和知识的建构方面，也可体现在对作为个体和集体的人的身份以及人们之间关系的建构方面（赵芃，田海龙 2013；赵芃 2016）。批评话语分析强调话语对社会的建构作用，就是在其研究中凸显话语帮助维持和再生产社会现实的作用，以及话语促进社会现实发生改变的作用（Fairclough and Wodak 1997/2012）。在这方面，批评话语分析与美国的互动社会语言学以及新修辞学的一些最新研究成果有着许多共同之处（分别见田海龙 2015b；2019b）。

　　不可否认，批评话语分析在承认语言反映社会的同时强调话语对社会的建构作用，这在一定程度上体现着批评话语分析在语言学研究领域的前沿性。例如，相对于 20 世纪 60 年代兴起的变异社会语言学对语言运用反映社会身份的研究而言，批评话语分析超越变异社会语言学对语言与社会对应关系的认识，更多的关注语言对语言使用者社会身份的建构。相对于 20 世纪 70 年代形成并持续产生影响的系统功能语言学，批评话语分析不是将语境视为语域变体并以此为参照物用与传统语法不同的方式重新描述语言结构，而是透过这种描述所提供的关于语言结构（如动词的及物性结构、语气结构以及主位结构）的认识来窥探语言结构中体现的那些影响语言运用的社会因素，包括语言使用者的意识形态。特别是，批评话语分析超越 20 世纪上半叶盛行的结构主义语言学，不再关注语言本体，而是关注包括语言运用在内的所有和语言运用相关的因素。所有这些区别性特征实际上表明，批评话语分析对语言与社会关系的认识，尤其是对话语建构社会的强调，体现出批评话语分析的后现代主义特征。

　　在将批评话语分析有关话语建构作用的观点限定在唯物主义框架之内的同时，我们的研究将重点放在话语的社会实践上面，即将研究重点放在语言使用与社会因素的辩证关系上面，以及话语互动所体现的话语与话语在社会生活网络中的相互作用和影响上面。这是基于以下几点：

　　首先，我们相信，"事物的矛盾法则，即对立统一的法则，是唯物辩证法的最根本的法则"（毛泽东 1937/1975）。矛盾的斗争是不断的，不管在它们共处的时候，或者在它们互相转化的时候，都有斗争的存在，尤其是在它们互相转化的时候，斗争的表现更为显著，这又是矛盾的普遍性和绝对性。就"话语互动"而言，彼此"互动"的话语互为对方存在的条件，它们虽共处一个系统（社会结构网络）之内，这个系统或网络也不是静止和孤立的，更不是封闭的，而是通过它们彼此之间的相互作用，使这一系统或网络处于不断运动和变化发展之中，彼此之间的关系不断变化，新的话语也不断出现。运动是绝对的，静止是相对的。唯有各种话语之间的彼此联系和相互作用是探究话语不断发生变化和产生新话语和新意义的关键所在。

其次，我们还相信，世界上事物或现象之间以及事物内部构成要素之间存在着普遍的联系。在无限的宇宙中，联系不是个别事物之间暂时的、特殊的关系，而是一切事物、现象和过程所共有的客观的、普遍的本性。任何事物都不能孤立地存在，而是同其他事物发生着联系；世界是一个万事万物相互联系的统一整体，任何事物都是统一的联系之网上的一个部分、成分或环节，都体现着以相互联结、相互依赖、相互影响、相互作用、以及相互转化为体现形式的普遍联系。将这一普遍联系的法则运用在"话语互动"的研究之中，我们认为话语内部存在语言使用与社会因素之间的辩证联系，在其外部存在话语与话语之间纵向、横向以及历时的互动关系，同时，话语互动与其所处的社会网络之间也存在相互影响的关系，而且，社会网络本身也体现着社会因素之间的一种普遍联系。

第三，之所以如此将"话语互动"作为研究的重心，是因为我们相信，以"相互作用"为体现形式的"互动"是客观世界普遍联系的表现，是事物间或事物内部各种因素间关系和过程的基本内容。根据唯物辩证法，世界上不存在与他物毫无联系的事物，而相互作用正是事物间联系的表现，没有相互作用也就无法表明存在联系。作为事物之间或事物内部因素之间联系的一种表现形式，相互作用体现为相互联结、相互斗争、相互促进、相互制约等关系，而相互作用由作用和反作用两方面构成，二者不可分离，构成辩证的统一。这里，唯物辩证法关于相互作用是事物普遍联系的体现形式的观点亦构成本书将话语互动视作研究社会主体之间相互作用的一条重要路径的理论基础。

最后，在对社会网络中话语互动的研究中，我们提出话语互动并不是简单的相互影响，而是通过互动产生新的话语，新的意义。这是因为，我们相信唯物辩证法关于相互作用是事物运动、发展的真正的终极原因的观点。相互作用的实质是矛盾及矛盾诸方面的相互作用，相互作用可以使事物的原有性质和状态发生改变。在这方面，我们对话语再情景化进行研究，发现话语通过再情景化产生的互动可以产生新的意义，进而推动话语互动发展到一个新的阶段。本书的研究向内探究话语互动的机制，提出元话语的再情景化在一定程度上是话语互动产生新意义的机制，为阐释唯物辩证法关于"离开相互作用就无法理解运动"的观点提供了一个新的理解路径。

总体来讲，我们的研究始终坚持"事物的矛盾法则""世界是普遍联系的"以及"静止是相对的、运动是绝对的"这些唯物辩证法的基本观点。毫不夸张地讲，马克思主义的辩证唯物主义和唯物辩证法构成了本书对话语互动研究的理论基础。认识这一点对于理解本书的基本观点至关重要，这也是在本书的结尾我们回访元点的原因所在。

10.2 重述要点

本书的观点在各章均有所阐述。为了便于读者集中了解，我们将这些观点择要重新叙述如下：

第一，"话语"的概念不同于"语言"的概念，但是包括语言的使用；然而，当下学术界多使用"话语"这一概念并非只因其多指语言使用，而是因为话语这个概念更多的包含了与语言使用相关的各种社会因素，如权力关系、意识形态、价值取向、身份特征，等等。更进一步，话语这个概念体现着语言使用和与语言使用相关的社会因素之间的辩证关系，即特定的社会因素不仅在一定程度上制约语言使用，而且也在一定程度上由特定的语言使用形式来体现。正是这种语言使用对社会因素的反作用，体现出话语的建构性，如语言使用在一定程度上能够保持或改变某种社会关系。在这个意义上，话语被认为是一种社会实践，是社会实践主体通过语言使用（采用一定的话语策略）进行的社会实践。因此，"话语"概念体现的不是静态的"语言"现象，而是体现在语言使用层面上动态变化的社会过程。

第二，"话语互动"的概念以"话语"概念为基础向外延伸，凸显话语与话语之间的相互作用和影响。"话语互动"的概念首先预设在话语互动过程中有多个话语存在，这些话语在多个维度和层次上彼此关联，因此，"话语互动"的概念首先体现着话语与话语之间的相互联系。其次，由于话语不仅仅是语言使用，而且是一种社会实践，所以，"话语互动"的概念还表明话语与话语之间的联系不是一种简单的关联，而是一种相互作用、相互影响的互动关系。再次，话语与话语的互动是通过话语中语言使用层面的"文本"或"语体"的再情景化实现的。在这个再情景化的过程中，社会活动的主体通过自身的社会认知参与到社会实践当中，促进话语互动后果的生成。

第三，"话语互动"在语言使用层面上体现为一个话语的"文本"被再情景化到另一个话语之中，在社会因素层面体现为一个话语所具有的权威对另一个话语实施控制和影响，同时社会主体对这种权威的认可程度在一定程度上影响着该话语对其他话语产生作用的后果。这种体现为社会主体的社会认知在话语互动过程中的间接作用，在一定程度上赋予了话语互动的后果具有不确定的特征。因此，话语互动被认为是一个动态变化的复杂过程，不是某个话语作用于另一个话语就一定产生某个结果的简单机械的过程。

第四，"话语互动"的概念预设多个话语通过彼此之间的联系形成一个系统，或曰"网络"。本书的研究表明这个系统也不是静态和封闭的，而是具有动态联系和开放变化的特征。话语以元话语再情景化的方式通过彼此的相互作用促进新话语和新意义的产生，进而打破话语与话语之间现存的关系，创立一种新的关系，开始新的一轮话语互动。话语互动的这一特征在一定程度上说明，社会活动的主体通过使用一定的语言形式彼此相互作用，其结果可以体现在一个具有新意义的杂糅话语之中，而这个新话语一方面是旧的话语互动的终结，同时也是新的话语互动的开始。

第五，话语互动存在于社会网络之中。社会网络是各种社会因素之间的联系。这些社会因素在本书的研究中涉及权力关系和意识形态。权力关系体现为社会主体之间的一种区别性关系，意识形态指社会主体对社会问题的主观认识。社会主体在本书的研究中既可指集体或机构又可指依托这些机构的个体。社会因素不仅在话语中与语言使用存在辩证关系，而且在话语互动的过程中发挥作用。就纵向话语互动而言，社会主体间的权力关系体现在处于社会网络较高层级的话语对处于较低层级的话语进行规范和调节，社会主体的意识形态体现在处于社会网络较低层级的社会主体对较高层级的话语的认知和理解。

第六，社会网络是一个体现在时间层面和空间层面的立体网络。在时间层面，话语互动体现为过去话语对现在话语的作用，以及现在话语对过去话语的作用。在空间层面，话语互动体现在纵向和横向两个维度上面。纵向维度上的话语互动体现为处于社会网络较高层级的话语对处于社会网络较低层级的话语的作用，以及较低层级的话语对较高层级话语的作用。横向维度上的话语互动体现为处于同样层级的不同领域中的话语之间的相互作用，如商业领域的话语与教育领域的话语之间的相互作用。

第七，话语互动中的"互动"预设出互动的含义不是单向的，而是双向的。但是，话语互动并非仅发生在社会网络中的时间和空间维度上面，如发生在纵向、横向和历时三个维度上面。本书对话语互动的研究还表明，话语互动中的"互动"同时也体现在社会主体对特定语言使用形式的社会认知上面。例如，在自上而下的话语互动中，处于社会网络较高层级的话语对处于社会网络较低层级的话语之所以产生调节和指导作用，是因为处于社会网络较低层级的话语社会实践主体对该话语中的社会因素有一定的认识。这表明，话语互动的社会后果不是被动发生的，而是通过受话语作用影响的话语承受者的社会认知程度来具体实现的。

第八，话语互动中体现着权力关系，但是发生在不同维度上的话语互动中体现的权力关系是不一样的。权力关系的概念在话语互动研究中预设出不同话语所具有的影响力是不同的，因此，话语与话语的互动所产生的后果也是不一样的。就纵向话语互动而言，在自上而下的话语互动中，处于社会网络较高层级的话语对处于较低层级对话语具有制约和规范的作用，反之则没有。这种情况同样发生在历时话语互动过程中。就横向话语互动而言，由于是源自不同领域的话语之间的互动，如果这些领域之间在社会网络中处于平行的地位，那么这些话语之间的互动不形成制约和规范的权力关系，而会导致彼此之间在语言使用层面的杂糅。

第九，"话语互动"概念具有学科渊源。它一方面与社会学中布鲁默提出的"符号互动"概念相关联，另一方面也与语用学和跨文化交际学中的"交际"概念相关联，还与互动社会语言学中的"言语互动"概念相关联。就前者而言，"符号互动"概念强调

互动双方对于互动意义的认识体现出符号互动的动态特征，话语
互动借鉴这一观点，但同时引入探究话语互动动态变化机制的具
体方法，使之从抽象的哲学原理变成可操作的研究路径。就语言
学领域对于与"互动"相关的概念的认识而言，话语互动的概念
对其也是既有继承也有发展。例如，互动社会语言学的"互动"
概念强调"交际"这一概念所具有的"言语交际事件"特征，进
而认为"交际"概念不仅是信息传递而且是彼此互动，并在此基
础上发展丰富了"交际"这一概念的内涵。与此类似，"话语互动"
凸显"互动"的社会网络背景，进而超越互动社会语言学所关注
的特定情景中的"言语互动"。话语互动在秉承互动社会语言学关
于会话意义产生于互动过程的同时，将关于互动的研究扩展到社
会网络，涉及权力关系和意识形态，实现对互动社会语言学关于
互动研究的超越。同时，话语互动并没有丢弃"互动"所蕴含的
"交际"属性。本书对纵向、横向和历时话语互动的研究是以局外
人的身份审视已发生的话语互动，如果研究的视角转向话语互动
的亲历者，切身关注话语互动的后果，并以此来决定话语互动中
应该采取的策略，话语互动则回归交际，视交际效果为话语互动
的唯一目标。

　　第十，话语互动实际发生在社会生活之中，具有复杂、动态、
和不确定的特征。然而，研究话语互动、认识其规律，则需要一
个具体和可操作的方法。为此，本书提出"三维—双向"分析模
型和"双层—五步"分析框架，前者适用于对话语互动进行宏观
审视，可以展现出话语互动在社会生活网络中的全貌，后者适用
于对具体的话语互动过程进行详细的分析，展现话语互动的内在
运作机制。在对话语互动进行"双层—五步"的具体分析过程中，
一些概念性分析工具必不可少，包括元话语、再情景化、媒体化、
语体链、互文性、互语性、指向意义、指向秩序，等等。这个分
析模型和分析框架，与这些概念性分析工具一起，构成研究话语

互动这个批评话语研究领域新课题的新路径。

10.3 再说盲点

在本书的结论这一章，我们交代了进行话语互动研究的马克思主义哲学基础，总结了本书的十个主要观点。最后，为避免前面各章或许因某些论述不够准确而产生的歧义和欠缺，对三个可能的"盲点"再作进一步说明。

在第八章，我们讨论的话语互动既包括"过去"对"现在"的话语互动，也包括"现在"对"过去"的话语互动。这种表述可能会产生歧义，因为"过去"对"现在"、"现在"对"过去"已经分别表明其指向是单向的，如何还能互动？实际上，"互动"的概念在本书中不仅意味着空间上的上下左右这种指向上的双向互动，也不仅意味着时间上的"现在"对"过去"和"过去"对"现在"这种双向互动，还意味着承受话语互动后果的社会主体通过自身对这种话语作用的社会认知程度决定话语互动的后果。例如，在第六章关于纵向话语互动的讨论中，社会网络中较高层级的话语对较低层级的话语作用，需要通过较低层级的社会活动主体的社会认知得以实现。换言之，纵向话语互动需要社会网络中不同层级的社会活动主体对相关话语的认可和消化来实现。可见，互动不仅是时空意义上的双向指向，也是社会认知意义上的双向指向，可以体现在话语互动中社会主体的能动作用上面，如社会主体通过社会认知的"语境模型"影响互动的后果。此为需要说明的一点，尽管10.2中的第七点已经阐述。

另一点需要说明的是，空间或时间上的话语互动彼此并非泾渭分明的，而是彼此相交错的。虽然本研究所关注的纵向话语互动、横向话语互动以及历时话语互动分别在第六、七、八章叙述，但是在社会生活的全时空网络中话语之间的互动并非体现得如此界限分明。例如，在第八章讨论历时话语互动时，我们就曾指出横向话语互动和纵向话语互动也体现其中。说明这一点，是因为不希望书写空间造成的隔断破坏我们一直坚持和信奉的事物之间存在普遍联系这一观点。

最后，关于本书提出的话语互动研究路径。这一研究路径包括一个"三维—双向"分析模型和一个"双层—五步"分析框架。"三维—双向"分析模型提供了从纵向、横向和历时三个"维度"进行话语互动研究的思路，也提供了从时空意义的"双向"指向研究发生在每个维度上的话语互动的设想。与这个话语互动研究的宏观构思相对，"双层—五步"分析框架则为具体的话语互动案例研究提供方法论的支撑，包括从语言使用和社会因素两个层面对话语互动全过程进行细致研究的五个具体分析步骤。不论是分析模型还是分析框架，它们都体现出本书对社会网络中话语互动的一些基本认识，也体现出我们进行话语互动研究的基本准则。批评话语分析发展到批评话语研究阶段，出现了许多新的研究路径，有基于认知传统的，也有基于多模态分析的，还有不同研究传统相互结合形成的（Wodak 2020：20）。本书提出的话语互动研究路径如果能够和这些研究路径一起丰富批评话语研究的理论和方法，将是我们的幸事。

参考文献

Agha, Asif. 2003. The Social Life of a Cultural Value. *Language and Communication,* 23: 231-273.

Agha, Asif. 2005. Voice, Footing, Enregisterment. *Journal of Linguistic Anthropology,* 15: 38-59.

Agha, Asif. 2007. *Language and Social Relations.* Cambridge: Cambridge University Press.

Agha, Asif. 2011. Meet Mediatization. *Language and Communication*, 31(3): 163-170.

Androutsopoulos, Jannis. 2016. Theorizing Media, Mediation and Mediatization. In Nikolas Coupland (eds.). *Sociolinguistics: Theoretical Debates.* London: Cambridge University Press, pp. 282-302.

Austin, John. 2002/1962. *How to Do Things with Words.* Beijing: Foreign Language Teaching and Research Press & Oxford University Press.

Bakhtin, Michael. 1986. *Speech Genres and Other Late Essays.* (edited by Caryl Emerson and Michael Holquist). Austin, TX: University of Texas Press.

Barker, Chris and Galasinski, Dariusz. 2001. *Cultural Studies and Discourse Analysis: A Dialogue on Language and Identity.*

London: Sage.

Baxter, Judith. 2003. *Positioning Gender in Discourse: A Feminist Methodology*. New York: Palgrave.

Beets, Johannes and Schwab, Veit. 2018. Conditions and Relations of (Re)production in Marxism and Discourse Studies. *Critical Discourse Studies,* 15(5): 338-350.

Bernstein, Basil. 1990. *The Structuring of Pedagogic Discourse*. London: Routledge.

Bernstein, Basil. 2000. *Pedagogy, Symbolic Control and Identity: Theory, Research, Critique* (revised edition). London and New York: Rowman and Littlefield Publishers.

Blommaert, Jan. 2005. *Discourse: A Critical Introduction*. Cambridge: Cambridge Univiersity Press.

Blommaert, Jan. 2010. *The Sociolinguistics of Globalization*. Cambridge: Cambridge Univiersity Press.

Blumer, Herbert. 1969. *Symbolic Interactionism: Perspective and Method*. Berkeley: University of Califormia Press.

Bourdieu, Pierre. 1991. *Language and Symbolic Power*. London: Polity Press.

Bucholtz, Mary and Hall, Kira. 2005. Identity and Interaction: A Sociocultural Linguistic Approach. *Discourse Studies,* 7 (4-5): 585-614.

Burns, Tom. 1992. *Erving Goffman*. London and New York: Routledge.

Chilton, Paul. 2004. *Analysing Political Discourse: Theory and Pactice.* London: Routledge.

Chouliaraki, Lilie. 2005. Spectacular Ethics: On the Television Footage of the Iraq War. *Journal of Language and Politics*, 4 (1):

143-159

Chouliaraki, Lilie and Fairclough, Norman. 1999. *Discourse in Late Modernity: Rethinking Critical Discourse Analysis.* Edinburgh: Edinburgh University Press.

Chung, Agatha and Wu, Doreen. 2012. Between Tradition and Modernity: Image Representations of Women in *Cosmopolitan*, China. *Linguistic Research*, (12): 79-92.

Coupland, Nikolas and Jaworski, Adam. 2009. Editors' Introduction to Part VI. In Nikolas Coupland and Adam Jaworski (eds.). *The New Sociolinguistics Reader*. Hampshire: Palgrave, pp. 575-581.

Crossley, Nick. 2004. *Key Concepts in Critical Social Theory.* London: Sage.

di Luzio, Aldo. 2003. Presenting John J. Gumperz. In Susan L. Eerdmans, Carlo L. Prevignano, and Paul J. Thibault (eds.). *Language and Interaction: Discussions with John J. Gumperz.* Amsterdam: John Benjamins, pp. 1-6.

Eckert, Penelope. 2012. Three Waves of Variation Studies: The Emergence of Meaning in the Study of Sociolinguistic Variation. *Annu. Rev. Anthropol*, 41: 87-100.

Eckert, Penelope. 2018. *Meaning and Linguistic Variation: The Third Wave in Sociolinguistics*. Cambridge: Cambridge University Press.

Fairclough, Isabela and Fairclough, Norman. 2012. *Political Discourse Analysis: A Method for Advanced Students*. London: Routledge.

Fairclough, Norman. 1989. *Language and Power.* London and New York: Longman.

Fairclough, Norman. 1992. *Discourse and Social Change*. London:

Polity.

Fairclough, Norman. 1995a. *Critical Discourse Analysis* (first edition). London: Longman.

Fairclough, Norman. 1995b. *Media Discourse*. London: Arnold.

Fairclough, Norman. 1995c/2012. A reply to Henry Widdowson. In Hailong Tian and Peng Zhao (eds.). 2012. *Critical Discourse Analysis: Essential Readings*. Tianjin: Nankai University Press, pp. 129-137.

Fairclough, Norman. 2001. The Discourse of New Labour: Critical Discourse Analysis. In Margaret Wetherell, Stephanie Taylor, and Simeon J. Yates (eds.). *Discourse as Data*. London: Sage in association with The Open University, pp. 229-266.

Fairclough, Norman. 2003. *Analysing Discourse: Textual Analysis for Social Research*. London and New York: Routledge.

Fairclough, Norman. 2006. *Language and Globalization*. London: Routledge.

Fairclough, Norman. 2009. A Dialectic-relational Approach to Critical Discourse Analysis. In Ruth Wodak and Michael Meyer (eds.), *Methods of Critical Discourse Analysis* (second edition). London: Sage, pp. 162-186.

Fairclough, Norman. 2014. Review of Siobhan Chapman's *Susan Stebbing and the Language of Common Sense*. *Discourse & Society,* 25(3): 408-411.

Fairclough, Norman and Fairclough, Isabela. 2018. A Procedural Approach to Ethical Critique in CDA. *Critical Discourse Studies,* 15(2): 169-185.

Fairclough, Norman and Ruth Wodak. 1997/2012. Critical Ciscourse Analysis. In Hailong Tian and Peng Zhao (eds.). 2012. *Critical*

Discourse Analysis: Essential Readings. Tianjin: Nankai University Press, pp. 16-47.

Forchtner, Bernhard and Schneickert, Christian. 2016. Collective Learning in Social Fields: Bourdieu, Habermas and Critical Discourse Studies. *Discourse & Society*, 27(3): 293-307.

Foucault, Michael. 1972. *Archaeology of Knowledge*. London: Tavistock Publications.

Foucault, Michael. 1984. The Order of Discourse. In Michael Shapiro (ed.). *Language and Politics*. Oxford: Basil Blackwell, pp. 108-138.

Fowler, Roger (ed.). 1966. *Essays on Style and Language*. London: Routledge and Kegan Paul.

Fowler，Roger. 1971. *The Language of Literature: Some Linguistic Contributions to Criticism*. London: Routledge and Kegan Paul.

Fowler，Roger. 1991. On Critical Linguistics. In Carmen Rosa Caldas-Coulthard and Malcolm Coulthard (eds.). *Texts and Practices: Readings in Critical Discourse Analysis*. London: Routledge, pp. 3-14.

Fowler, Roger, Hodge, Bob, Kress, Guther, and Trew, Trew (eds.) 1979. *Language and Control*. London, Boston and Henley: Routledge & Kegan Paul.

Gumperz, John J. 1982/2009. Contextualization Conventions. In Nikolas Coupland and Adam Jaworski (eds.). *The New Sociolinguistics Reader*. Hampshire: Palgrave, pp. 598-606.

Hall, Stuart. 1997. Introduction. In Stuart Hall (ed.). *Representations: Cultural Representation and Signifying Practices*. London: Sage Publications, pp. 1-11.

Hall, Stuart. 2001. Foucault: Power, Knowledge and Discourse. In

Margaret Wetherell, Stephanie Taylor, and Simeon J. Yates (eds.). *Discourse Theory and Practice: A Reader*. London: Sage Publications, pp. 72-81.

Halliday, Michael Alexander Kirkwood. 1973. *Explorations in the Functions of Language*. Landon: Edward Arnold.

Halliday, Michael Alexander Kirkwood. 1978. *Language as Social Semiotic: The Social Interpretation of Language and Meaning*. London: Edward Arnold.

Halliday, Michael Alexander Kirkwood. 1994/2000. *An Introduction to Functional Grammar*. Beijing: Foreign Language Teaching and Research Press & Edward Arnold.

Hart, Christopher. 2016. The Visual Basis of Linguistic Meaning and Its Implications for Critical Discourse Studies: Integrating Cognitive Linguistic and Multimodal Methods. *Discourse & Society*, 27(3): 335-350.

Harvey, David. 1996. *Justice, Nature and the Geography of Difference.* London: Blackwell.

Herzog, Benno. 2016. *Discourse Analysis as Social Critique: Discursive and Non-discursive Realities in Critical Social Research*. London: Palgrave.

Herzog, Benno. 2018a. Suffering as an Anchor of Critique: The Place of Critique in Critical Discourse Studies. *Critical Discourse Studies,* 15(2): 111-122.

Herzog, Benno. 2018b. Marx's Critique of Ideology for Discourse Analysis: From Analysis of Ideologies to Social Critique. *Critical Discourse Studies,* 15(5): 402-413.

Hodge, Robert, and Kress, Gunther. 1988. *Social Semiotics*. Ithaca, New York: Cornell University Press.

Holborow, Marnie. 1999. *The Politics of English*. London: Sage.

Hyland, Ken. 2005. *Metadiscourse*. London: Continuum.

Hymes, Dell. 1986/2009. Models of the Interaction of Language and Social Life. In Nikolas Coupland and Adam Jaworski (eds.). *The New Sociolinguistics Reader*. Hampshire: Palgrave, pp. 583-597.

Johnstone, Babara. 2010. Locating language in identity. In Carmen Llamas and Dominic Watt (eds). *Language and Identities*. Edinburgh: Edinburgh University Press, pp. 3-26.

Johnstone, Babara and Eisenhart, Christopher. (eds.). 2008. *Rhetoric in Detail: Discourse Analysis of Rhetorical Talk and Text*. Amsterdam: John Benjamins.

Jørgensen, Marianne and Phillips, Louise. 2002. *Discourse Analysis as Theory and Method*. London: Sage.

Kress, Gunther. 2001. From Saussure to Critical Sociolinguistics: The Turn towards a Social View of Language. In Margaret Wetherell, Stephanie Taylor, and Simeon J. Yates (eds.). *Discourse Theory and Practice: A Reader*. London: Sage Publications, pp. 29-38.

Kress, Gunther and van Leeuwen, Theo. 1996. *Reading Images*. Burwood: Brown Prior Anderson.

Krippendorff, Klaus. 2020. Introduction: Why Discourses in Action? In Klaus Krippendorff and Nour Halabi (eds.). 2020. *Discourses in Action: What Language Enables Us to Do*. London and New York: Routledge, pp. 1-13.

Kristeva, Julia. 1980. *Desire in Language: A Semiotic Approach to Literature and Art*. New York: Columbia University Press.

Kristeva, Julia. 1986. *The Kristeva Reader* (ed. T. Moi). Oxford: Blackwell.

Krzyzanowski, Michal. 2016. Recontextualization of Neoliberalism and the Increasingly Conceptual Nature of Discourse: Challenges for Critical Discourse Studies. *Discourse & Society*, 27(3): 308-321.

Krzyzanowski, Michal & Forchtner, Bernhard. 2016. Theories and Concepts in Critical Discourse Studies: Facing Challenges, Moving Beyond Foundations. *Discourse & Society*, 27(3): 253-261.

Ku, Agnes S. M. 1999. *Narratives, Politics, and the Public Sphere: Struggles over Political Reform in the Final Transitional Years in Hong Kong (1992—1994)*. England: Ashgate.

Labov, William. 1997. The Social Stratification of (r) in New York City Department Stores. In Nikolas Coupland and Adam Jaworski (eds.). *Sociolinguistics: A Reader and Coursebook*. New York: St. Martin's Press, pp. 168-178.

Lave, Jean and Wenger, Etienne. 1991. *Situated Learning: Legitimate Peripeheral Participation*. Cambridge: Cambridge University Press.

Leech, Geoffrey. 1974. *Semantics*. London: Penguin.

Leiss, William, Kline, Stephen, Jhally, Sut, and Botterill, Jackie. 2005. *Social Communication in Advertising* (third etition). London: Methuen.

Macgilchrist, Felicitas. 2016. Fissures in the Discourse-scape: Critique, Rationality and Validity in Post-foundational Approaches to CDS. *Discourse & Society*, 27(3): 262-277.

Machin, David. 2016. The Need for a Social and Affordance-driven Multimodal Critical Discourse Studies. *Discourse & Society*, 27(3): 322-334.

Martin, Jim and Rose, David. 2008 *Genre Relations: Mapping with*

Cultures. London: Equinox.

Milroy, James and Milroy, Lesley. 1980/1997. Network Structure and Linguistic Change. In Nikolas Coupland and Adam Jaworski (eds.). 1997. *Sociolinguistics: A Reader and Coursebook*. New York: St. Martin's Press, pp. 199-211.

Mitchell, Clyde. 1969. The Concept and Use of Social Networks. In Clyde Mitchell (ed.). *Social Networks in Urban Situations: Analysis of Personal Relationships in Central African Towns*. Manchester: Manchester University Press, pp. 1-50.

Myers, Greg. 2010. *Discourse of Blogs and Wikis*. London and New York: Continuum.

Ochs, Elinor. 1992. Indexing Gender. In Alessandro Duranti and Charles Goodwin (eds.). *Rethinking Context: Language as an Interactive Phenomenon*. Cambridge: Cambridge University Press, pp. 335-358.

Pennycook, Alastair. 2007. *Global Englishes and Transcultural Flows*. London: Routledge.

Prevignano, Carlo L. and di Luzio, Aldo. 2003. A Discussion with John J. Gumperz. In Susan L. Eerdmans, Carlo L. Prevignano, and Paul J. Thibault (eds.). *Language and Interaction: Discussions with John J. Gumperz*. Amsterdam: John Benjamins, pp. 7-29.

Rainie, Lee and Wellman, Berry. 2012. *Networked: The New Social Operating System*. Massachusetts: MIT Press.

Rampton, Ben. 2016. Foucault, Gumperz, and Governmentality: Interaction, Power, and Subjectivity in the Twentiy-first Century. In Nikolas Coupland (ed.). *Sociolinguistics: Theoretical Debates*. Cambridge: Cambridge University Press, pp. 303-328.

Reisigl, Martin and Wodak, Ruth. 2001. *Discourse and Discrimination*. London and New York: Routledge.

Reisigl, Martin and Wodak, Ruth. 2009. The Discourse-historical Approach (DHA). In Ruth Wodak and Michael Meyer (eds.), *Methods of Critical Discourse Analysis* (second edition). London: Sage, pp. 87-143.

Saussure, Ferdinand de. 1916/1983. *Course of General Linguistics*. Translated by Robin Harris. London: Duckworth.

Scollon, Ron and Scollon, Suzie Wong. 1995/2000. *Intercultural Communication: A Discourse Approach*. Beijing: Foreign Language Teaching and Research Press and Blackwell.

Sharma, Devyani and Dodsworth, Robin. 2020. Language Variation and Social Networks. *Annual Review of Linguistics*, (6): 341-361.

Searle, John. 1979. *Expression and Meaning*. Cambridge: Cambridge University Press.

Silverstein, Michael. 1985. Language and the Culture of Gender: At the Intersection of Structure, Usage, and Ideology. In Elizabeth Mertz and Richard J. Parmentier (eds). *Semiotic Mediation: Sociocultural and Psychological Perspectives*. Orlando, FL: Academic Press, pp. 219-259.

Silverstein, Michael. 2003. Indexical Order and the Dialectics of Sociolinguistic Life. *Langauge and Communication*, (23): 193-229.

Silverstein, Michael and Urban, Greg. 1996. The Natural History of Discourse. In Michael Silverstein and Greg Urban (eds.). *Natural Histories of Discourse*. Chicago: University of Chicago Press, pp. 1-17.

Sperber, Dan and Wilson, Deirdre. 1995/2001. *Relevance: Communication and Cognition*. Beijing: Foreign Language Teaching and Research Press and Blackwell.

Thompson, Geoff. 1996. *Introducing Functional Grammar*. London: Arnold.

Tian, Hailong. 2010. Discursive Production of Teaching Quality Assessment Report: A Critical Discourse Analysis. *Journal of Language and Politics*, 9 (4): 574-592.

Tian, Hailong. 2015. Discourse and Public Sphere in China: A Study of the Wu Ying Lawsuit Case. In Linda Tsung and Wei Wang (eds.). *Contemporary Chinese Discourse and Scoial Practice in China*. Amsterdam: John Benjamins, pp. 27-44.

Tian, Hailong. 2020. One Case, Two Verdicts: The Vertical Interplay of Authoritative Discourses in China. In Klaus Krippendorff and Nour Halabi (eds.). *Discourses in Action: What Language Enables Us to Do*. London and New York: Routledge, pp. 158-172.

Tian, Hailong and Willianson, Dermot. 2012. The Concept of Accountability in Management Control: British and Chinese Perceptions and Their Recontextualization. In Hailong Tian and Qing Cao (eds.). *Reinventing Identities: The Poetics of Language Use in Contemporary China*. Tianjin: Nankai University Press, pp.3-25.

van Dijk, Teun A. 1984. *Prejudice in Discourse*. Amsterdam: John Benjamins.

van Dijk, Teun A. 1998. *Ideology: A Multidisciplinary Approach*. London: Sage.

van Dijk, Teun A. 2001a. Critical Discourse Analysis. In Deborah

Schiffin, Deborah Tannen, and Heidi E. Hamilton (eds.). *The Handbook of Discourse Analysis*. Oxford: Blackwell, pp. 352-371.

van Dijk, Teun A. 2001b. Multidisciplinary CDA: A Plea for Diversity. In Ruth Wodak & Michael Meyer (eds.). *Methods of Critical Discourse Analysis* (first edition). London: Sage, pp. 95-120.

van Dijk, Teun A. 2009a. Critical Discourse Studies: A Sociocognitive Approach. In Ruth Wodak and Michael Meyer (eds.). *Methods of Critical Discourse Analysis* (second edition). London: Sage, pp. 62-86.

van Dijk, Teun A. 2009b. *Society and Discourse: How Social Contexts Influence Text and Talk*. Cambridge: Cambridge University Press.

van Dijk, Teun A. 2012. Critical Context Studies. In Hailong Tian and Peng Zhao (eds.). 2012. *Critical Discourse Analysis: Essential Readings*. Tianjin: Nankai University Press, pp. 263-295.

van Leeuwen, Theo. 1993. Genre and Field in Critical Discourse Analysis: A Synopsis. *Discourse and Society*, 4(2): 193-225.

van Leeuwen, Theo. 2008. *Discourse and Practice: New Tools for Critical Discourse Analysis*. Oxford: Oxford University Press.

Verschueren, Jef. 2010/2014. Interactional Sociolinguistics. In Jurgen Jaspers, Jan-Ola Ostman, and Jef Verschueren (eds.). *Society and Language Use*. Shanghai: Shanghai Foreign Language Education Press, pp. 169-175.

Verschueren, Jef. 2012. *Ideology in Language Use: Pragmatic Guidelines for Empirical Research*. Cambridge: Cambridge University Press.

Vološinov, Valentin Nikólaievich. 1973. *Marxism and the Philosophy of Language* (translated by Ladislav Matejka and I. R. Titunik). Cambridge, Massachusetts, London, England: Harvard University Press.

Weiss, Gilbert and Wodak, Ruth. 2003. Introduction: Theory, Interdisciplinarity and Critical Discourse Analysis. In Gilbert. Weiss and Ruth Wodak (eds.). 2003. *Critical Discourse Analysis: Theory and Interdisciplinarity.* New York: Palgrave, pp. 1-32.

Wenger, Etinne. 1998. *Communities of Practice: Learning, Meaning, and Identity.* New York: Cambridge University Press.

Widdowson, Henry. 1995/2012. Discourse Analysis: A Critical View. In Hailong Tian and Peng Zhao (eds.). 2012. *Critical Discourse Analysis: Essential Readings.* Tianjin: Nankai University Press, pp. 111-128.

Williams, Raymond. 1989. Walking Backwords into the Future. In Robin Gable (ed.). *Resources of Hope: Culture, Democracy, Socialism.* London: Verso, pp. 281-287.

Wodak, Ruth. (ed.) 1989. *Language, Power and Ideology: Studies in Political Discourse.* Amsterdam: John Benjamins.

Wodak, Ruth. 2001. The Discourse-historical Approach. In Ruth Wodak and Michael Meyer (eds.). *Methods of Critical Discourse Analysis* (first edition). London: Sage, pp. 63-94.

Wodak, Ruth. 2012. Discourse-historical Approach. In Hailong Tian and Peng Zhao (eds.). *Critical Discourse Analysis: Essential Readings.* Tianjin: Nankai University Press, pp. 226-262.

Wodak, Ruth. 2020. Analysing the Politics of Denial: Critical Discourse Studies and the Discourse-historical Approach. In Klaus Krippendorff and Nour Halabi (eds.). *Discourses in*

Action: What Language Enables Us to Do. London and New York: Routledge, pp 19-36.

Wodak, Ruth & Fairclough, Norman. 2010. Recontextualizing European Higher Education Policies: The Cases of Austria and Romania. *Critical Discourse Studies*, (1): 19-40.

Woolard, Kathryn. 1998. Introduction: Language Ideology as a Field of Inquiry. In Bambi Schieffeilin, Kathryn Woolard, and Paul Kroskrity (eds.). *Language Ideologies: Practice and Theory*. New York, Oxford: Oxford University Press, pp. 3-47.

Wortham, Stanton and Reyes, Angela. 2015. *Discourse Analysis: Beyond the Speech Event*. London and New York: Routledge.

Yoder, Michael Miller and Johnstone, Barbara. 2018. Unpacking a Political Icon: "Bike Lane" and Orders of Indexicality. *Discourse & Communication*, 12(2): 192-208.

Zhang, Qing. 2005. A Chinese Yuppie in Beijing: Phonological Variation and the Construction of a New Professional Identity. *Language in Society*, 34: 431-466.

Zhang, Qing. 2008. Rhotacization and the "Beijing Smooth Operator": The Social Meaning of a Linguistic Variable. *Journal of Sociolinguistics*, 12: 201-222.

Zhang, Qing. 2010. The Discursive Construction of the Social Stratification Order in Reforming China. *Journal of Language and Politics*, 9(4): 508-527.

Zhang, Qing. 2018. *Language and Social Change in China: Undoing Commonness through Cosmopolitan Mandarin*. London: Routledge.

［美］艾森哈特、约翰斯通，2014，话语分析与修辞研究，田海龙译，《当代修辞学》，第 6 期，41-49 页。

巴赫金，1998，《文本、对话与人文》，石家庄：河北教育出版社。

陈中竺，1995，批评语言学述评。《外语教学与研究》，第 1 期，21-27 页。

邓小平，1993/1984，"建设有中国特色的社会主义"，《邓小平文选》第三卷。北京：人民出版社，第 62-66 页。

方媛、董国强，2017，赤脚医生史研究的创新之作——读《赤脚医生与现代医学在中国》札记，《中共党史研究》，第 2 期，114-122 页。

冯玉波、冷明祥，2014，试论符号互动论视角下的医患关系，《南京医科大学学报（社会科学版）》，第 2 期，125-129 页。

甘代军、李银兵，2018，文化全球化与知识权力：近代中医话语权衰落的根源探析，《湖北民族师院学报（哲学社会科学版）》，第 2 期，73-77，122 页。

高玉，2009，《"话语"视角的文学问题研究》，北京：中国社会科学出版社。

郭庆民，2016，批评话语分析的客观性和科学性评述，《外语与外语教学》，第 5 期，69-77 页。

郭云南、张晋华、黄夏岚，2015，社会网络的概念、测度及其影响：一个文献综述，《浙江社会科学》，第 2 期，122-132 页。

[法]克里斯蒂娃，2016，祝克懿、黄蓓译，《主体、互文、精神分析：克里斯蒂娃复旦大学演讲集》，北京：生活、读书、新知三联书店。

李虹、吴宗杰、顾晔，2012，从知识—权力—话语考古中医，《科技通讯》，第 1 期，189-191 页。

李媛、章吟，2018，论式话语分析：理论与方法，《中国外语》，第 1 期，42-50 页。

梁晨阳，2019，自下而上再情景化过程中的话语策略探究——以《百姓问政》电视节目的一则报道为例，《话语研究论丛》，第七辑，117-129 页。

刘亚猛，2008，《西方修辞学史》，北京：外语教学与研究出版社。

毛泽东，1937/1975，《矛盾论》，北京：人民出版社。

穆军芳，2016，国内批评话语分析研究进展的科学知识图谱分析
（1995—2015），山东外语教学，第 6 期，26-34 页。

沈国麟、樊祥冲、张 畅，2019. 争夺话语权：中俄国家电视台在
社交媒体上的话语传播，《新闻记者》，第 4 期，65-77.

孙梦，2018，从"赤脚医生"到"家庭医生"，《中国卫生》，第
12 期，22-25 页。

汤一介，2012，《瞩望新轴心时代：在新世纪的哲学思考》。北京：
中央编译出版社。

田海龙，2006，语篇研究的批评视角：从批评语言学到批评话语
分析，《山东外语教学》，第 2 期，41-47 页。

田海龙，2008，语篇研究的批评视角，《外语教学与研究》，第 5
期，339-344 页。

田海龙，2009，《语篇研究：范畴、视角、方法》，上海：上海外
语教育出版社。

田海龙，2012a，话语功能性与当代中国新话语，《广东外语外贸
大学学报》，第 6 期，8-12，22 页。

田海龙，2012b，批评话语分析的社会语言学学科属性，《中国社
会语言学》，第 1 期，107-16 页。

田海龙，2013，趋于质的研究的批评话语分析，《外语与外语教学》，
第 4 期，6-10 页。

田海龙，2014a，《批评话语分析：阐释、思考、应用》，天津：南
开大学出版社。

田海龙，2014b，话语理论与语言符号学——福柯与巴赫金对后现
代语言研究的启示，《天津外国语大学学报》，第 6 期，
14-20 页。

田海龙，2015a，学术话语的交融与交锋，《北京科技大学学报（社会科学版）》，第 5 期，2-6 页。

田海龙，2015b，新修辞学的落地与批评话语分析的兴起，《当代修辞学》，第 4 期，32-40 页。

田海龙，2016a，话语研究的语言学范式：从批评话语分析到批评话语研究，《山东外语教学》，第 6 期，3-9 页。

田海龙，2016b，跨文化交际的话语解读：再情景化模式，《福州大学学报（哲学社会科学版）》，第 2 期，50-54，60 页。

田海龙，2016c，批评话语分析精髓之再认识——从与批评话语分析相关的三个问题谈起，《外语与外语教学》，第 2 期，1-9 页。

田海龙，2017，社会实践网络与再情景化的纵横维度——批评话语分析的新课题及解决方案，《外语教学》，第 6 期，7-11 页。

田海龙，2018，批评话语分析的一种标杆性尝试——《"学雷锋"活动历史变迁的话语研究》评介，《北京第二外国语学院学报》，第 6 期，103-109 页。

田海龙，2019a，批评话语分析 40 年之话语形成——兼谈对学术话语体系建构的启示，《天津外国语大学学报》第 1 期，1-12 页。

田海龙，2019b，知识的交汇与融合——批评话语分析、社会符号学、以及新修辞学发展轨迹引发的思考，《当代修辞学》，第 1 期，55-64 页。

田海龙，2019c，批评话语研究的三个新动态，《现代外语》，第 6 期，855-864 页。

田海龙，2020，中西医结合治疗新冠肺炎的话语研究——基于"双层—五步"分析框架的中西医话语互动分析，《天津外国语大学学报》，第 2 期，128-139 页。

田海龙，2021a，批评话语研究之"话语互动"新路径，《外语学刊》，第 2 期，16-22 页。

田海龙，2021b，话语互动——批评话语研究新课题的多维思考，《外语与外语教学》，第 3 期，13-22 页。

田海龙、陈洁，2012，征求意见中的话语策略——一则"征求意见稿"批评话语分析的启示，《当代中国话语研究》，第 4 辑，8-16 页。

田海龙、潘艳艳，2018，从意义到意图——多模态话语分析到多模态批评话语分析的新发展，《山东外语教学》，第 1 期，23-33 页。

田海龙、赵芃，2012，导读：批评性语篇分析的主要概念、原则、方法及争论，载田海龙、赵芃（主编），《批评性语篇分析：经典阅读》，天津：南开大学出版社，1-19 页。

田海龙、赵芃，2017，批评话语分析再思考——基于辩证唯物主义的语言与社会关系研究，《当代语言学》，第 4 期，494-506 页。

田海龙、赵芃，2021，《社会语言学新发展研究》，北京：清华大学出版社。

王凤翔，2007，广告主对大众媒体的影响与控制分析——基于"广告话语权"视角并以中国医药、保健品广告为例，《新闻与传播研究》，第 3 期，7-14 页。

王海波、李金云，2019，社会、他人与自我：《月宫》的符号互动论解读，《外国语文研究》，第 5 期，23-30 页。

卫志强（主编），2015，《马克思、恩格斯、列宁、斯大林论语言》，北京：中国社会科学出版社。

吴宗杰、吕庆夏，2005，中医话语的语言哲学分析，《浙江中医学院学报》，第 6 期，72-75 页。

吴宗杰、吕庆夏，2006，中医语言西化的话语秩序分析，《医学与哲学（人文社会医学版）》，第 4 期，72-74 页。

谢伏瞻，2019，加快构建中国特色哲学社会科学学科体系、学术体系、话语体系，《中国社会科学》，第 5 期，4-22，204 页。

谢苑苑，2017，中医话语跨文化演变的质性研究，《中医药管理杂志》，第 16 期，4-7 页。

辛斌，2008，批评话语分析：批评与反思，《外语学刊》，第 6 期，65-70 页。

熊沐清，2001，话语分析的整合性研究构想，《天津外国语学院学报》，第 1 期，15-19 页。

徐涛，2004，促销文化对机构语言的"殖民化"影响——中国高校招生简章之个案分析，《南开语言学刊》，第 1 期，134-142 页。

徐涛，2006，机构话语的"跨界"，《外语教学》，第 3 期，24-32 页。

许力生，2013，话语分析面面观：反思对批评话语分析的批评，《浙江大学学报（人文社会科学版）》，第 1 期，135-143 页。

杨晋如、王莹、倪紫菱、邬闻文、王小合，2020，我国新型冠状病毒肺炎疫情防控政策分析及对医院管理的启示，《中国医院管理》，第 7 期，1-5 页。

杨念群，2013，《再造"病人"——中西医冲突下的空间政治（1832—1985）》，北京：中国人民大学出版社。

杨先顺、张颖，2013，广告话语的权力运作：受众意识形态浅操控，《现代传播》，第 10 期，18-22 页。

袁敏，2019，赤脚医生，《收获》，第 1 期，64-83 页。

张辉，2021，批评认识语言学：语言理解与接受的分析视角——再论批评认知语言学的理论建构，《外语与外语教学》，第 3 期，31-43 页。

赵芃，2013，话语秩序的动态特征："价格垄断"的话语建构及其启示，《外语与外语教学》，第 4 期，22-26 页。

赵芃，2016，"专家知识"的话语建构及其合法化——一档电视节目中药品推广的话语策略分析，《天津外国语大学学报》，第 6 期，24-8 页。

赵芃，2017，《"学雷锋活动"历史变迁的话语研究》，天津：南开大学出版社。

赵芃，2019，话语的技术化与权力的合法化——医药电视节目中权力合法化运作的探究，《外语与外语教学》，第 1 期，65-75 页。

赵芃，2021a，从"再情景化"到"指向秩序"——批评话语研究概念性工具的新发展，《外语与外语教学》，第 3 期，23-30 页。

赵芃，2021b，语体结构的跨时空变异研究，《当代修辞学》，第 3 期，51-60 页。

赵芃、田海龙，2008，批评性语篇分析之批评：评介与讨论，《南京社会科学》，第 8 期，143-147 页。

赵芃、田海龙，2013，再情景化新解——元话语视角，《天津外国语大学学报》第 4 期，1-6 页。

朱慧超、李克，2017，国内批评话语分析二十年——基于文献计量学方法，《华北理工大学学报（社会科学版）》，第 6 期，111-117 页。

中国社会科学院语言研究所词典编辑室，2016，《现代汉语词典（第七版）》，北京：商务印书馆。

祝畹瑾，2013，《新编社会语言学》，北京：北京大学出版社。

术语索引

H

W

人名索引

后　记

　　《社会网络中的话语互动》即将与读者见面了。此时此刻，要感谢天津外国语大学学术出版资金的支持，还要感谢天津人民出版社李荣编辑的辛苦工作。写作这部著作的几年，正直我进行"中国学术话语体系的建构及其与国际学术话语的交流策略研究"工作，这是我主持的第二个国家社会科学基金项目，其中的多个阶段性成果在本书中都有所体现，借此机会也感谢国家社科基金办公室给予的资金支持。

　　《社会网络中的话语互动》是一部学术著作，孕育其学术思想的思考过程远非其写作过程所能匹配。实际上，这部著作的构思在我写《语篇研究：范畴、视角、方法》（2009，上海外语教育出版社）的时候就已经开始酝酿。那时（2003—2009）我先后进行了两项大的研究，一项是我主持的第一个国家社会科学基金项目"现代汉语语篇批评性分析研究"，一项是我和英国学者齐尔顿（Paul Chilton）和奥地利学者沃达克（Ruth Wodak）共同主持的英国 Leverhulme Trust 基金会资助的"当代中国新话语"研究项目。前一项研究理论性较强，而后一个项目虽然是一个以英国兰卡斯特大学为基地的国际合作项目，但是它提出的问题，如当代中国"新话语"如何产生、又如何推动社会进步，却给我留下了广阔的思考空间。

　　在这之后，我用心观察当代中国社会的发展变化，深入思考话语在其中的作用，反复研读与话语相关的各学科领域的学术著作，并且做了多个案例研究，于 2011—2020 年间用中文和英文将研究发现和相关的思考发表在国内外学术期刊上面。在这个过程中，我逐渐理解到新话语的产生在一定程度上有赖于话语与话语之间的相互作用，而话语之间的"互动"又与社会网络中彼此相关的社会主体密不可分。于是，我进一步聚焦"话语互动"这一研究课题，将认识话语与话语如何互动列为研究的突破点，希望借此能够理解话语互动的特征以及新话语产生的机制。在就中国社会发生的几个事件进行案例研究的基础上，2017 年我发表了题为"社会实践网络与再情景化的纵横维度"的论文（《外语教学》第 6 期），算是关于话语互动较为系统的理论思考。之后，于 2020 年发表关于中西医话语互动的论文（《天津外国语大学学报》第 2 期），提出"双层—五步"的话语互动分析框架，从方法论上提出分析话语互动的具体步骤，又于 2021 年发表两篇论文，分别为"话语互动——批评话语研究新课题的多维思考"（《外语与外语教学》第 3 期）和"批评话语研究之'话语互动'新路径"（《外语学刊》第 2 期），从理论和操作层面进一步阐释了话语互动的运作机制及其分析方法。

不言而喻，《社会网络中的话语互动》这部著作集中体现了我过去 10 几年在话语研究和社会语言学领域的深入思考，特别是关于话语与话语在社会生活中相互作用的理论思考。然而，我想特别说明的是，这本书也体现出我在学术研究中致力于学术创新所遵循的三个原则。第一个原则是，若要提出一个新的学术术语，一定要展现其学术渊源，体现其与前人研究成果的联系和区别，因为任何未经过深入细致的文献梳理而提出的新概念和新思想不仅难成创新，而且还可能沦为凭空想象的虚假概念。另一个原则是，提出一个新术语，就要将其所代表的新的学术思想建立在扎实的案例研究基础之上。我以为，任何新的学术概念，如果缺乏足够的案例研究作支撑，其学术意义也会大打折扣。第三个原则是，若要提出一点新的学术思想，抑或一个新的学术主张和观点，不仅需要在理论上论述充分，而且也需要在实践层面使这些思想体现为可操作的具体分析步骤。理论上的阐述对于学术主张非常重要，但是，将理论融于具体的分析步骤，对于学术研究同样重要。话语研究，特别是批评话语分析，需要以话语理论作为研究的基础，同样也要有分析框架可以在分析过程中遵循。体现为分析框架的方法可以使理论避免空泛，理论也可以借助具体的分析框架体现其阐释潜力。

最后，必须承认的是，这部著作一定还存在很多疏漏和不足。恳请广大读者不吝指教。

田海龙

2021 年 10 月 17 日

于北京昌平